C'est ça, la vie

Französisch für Fortgeschrittene

Band 2

Hannelore Gottschalk
Catherine Marsaud

TR-Verlagsunion

Zu diesem Buch gibt es eine **Audiocassette** zur Verbesserung des Hörverständnisses, der Aussprache und der Sprechfertigkeit (Best.-Nr. 29 302). Die auf der Cassette wiedergegebenen Texte sind im Buch jeweils durch das Symbol ⊙⊙ gekennzeichnet.

Die Deutsche Bibliothek – CIP-Einheitsaufnahme

C'est ça, la vie: Französisch für Fortgeschrittene / Hannelore Gottschalk; Catherine Marsaud. – München: TR-Verl.-Union
Medienkombination
NE: Gottschalk, Hannelore

Bd. 2
Buch. – 1996
ISBN 3–8058–2929–9

2., durchgesehene Auflage 1998
© 1996 by TR-Verlagsunion GmbH, München
Fachdidaktische Beratung: Hanns Höfer
Photos: Hannelore Gottschalk sowie Videoprints aus den Fernsehsendungen
Landkarte: Erica Heisinger, München
Umschlaggestaltung: Franziska Schob-Bergmeir, München
Satz: Fotosatz Miehle, Augsburg
Gesamtherstellung: Druckerei Bremberger, München
ISBN 3-8058-2929-9

Inhaltsverzeichnis

Vorwort 4

Unité 14	**Olivier, journaliste**	7
Unité 15	**Jean-Paul, conducteur de TGV**	26
Unité 16	**Martine, inspecteur de police**	42
Unité 17	**Jacques, chef de travaux**	59
Unité 18	**Philippe, architecte**	75
Unité 19	**Chantal, percussionniste**	92
Unité 20	**Michel, menuisier-ébéniste**	108
Unité 21	**Christian, boulanger**	124
Unité 22	**Marie-Pierre, bibliothécaire**	139
Unité 23	**Marie-Bernadette, contredame**	154
Unité 24	**Jean-Louis, fonctionnaire**	171
Unité 25	**Christiane, attachée de presse**	186
Unité 26	**Anne Reiser, avocate**	201

Schlüssel zu den Übungen 218

Alphabetisches Gesamt-Wörterverzeichnis 246

Vorwort

Mit dem zweiten Teil von «*C'est ça, la vie*» setzen wir unsere Dokumentarfilmreihe über Leben und Arbeiten in Frankreich und dem französischsprachigen Raum fort. Wieder stellen wir Ihnen Menschen aus der französischen Alltagswirklichkeit vor. Ob Journalist oder TGV-Fahrer, Studentin oder Architekt, EU-Beamter oder Anwältin: sie alle geben Auskunft über Beruf, Familienleben und Freizeit. Dabei lernen Sie eine Vielzahl von Ausdrucksformen kennen; denn das Französische ist eine Sprache mit vielen Gesichtern.

«*C'est ça, la vie*» unterliegt keiner grammatischen Progression. Vorausgesetzt werden jedoch die Kenntnis der Elementarstrukturen und ein gewisser Grundwortschatz. In diesem Begleitbuch sind die Interviews und Filmkommentare zu den Sendungen 14–26 lückenlos abgedruckt, damit Sie sie wiederholt nachlesen können. Die *résumés* sind als narrative Texte konzipiert und dienen gleichzeitig der einsprachigen Wortschatzerklärung. Nach jedem Abschnitt wurden Übungsaufgaben eingefügt. Dazu gehören Fragen zum Textverständnis, Übungen zur Wortschatzerweiterung, Versionsabschnitte und erneut wiederholende Grammatikübungen, die Ihnen bei der Überwindung der Hauptschwierigkeiten des Französischen auch als Ratgeber dienen sollen. Die neuen Wörter und Wendungen sind beim ersten Auftauchen kursiv gedruckt. Ein französisch-deutsches Verzeichnis faßt diese Wörter am Ende des Buches noch einmal alphabetisch zusammen.

«*C'est ça, la vie*» schärft aber auch den Blick für das, was in unserem Nachbarland anders ist. Darüber hinaus soll dieser Sprachkurs zu einem besseren Verstehen der französischen Lebensart beitragen, um in einem vereinigten Europa die Türen zwischen den Ländern noch weiter zu öffnen.

Wir hoffen, daß Ihnen die Arbeit mit «*C'est ça, la vie*» weiterhin Freude macht und Sie nach dem letzten Kapitel mit unserer Anwältin sagen können: «Tout est bien qui finit bien.» Vielleicht haben wir Ihnen mit unserem Sprachkurs sogar den Anreiz zu einem beruflichen Aufenthalt in Frankreich gegeben. Sie könnten dann Ihre eigenen Erfahrungen sammeln und Ihre Französischkenntnisse praktisch erproben und erweitern.

Herzlich möchten wir uns bei allen bedanken, die mitgeholfen haben, «*C'est ça, la vie*» auf den Weg zu bringen.

Hannelore Gottschalk

Olivier, journaliste

Unité 14

14 A

Commentaire du film sur Nantes

Nantes – la Place Royale

Nantes est le chef-lieu de la région Pays de la Loire. La capitale de l'ancien *duché* de Bretagne est située à 400 kilomètres au sud-ouest de Paris. Nantes, la dernière ville des *bords* de la Loire avant l'océan, est à la fois un grand centre industriel, une ville universitaire, un *port* actif et une cité d'art.

Au 15e siècle, sous les derniers *ducs* de Bretagne, Nantes connaissait déjà une *brillante* activité économique. C'est de cette époque que date le château *ducal*. Anne, la dernière *duchesse* du pays, a *vu le jour* dans ses murs. Par son mariage avec Charles VIII, la Bretagne devint française.

C'est dans le château ducal qu'Henri IV signa en 1598 l'Edit de Nantes qui *accordait* la liberté de religion aux protestants. Le château abrite le musée de Salorges qui évoque l'histoire commerciale et coloniale de Nantes et les relations maritimes entre la France, l'Afrique et l'Amérique. Au 17e et au 18e siècle, les *armateurs* nantais échangeaient en Afrique de la *pacotille* contre des *esclaves*; ceux-ci étaient ensuite

vendus aux Antilles contre du café, du coton et de la *canne à sucre*. La prospérité
naquit alors et c'est ainsi que les riches armateurs se firent construire des hôtels particuliers. Les façades témoignent encore de l'âge d'or de la ville.

Nantes est la ville *natale* de Jules Verne. Il y vécut au 19e siècle et créa le *genre* du *roman scientifique d'anticipation*. Qui ne connaît ses voyages extraordinaires, par exemple «Le Tour du Monde en quatre-vingts Jours»?

Place Royale: Les statues de la fontaine symbolisent la Loire et ses affluents. Nantes compte quelque 250.000 habitants dont 20.000 étudiants. C'est encore aujourd'hui une ville d'*entrepreneurs* et de *négoce* active. Un *parcours* du célèbre Passage Pommeraye *s'impose*. C'est le domaine des *librairies*, des *antiquaires*, et de nombreuses boutiques. A part le commerce, les Nantais travaillent entre autres dans le secteur *agro-alimentaire*, par exemple les *biscuiteries*. Le saviez-vous? Nantes est la *patrie* du *glorieux* «Petit Lu».

le duché	Herzogtum	la canne à sucre	Zuckerrohr
le bord	Ufer	natal, e	Geburts-, Heimat-
le port	Hafen	le genre	Gattung
le duc	Herzog	le roman scientifique	Zukunftsroman,
brillant, e	glänzend	d'anticipation	utopischer Roman
ducal, e	herzoglich	l'entrepreneur, *m*.	Unternehmer
la duchesse	Herzogin	le négoce	Handel, Geschäft
voir le jour	das Licht der Welt erblicken, geboren werden	le parcours	Rundgang, Durchgang
		s'imposer	sich aufdrängen, sich anbieten, zwingen
accorder qch. à qn.	jdm. etwas gewähren, bewilligen	la librairie	Buchhandlung
		l'antiquaire, *m*.	Antiquitätenhändler
l'armateur, *m*.	Reeder	agro-alimentaire	Nahrungsmittel-
la pacotille	Schund, schlechte Ware	la biscuiterie	Keksfabrik
		la patrie	Heimat
l'esclave *m./f.*	Sklave, Sklavin	glorieux, se	ruhmreich, ruhmvoll

Questions

- Quel fleuve traverse Nantes?
- Qu'est-ce qu'on entend par «Edit de Nantes» et qui l'a signé?
- Quels continents participaient au commerce des esclaves au 17e et au 18e siècle?
- Quel écrivain français est originaire de Nantes et qu'a-t-il écrit?
- De quoi vivent les Nantais?

Vocabulaire

Complétez les phrases en utilisant les mots suivants:
antiquaire, Antiquité, capitale, chef-lieu, cité, duc, ducal, duché, duchesse, ville.

Le ... de Guise et la ... Anne-Marie invitent à une réception au château ... en l'honneur du mariage de leur fille.
Nantes est la ... de l'ancien ... de Bretagne et le ... de la région Pays de la Loire.
La ... est la partie la plus ancienne d'une ...
L'... est un marchand d'objets d'art anciens.
Les écrivains du 17e siècle s'inspirèrent de l'...

Révision des temps

Remplacez le passé simple par le passé composé:

Au 15e siècle, la Bretagne devint française.
La prospérité naquit alors.
Les riches armateurs se firent construire des hôtels particuliers.
Jules Verne vécut au 19e siècle.
L'Edit de Nantes fut signé en 1598.

14 B

La journée d'Olivier

Olivier Quentin commence sa journée de travail vers 8 heures et demie. Il *consulte* d'abord les *quotidiens régionaux*, par exemple «Ouest-France», et y cherche des sujets intéressants.

Ensuite, à 9 heures, il *se rend à* la conférence de rédaction dont le but est de fixer
5 les reportages à faire pour les actualités régionales qu'Olivier présente le soir, *une semaine sur deux*. Le *rédacteur en chef* est entouré de tous ses journalistes et de quelques cameramen. Pendant la conférence, on contacte aussi les correspondants de France3 qui sont hors de Nantes.

Extrait de la conférence de rédaction

Rédacteur en chef *(au téléphone)*: Ce que tu peux faire, c'est donc aller *faire des images* de la *billetterie* pour le Festival d'Anjou; Henri Seurin sera vers 11 heures, 11 heures et demie à Angers.
Correspondant à Angers: Oui, d'accord. Tu ne viens pas avec lui?
5 Alors donc notre projet de demain …
Rédacteur en chef: Demain, demain … si, si, oui, si, si, ça nous *empêche* pas de revenir demain. D'accord? Salut!
Correspondant à Angers: D'accord, bye!

Olivier à la rédaction

Après la conférence de rédaction, on passe à l'organisation des reportages et des *repérages*. Les rédacteurs *se concertent* avec leur cameraman et *font le point* des contacts à prendre, des rendez-vous, des adresses.

Olivier *(au téléphone)*: Bonjour Madame, Olivier Quentin, France3 … Je vous
5 appelle pour avoir les *coordonnées,* enfin les références du petit annuaire du savoir-faire que vous m'aviez montré quand on était venus chez vous … parce qu'on cherche à le retrouver, à *s'en procurer* un mais on sait pas trop où, en fait. Oui, 40.36.09.10. D'accord, oui, merci Madame, au revoir.

Olivier écoute les informations

Commentateur: Radio France Loire-Océan. Et tout de suite, un point sur l'actualité.
Sophie Averty: Bonjour! Un nouveau patron pour le Parti socialiste. Une semaine après l'*échec* des *européennes*, Michel Rocard a été amené à *démissionner*.

Henri Emmanuelli a été *désigné* pour le *remplacer*. Rocard, *écœuré,* a refusé du même coup de se rendre à Matignon, ce matin, avec tous les *chefs de file* des européennes.

En salle de montage

Un premier reportage commence à prendre forme. Une journaliste et son *monteur* attendent le *passage* d'Olivier qui vient s'informer sur le *contenu* du reportage.

Journaliste: Alors écoute, il faut que tu saches que j'ai fait une analyse qui *remonte* quand même aux législatives de '93 pour expliquer que la *chute* du PS dans la région ne date pas que des européennes mais qu'elle remonte aux législatives.
Olivier: OK, merci.

En salle de montage

Résumé

France3 Pays de la Loire est chargée de produire pour la troisième *chaîne* de télévision France3 des reportages et surtout des actualités régionales. France3 Pays de la Loire *diffuse*, propose tous les soirs un journal *consacré à* ses départements.

Pour préparer cette *émission*, les journalistes font des recherches, tout d'abord dans la presse. Puis, lors de la conférence de rédaction, ils *élaborent* sous la direction du rédacteur en chef le nombre et la nature des reportages à réaliser.

Nous avons ainsi assisté à une conversation téléphonique avec le correspondant d'Angers qui devait se charger d'un reportage sur le début du festival d'Anjou et sa billetterie, l'*endroit* où l'on vend des billets.

Après la conférence de rédaction, les journalistes préparent leurs reportages, souvent en compagnie d'un cameraman ou, pour utiliser un terme français, d'un *cadreur*. Olivier reste régulièrement à l'écoute de la radio.
Nous avons entendu le point sur l'actualité de Radio France Loire-Océan. Il y était question des européennes – des élections européennes et de la *démission*, du *retrait* du premier secrétaire du Parti socialiste français.
Pendant ce temps, les équipes étaient en reportage. A leur retour, les monteurs ont *assemblé* les plans du film.

consulter	nachschlagen	les (élections) européennes, *f.pl.*	Europawahlen
le quotidien régional	regionale Tageszeitung	démissionner	zurücktreten, seinen Rücktritt einreichen
se rendre à	sich begeben, sich einfinden, hingehen	désigner	benennen, bezeichnen
une semaine sur deux	jede zweite Woche	remplacer qn.	jdn. ersetzen
le rédacteur en chef	Chefredakteur	écœuré, e	angewidert
faire des images	filmen, Bilder aufnehmen	le chef de file	Ressortchef; Listenführer
la billetterie	Kartenvorverkauf	la salle de montage	Schneideraum
empêcher	hindern, verhindern, abhalten von	le/la monteur, -euse	Cutter(in)
le repérage	Motivsuche	le passage	*hier*: Vorbeikommen
se concerter	sich abstimmen, besprechen	le contenu	Inhalt
faire le point	einen Lageplan erstellen, den Stand der Dinge ermitteln	remonter à	zurückgehen auf
		la chute	Sturz, Fall
		la chaîne	*hier*: Programm
		diffuser	senden, ausstrahlen
		consacrer à	sich befassen, widmen
les coordonnées, *f.pl.*	Telefonnummer und Adresse	l'émission, *f.*	(Fernseh)Sendung
		élaborer	ausarbeiten
se procurer qch.	sich etwas besorgen, verschaffen	l'endroit, *m.*	Ort, Platz
		le cadreur	Kameramann
l'échec, *m.*	Mißerfolg, Fehlschlag, Wahlschlappe	la démission	Rücktritt
		le retrait	Rücktritt, Rückzug
		assembler	*hier*: *(Film)* schneiden

Expression écrite

Décrivez la journée d'Olivier.

14 C

Interview d'Olivier sur son métier

Une demi-heure avant de *passer à l'antenne,* Olivier *se fait maquiller.* Anouk a profité de quelques moments de calme pour rendre visite à Olivier en studio.

Anouk: Est-ce que vous auriez quelques instants à me consacrer?
Olivier: Bien sûr, asseyez-vous.
Anouk: Merci. Quels sont les critères selon lesquels vous sélectionnez vos sujets?
Olivier: Le critère de sélection, je dirais, c'est l'intérêt pour les gens de notre région. Est-ce que ça va les intéresser, est-ce que ça va changer quelque chose dans leur vie? Est-ce que c'est original aussi? Et après, nous envoyons les équipes de reportage sur les reportages décidés. Et puis après, plus tard dans la journée, nous voyons ce qu'il a été possible de faire.
Anouk: A quel public s'adresse votre journal?
Olivier: Grand public. On essaie d'intéresser tout le monde, que ce soient les jeunes, les *âges intermédiaires,* je dirais, et les *personnes âgées.* On essaie d'intéresser le plus grand public possible. Il est vrai que notre public qui est *a priori* du point de vue d'une *majorité* relative âgée, on dit qu'une majorité relative du public de «France3 Régions» a plus de 50 ans, est féminin, est *inactif,* mais tout le monde est amené à regarder régulièrement le journal régional, et nous essayons encore une fois d'intéresser tout le monde.
Anouk: Vous travaillez donc pour France3, comment votre chaîne est-elle organisée? Qui vous finance?
Olivier: On est financés, comme le *service public* dans sa généralité, par la *redevance*, taxe donc, et par la *publicité.* C'est ce qui nous *fournit le nerf de la guerre.*
Anouk: Quelle est la différence entre votre journal et les informations de la chaîne nationale?
Olivier: De la partie nationale de France3? Cette partie-là, nationale, ne traite que des sujets internationaux ou nationaux, donc tout ce qui se passe dans le monde et en France. Nous, nous nous intéressons *uniquement* à ce qui se passe dans notre région, donc pour France3 Pays de la Loire, sur les cinq départements des pays de la Loire, ou nous nous intéressons aussi à ce qui se passe *à l'extérieur de* notre région, mais qui a aussi un *rapport* direct avec les cinq départements de notre région.
Anouk: En quoi les chaînes du service public diffèrent-elles des chaînes privées? Qu'est-ce qui leur permet de vivre?
Olivier: Les chaînes privées seraient plus intéressées, je pense, par *l'audimat*, donc donneraient peut-être plus parfois dans l'aspect spectaculaire, sensationnel, et dans ce qui va a priori tout de suite intéresser le grand public. C'est ce qui nous

diffère le plus, nous *éloigne* le plus de ces chaînes-là. Le service public, dans sa mission, doit aussi ouvrir le public à d'autres choses, à des aspects culturels, ou politiques, ou *n'importe quel thème*, le service public doit intéresser les gens à tout
40 ce qui se passe, c'est un *défi,* parce que c'est vrai que ça n'intéresse pas toujours les gens de faire autre chose, de voir autre chose, mais nous avons une mission très importante dans ce sens.

Anouk: Avez-vous l'impression que l'*indépendance* politique et la liberté d'expression, et la *libre expression* plutôt, est garantie?
45 **Olivier:** Garantie, non. Elle a *évolué* dans un sens, je dirais, positif, depuis quelques années, mais on *s'en rend compte* à chaque changement de gouvernement, à chaque changement de couleur politique, les *principaux dirigeants* des chaînes de télévision, pour le service public au moins, changent. Que ce soit au niveau national ou au niveau régional, il y a une *espèce* de
50 *roulement,* ceux qui étaient de la couleur politique du *précédent* gouvernement, sont un petit peu éloignés, d'autres arrivent, même si c'est moins fort qu'il y a quelques années, on *ressent* tout de même une certaine dépendance qui n'est d'ailleurs pas cachée puisqu'on sait très bien, le public sait très bien que, s'il y a changement de gouvernement, on va changer de président directeur général et les
55 gens, je ne dirais pas l'acceptent, mais enfin sont habitués, c'est dommage.

Résumé ○○

Le journal que présente Olivier est grand public, c'est-à-dire qu'il s'adresse à toutes les couches de la population. Les autres émissions régionales sont regardées essentiellement par un public de femmes de plus de 50 ans et inactif, donc ne travaillant pas. France3 est une chaîne publique. Elle est financée par l'Etat ou plus exactement
5 par la redevance que paient chaque année les *téléspectateurs* français. Voilà d'où il vient, le nerf de la guerre: autrement dit, l'argent.
Appartenir au service public, cela signifie pour Olivier avoir une mission, un *devoir envers* le public: présenter des programmes très variés qui n'*excluent* ni la culture ni la politique.
10 Olivier voit là une différence avec les télévisions privées qui font *dépendre* davantage leurs programmes *de* l'audimat, du nombre de téléspectateurs.

passer à l'antenne	auf, in Sendung gehen	a priori	von vornherein
se faire maquiller	sich schminken lassen	la majorité	Mehrheit
		inactif, ve	nicht berufstätig
les âges intermédiaires, *m.pl.*	mittleres Lebensalter	le service public	öffentlicher Dienst
		la redevance	(Fernseh)Gebühr
les personnes âgées, *f.pl.*	ältere Leute	la publicité	Werbung
		fournir	liefern, beisteuern

Unité 14 C   15

le nerf de la guerre	der Nerv aller Dinge; *hier:* Geld	les principaux dirigeants, *m.pl.*	die leitenden Angestellten, die Führungsmannschaft
uniquement	lediglich, einzig und allein	l'espèce, *f.*	Art, Sorte, Gattung
à l'extérieur de	außerhalb von	le roulement	Wechsel
le rapport	Beziehung, Zusammenhang	précédent, e	vorhergehend
		ressentir	empfinden, spüren
l'audimat, *m.*	Einschaltquote	le/la téléspectateur, -trice	Fernsehzuschauer(in)
éloigner (qn.)	(jdn.) entfernen		
n'importe quel thème	irgendein Thema	appartenir à qch.	gehören zu, angehören
le défi	Herausforderung	le devoir	Pflicht, Verpflichtung, Aufgabe
l'indépendance, *f.*	Unabhängigkeit		
la libre expression	freie Meinungsäußerung	envers	gegenüber
		exclure	ausschließen
évoluer	sich entwickeln	dépendre de	abhängen von
se rendre compte de qch.	etwas bemerken, sich über etwas klar werden		

Questions

– A quel public s'adresse le journal qu'Olivier présente?
– Qui finance la chaîne France3?
– Qu'est-ce que l'audimat?

Prépositions

Complétez les phrases suivantes:

Le reportage sera consacré … produits agricoles.
Qui sera chargé … reportage?
Aimeriez-vous assister … la conférence?
Tout dépend … l'audimat.

14 D

Actualités régionales

La tension monte en *salle de régie,* tout le monde est à son poste: la *scripte,* le *technicien vidéo* et le *technicien son.* Olivier se concentre. Plus que quelques secondes avant le début du journal. Il est 19 heures 08.

Olivier Quentin présente le journal

Début du journal

Olivier: Démission du premier secrétaire du PS, Michel Rocard. Analyses et réactions dans une région où les Rocardiens sont nombreux. Claude Evin, invité de ce journal.
Les *inconditionnels* du festival d'Anjou n'ont pas *hésité* à *se lever de bonne heure*
5 ce matin pour réserver leur place. Première représentation le 2 juillet, avec «La peste» de Camus. Fin du festival, le 22. Henri Serein et Jean-Claude Colnet ont fait la queue comme tout le monde, et du monde, il y en avait beaucoup ce matin devant les guichets.

Reportage festival d'Anjou

Commentaire: Passionnés de théâtre, mais aussi professionnels de *la file d'attente,* ils sont là depuis 6 heures ce matin, patients et *déterminés, joignant* parfois l'utile au désagréable.
Reporter: Vous avez *amené* de la lecture? Pourquoi? Le temps est long?
5 **Etudiante:** Oui, j'ai un examen cet après-midi, donc il vaut mieux finir de préparer l'*oral,* quoi.
Reporter: Première étape, *atteindre* en 2, 3 heures le milieu de la file. L'*objectif,* cette ligne jaune située *à mi-parcours,* un *repère* bien connu des habitués. Huit spectacles sont au programme avec bien sûr les têtes d'*affiche,* parmi elles un
10 certain Smaïn en Scapin, *mis en scène* par Jean-Luc Moreau. *Cette fois, on y est* !

Unité 14 D   17

Et il était temps, car même parfaitement équipé, la *fatigue* commençait à se faire sentir. Content d'arriver alors?
Spectateur: Oui, très content, c'est la fin du parcours du *combattant*.
Reporter: 4 heures d'attente pour une réservation, le festival d'Anjou peut être *fier* de son public. Ce matin, à Angers, même Pierre Arditi commençait à trouver son temps long.

Olivier: On passe au sport avec la 62e *édition* des 24 Heures du Mans qui a *rassemblé* 140.000 spectateurs hier. Stabilité donc au niveau de la *fréquentation*. La course, elle, a offert un certain *suspense*. Catherine Jouneau et Christophe Hillary nous *précisent* aussi que le nouveau règlement passait à cet occasion son examen d'entrée.

Reportage 24 Heures du Mans

Reporter: Photo-souvenir au stand Toyota. Même si la première place leur a été *raflée à l'arrachée* par la Dauer Porsche, les Japonais gardent le sourire. La *télé nippone* a assuré 9 heures de direct lors des 24 Heures, et l'*ACO comptabilise* une cinquantaine de chaînes ayant réalisé direct ou différé y compris en Russie. Ce matin, l'*effervescence* était *retombée*, on *plie bagage* dans les *paddocks* tandis que l'ACO fait le bilan. Pas d'accident grave, du spectacle avec huit changements de pôle-position jusqu'au duel final entre la proto Toyota et la GT Porsche. Enfin, nouveau règlement qui, selon l'ACO, passe correctement son examen d'entrée.

Fin du journal

Olivier: Fin de ce journal, tout de suite les *prévisions météo*.
19 heures 55, le rappel tout en images des principales informations de ce jour. Bonsoir, à demain.

Résumé ○○

Nous avons sélectionné deux reportages pour vous: celui dont il avait été question lors de la conférence de rédaction, sur la billetterie du festival d'Anjou, et un second sur les 24 Heures du Mans.
Le premier nous a montré les inconditionnels du festival, les passionnés, les fidèles. Venus acheter des billets pour «La peste» de Camus, ils sont pour le reporter des «professionnels de la file d'attente». Professionnels parce qu'en bons habitués, certains avaient apporté leur livre … Même une étudiante qui avait un examen oral l'après-midi.

La course automobile des 24 Heures du Mans est connue dans le monde entier. Le second reportage était consacré à sa 62ᵉ édition, à la 62ᵉ course. Nous avons vu trois personnes en salle de régie: la scripte ou secrétaire d'édition qui suit le déroulement de l'émission à la seconde, puis le technicien son et le technicien vidéo.

la salle de régie	Regieraum	la fatigue	Müdigkeit
le/la scripte	Produktionssekretär(in)	le combattant	Kämpfer
le/la technicien, ne vidéo	Bildingenieur(in)	fier, fière	stolz
		l'édition, *f.*	Ausgabe, Auflage
le/la technicien, ne son	Toningenieur(in)	rassembler	versammeln
		la fréquentation	Besucherzahl
les inconditionnels, *m.pl.*	die treuen Anhänger	le suspense *(fam.)*	Spannung
		préciser	genau angeben
hésiter	zögern	rafler à l'arrachée	wegnehmen, wegreißen
se lever de bonne heure	früh aufstehen		
		la télé nippone	das japanische Fernsehen
la file d'attente	Warteschlange		
déterminé, e	entschlossen	l'ACO	
joindre	verbinden, aneinanderreihen	(Automobile-Club de l'Ouest)	
amener	mitbringen	comptabiliser	(ver)buchen
l'oral, *m.*	mündliche Prüfung	l'effervescence, *f.*	Aufruhr, Entrüstung
atteindre	erreichen, erlangen	retomber	*hier*: sich legen, nachlassen
l'objectif, *m.*	Ziel		
à mi-parcours	auf halbem Weg	plier bagage	einpacken, sich davonmachen, sein Bündel schnüren
le repère	Markierung, Kennzeichen		
l'affiche, *f.*	Plakat, Ankündigung		
la mise en scène	Regie	le paddock	Rennbahn
Cette fois, on y est!	Diesmal haben wir es geschafft!	les prévisions météo, *f.pl.*	Wettervorhersage

Savoir écrire

Rédigez une lettre d'après les indications suivantes:

Sie sind der Vorsitzende eines Basketballvereins, dessen Mannschaft am letzten Sonntag ein Spiel verloren hat. Im Fernsehen kam die Nachricht, Ihre Spieler hätten nach dem Spiel eine Schlägerei mit ihren Gegenspielern verursacht. Darüber hinaus hätten einige von ihnen zuviel getrunken. Sie dementieren diese Informationen, bedauern, daß sie zum schlechten Ruf Ihres Vereins beitragen und verlangen eine Richtigstellung im nächsten Tagesjournal.

14 E

Micro-trottoir

Dans les rues de Nantes, Anouk a interrogé quelques passants sur leurs habitudes télévisuelles.

Anouk: Bonjour Monsieur. Est-ce que je peux vous poser quelques questions? Quelles sont vos chaînes préférées à la télé française?
1er passant: Entre autres Canal+ et j'aime bien la deux, parce qu'il n'y a pas de publicité pendant les films.
Anouk: Ah, intéressant! Quels sont vos domaines préférés? Vous préférez le sport, le cinéma?
1er passant: Le sport, entre autres le sport, c'est pour cela que je me suis abonné à Canal+.

Anouk: Vous êtes satisfait des programmes que nous offre la télé d'aujourd'hui?
2e passant: *Pas franchement.* J'ai *remarqué* qu'il y avait des semaines entières où je ne regardais, bien que regardant les programmes, je ne regarde pas une seule chaîne pendant une semaine entière. Il m'arrive, la deux et la ... TF1 et Antenne2, il m'arrive de ne pas regarder du tout la chaîne pendant toute une semaine, parce qu'il n'y a effectivement rien qui m'intéresse.

Anouk: Quelles sont les émissions que vous préférez?
3e passante: Alors moi, je préfère voir les informations, bien sûr, les émissions médicales et les émissions musicales, mais c'est très tard le soir, et comme je n'ai pas de *magnétoscope*, je ne peux pas *enregistrer*. Je regrette beaucoup, parce que pour moi, la télé, ce sont plutôt des émissions *éducatives* qui m'apportent quelque chose. Voilà.
Anouk: Et vous, Mademoiselle?
Jeune fille: Les émissions que je regarde le plus en fait, à part les informations, parce que c'est vrai que je ne regarde pas souvent la télévision, ce sont essentiellement des *débats*, ou *sinon* de temps en temps quelques films, mais je trouve qu'il n'y en a pas énormément qui me plaisent, quoi. Sinon des débats sur des thèmes généraux plutôt.
Anouk: Est-ce que vous regardez toutes deux les informations régionales?
3e passante: De temps en temps. De temps en temps, mais l'horaire ne me convient pas bien, c'est pour ça.

Anouk: Que pensez-vous de la télé aujourd'hui?
4e passante: Eh bien, je pense qu'il faut avoir un magnétoscope parce que malheureusement les émissions les plus intéressantes passent souvent tard, donc on fait des *provisions* d'émissions intéressantes qui passent tard. Mais sans

magnétoscope, c'est quelquefois dur, parce qu'à 8 heures et demie il y a souvent des émissions qui, nous, ne nous intéressent pas beaucoup.
Anouk: Quelles sont vos chaînes et vos émissions favorites?
5ᵉ passante: Emissions favorites ... Thalassa sur la trois.
40 **Anouk:** Qu'est-ce que vous aimeriez voir plus?
Passant: Des émissions qui *ont* beaucoup plus *trait* au passé de nos régions, à la culture, car le problème, surtout pour nos enfants, ce que nous espérons, c'est garder l'histoire de toutes les régions d'Europe, et garder cette culture, cette différence, enfin tout ce qui fait la richesse de la vie.

Résumé

Visiblement, tout le monde n'est pas satisfait de la télévision. Entre ceux qui préfèrent une chaîne parce qu'il n'y a pas de publicité au milieu des films, et ceux qui passent des semaines entières sans regarder la télé ... Il n'y a pas de solution *miracle*. Ou bien il faut, comme cette dame, acheter un magnétoscope pour enregistrer les émis-
5 sions intéressantes souvent diffusées tard.

le micro-trottoir	Straßenumfrage	éducatif, ve	bildend, Lehr-
pas franchement	eigentlich nicht,	le débat	Diskussion
	ehrlich gesagt, nein	sinon	wenn nicht, andern-
remarquer	bemerken,		falls
	beobachten,	les provisions, *f.pl.*	Vorrat
	feststellen	avoir trait à qch.	sich auf etwas
le magnétoscope	Videorecorder		beziehen
enregistrer	aufzeichnen	le miracle	Wunder

Questions personnelles

– Quel type d'émissions préférez-vous à la télé?

- documentaires
- films
- jeux
- sport

- journal télévisé
- magazines d'information
- séries
- émissions éducatives

– Est-ce que vous écoutez souvent la radio et si oui, à quel moment de la journée?

> **Discussion**
>
> Pensez-vous que la télé détruise la vie de famille?

14 F

La vie privée d'Olivier

Nous sommes Place Graslin. C'est là que se trouve *«La Cigale»*, un magnifique restaurant en *style art déco* que nous avons choisi pour rencontrer Olivier et sa *compagne* Carole *à titre privé*.

Anouk: Bonjour.
Olivier: Carole …
Anouk: Bonjour Carole.
Dites-moi, comment êtes-vous devenu journaliste?
Olivier: Eh bien, j'ai suivi une filière qui n'est plus celle que l'on suit actuellement, à savoir que j'ai *tenté*, et puis *échoué* à une école de journalisme, mais je voulais quand même devenir journaliste, malgré tout, et je suis passé par la filière des radios locales, radios locales privées, où j'ai appris mon métier sur le terrain, à Angers, par un stage d'abord où c'était pas payé très cher, et puis ensuite j'ai été *titularisé* avec un petit *salaire*. J'ai travaillé un petit peu pour la télévision qui avait un bureau juste à côté, FR3, comme correspondant. Et puis voilà, c'est comme ça que j'ai été, je dirais, formé au journalisme.

Olivier et sa compagne à «La Cigale»

Anouk: Vous *avez une journée bien remplie*, est-ce que vous avez des loisirs?
Olivier: Assez peu, c'est vrai, mais c'est un petit peu peut-être par *fainéantise*. Je pourrais faire du sport, mais j'*avoue* que j'aime bien mon petit chez moi. Mais des loisirs, si, mais ce ne sont pas des loisirs réguliers. Je ne suis pas à un club de football, à un club de tennis ou à un club d'*échecs*.
Anouk: Votre métier ne vous empêche pas de vous intéresser à la lecture par exemple?
Olivier: Non, c'est une activité que nous avons tous les deux régulièrement. Nous sommes abonnés à différents *magazines*, *hebdomadaires*, mensuels ou autres. Personnellement, c'est par période plutôt, c'est-à-dire que je peux passer une longue période sans ouvrir un seul livre, et puis après j'ai un *livre de chevet* et des magazines. C'est comme les loisirs, c'est par période.
Carole: Le problème, c'est que la journée passe très vite. Quand Olivier rentre le soir, il est 8 heures. Moi, j'arrive aussi vers cette heure-là. Le temps qu'on mange, la soirée passe très vite, donc on est souvent fatigués, pas vraiment le temps de lire.
Anouk: Vous vous plaisez à Nantes? Ou est-ce que vous aimeriez vous *déplacer*, monter à Paris par exemple?
Olivier: Professionnellement sans doute? C'est vrai qu'on me pose régulièrement la question, «est-ce que pour toi l'ambition c'est de monter à Paris présenter un journal sur une chaîne nationale», je suis sûr que c'est séduisant, mais ce n'est pas du tout mon ambition parce que j'*estime* qu'il n'y a pas que le travail dans la vie. Et il y a aussi la vie privée. Et à Paris, je ne pense pas que je m'y plairais suffisamment pour vraiment prendre du plaisir à vivre là-bas, ou à travailler là-bas. J'ai des tas de choses à apprendre ici, à Nantes. Je m'y plais bien, la vie est agréable, il y a la mer à côté. Puis je pense que je ferai toute ma carrière en province. Je peux changer d'avis dans dix ans, mais pour le moment, monter à Paris pour … ça ne m'intéresse pas du tout. Il y a assez de gens qui ont suffisamment d'ambition pour y aller, je leur laisse la place.
Anouk: C'est clair. Vous travaillez dans la vie, vous êtes active?
Carole: Alors là, je suis dans une période, en fait, entre les deux, c'est-à-dire que je travaille, mais ça fait quatre ans que je travaille à FR3 également, je fais des *remplacements* de *documentaliste*. C'est un travail que j'ai pris pour payer mes études, et je suis à six années d'études après le bac, et là, actuellement, je termine ma dernière année d'études. Et donc à partir du mois de septembre, je cherche déjà du travail. Ce sont des stages rémunérés, très peu en fait rémunérés, je dirais, *indemnisés*.
Anouk: Je crois que vous vivez ensemble, quelle serait pour vous la forme du bonheur familial?
Olivier: Mais de continuer à vivre ensemble, déjà c'est une première chose.

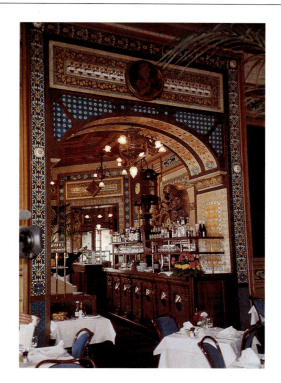

«La Cigale»

Et puis une fois qu'on aura peut-être professionnellement, au moins pour Carole, stabilisé la situation, je pense qu'on pensera à avoir des enfants.
Carole: C'est sûr que pour l'instant on ne peut pas *envisager* d'avoir un enfant si je n'ai pas de travail fixe.
60 **Anouk:** Vous pensez rester active?
Carole: Oui, absolument. J'ai déjà une vie très active, je ne *supporte* pas ne rien faire. J'aimerais pouvoir rester au foyer, pourquoi pas, pour élever mes enfants, mais je crois que je m'ennuierais trop vite. J'ai besoin du monde extérieur, et j'ai besoin d'avoir une vie professionnelle remplie.

Résumé 🎧

Olivier a un *parcours* professionnel que bien des journalistes connaissent ou ont connu. Après avoir été refusé dans une école de journalisme mais désirant absolument rester dans cette branche, il a appris son métier sur le terrain. Il est entré dans une radio locale, à Angers, et y a fait jour pour jour l'apprentissage du journalisme.
5 Puis il est devenu le correspondant de FR3 - c'est l'ancien nom de France3 - à Angers. Et de là, il est parti pour Nantes.

Carole, la compagne d'Olivier travaille également pour France3 comme documentaliste. Mais ces remplacements, ces activités provisoires ne servent qu'à financer ses études.

10 Peu de loisirs pour Olivier et Carole: par manque de temps ou par *paresse*, par fainéantise, ils n'ont pas de passe-temps régulier. Si ce n'est la lecture de magazines hebdomadaires, qui paraissent chaque semaine, ou de mensuels, chaque mois. Et l'avenir? Pas question de «monter à Paris», on est si bien en province ...

la cigale	Zikade	se déplacer	seinen Aufenthaltsort verändern, (herum)reisen
le style art déco	Jugendstil		
la compagne	Lebensgefährtin		
à titre privé	privat	estimer	(ein)schätzen, glauben
tenter	versuchen		
échouer	durchfallen, nicht angenommen werden	remplacement, *m.* le/la documentaliste indemniser	Vertretung, Aushilfe Dokumentalist(in) entlohnen, entschädigen
titulariser	fest anstellen		
le salaire	Gehalt	envisager	ins Auge fassen, erwägen
avoir une journée bien remplie	einen ausgefüllten Tag haben	supporter	ertragen
la fainéantise	Nichtstun, Faulenzerei	le parcours	Weg, Strecke; *hier:* Werdegang
avouer	gestehen, bekennen	la paresse	Faulheit, Trägheit, Bequemlichkeit
les échecs, *m.pl.*	Schach(spiel)		
le magazine hebdomadaire	Illustrierte wöchentlich		
le livre de chevet	Lieblingsbuch		

Traduisez le résumé en allemand.

14 G

Commentaire du film sur les environs de Nantes

A une heure de Nantes, au nord de l'*estuaire* de la Loire, commence le parc régional de Brière qui déroule son *tapis marécageux* sur 40.000 hectares. C'est le second *marais* de France après la Camargue. Un domaine de pêcheurs à la ligne. Olivier y passe souvent son temps libre. C'est un paradis pour ornithologues et surtout un *délice* pour les amateurs de calme et d'air pur.

l'estuaire, *m.*	(Fluß)Mündung	le marais	Sumpf, Moor
le tapis	Teppich	le délice	Wonne, Lust, Freude
marécageux, se	sumpfig, moorig		

Connaissance de la France

Remplissez la grille et vous trouverez ce que tous les journalistes doivent faire.

1. Nantes est située sur la ...
2. Jules ... y est né.
3. L'Edit de Nantes accordait la liberté de religion aux ...
4. Il fut ... par Louis XIV, en 1685.
5. Le parc régional de ... est un paradis pour ornithologues.
6. Aux 18ᵉ et 19ᵉ siècles, les ... nantais participèrent au commerce triangulaire entre la France, l'Afrique et l'Amérique.
7. Olivier est originaire d'...
8. La fête de ... d'Arc a lieu le 8 mai.
9. Ses juges l'accusèrent d'être une ... et la condamnèrent à mourir sur le bûcher.

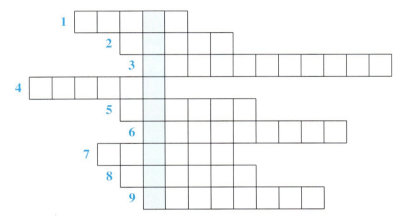

Les journalistes doivent faire des . . . .

Jean-Paul, conducteur de TGV — Unité 15

15 A

Commentaire du film sur Rennes

Rennes est le chef-lieu de la région Bretagne et du département de l'Ille-et-Vilaine. Rennes est située à 345 kilomètres à l'ouest de Paris, au confluent de l'Ille et de la Vilaine.

L'ancien hôtel du Parlement de Bretagne est devenu palais de justice. Jusqu'au 16e siècle, la Bretagne fut un duché indépendant. Rennes était le siège du parlement breton. Parmi les bâtiments de style classique *compte* l'Hôtel de Ville, bâti par Jacques Gabriel au milieu du 18e siècle.

Le samedi, un marché a lieu sur la place des Lices. On y trouve des huîtres, des langoustines, des *tourteaux* et du poisson frais du jour. C'est aussi un marché de produits agricoles avec entre autres des artichauts et des choux-fleurs. Et il y a diverses *infusions* contre toutes sortes de maladies: l'anis vert, le *fenouil*, le *tilleul* sauvage.

Il ne reste du vieux Rennes que quelques maisons qui ont *échappé* au grand incendie de 1720. L'une des plus connues est la maison dite «Du Guesclin».

Rennes – le Parlement de Bretagne

Unité 15 A/B

La ville compte environ 200.000 habitants, dont beaucoup de jeunes qui y font leurs
études. Rennes est réputée pour son élan technologique dans les secteurs de pointe
et de la communication, de l'électronique et de la médecine. Deux médecins, Jean-
Marie Scarabin et Michel Carsin, qui travaillent depuis une vingtaine d'années à
Rennes, ont développé le *morphomètre 3 D*, un appareil de diagnostic *unique* au
monde.

compter	zählen	échapper à	entkommen,
le tourteau	Taschenkrebs		entgehen
(*pl.* -eaux)		le morphomètre 3 D	Diagnosegerät für
l'infusion, *f.*	Kräutertee		dreidimensionale
le fenouil	Fenchel		Aufnahmen
le tilleul	Lindenblüte(nbaum)	unique	einzigartig, einmalig

Vrai ou faux?

 vrai faux

La Bretagne est un duché indépendant.

Rennes est la capitale de la Bretagne.

Quelques maisons anciennes ont échappé
au grand incendie de 1720.

Rennes compte quelque 80.000 habitants.

La Vilaine est une rivière qui traverse Rennes.

Deux médecins qui travaillent à Paris ont
développé le morphomètre 3D.

15 B

Jean-Paul conduit le TGV jusqu'à Quimper

Jean-Paul Guénégou est *conducteur* de *TGV* au *dépôt* de Rennes. Il va dans toute
la Bretagne, vers Paris, vers Lyon. Aujourd'hui, il va à Quimper. Le train part de
Rennes à 10 heures 39. Ce TGV qui relie Paris à Quimper arrive juste de la capitale.
Jean-Paul prend son service. Avant de partir, quelques formalités à *remplir* ... Devant
lui, Jean-Paul a un *descriptif précis* de son *trajet*.
Entre Rennes et Quimper, le TGV qui peut rouler à 300 km à l'heure doit circuler
à vitesse normale: il *emprunte* la même voie que les autres trains. Le TGV relie
Rennes à Quimper en 2 heures et 15 minutes.

Interview d'un passager

Anouk: Bonjour, Monsieur. Est-ce que vous prenez régulièrement le TGV, et si oui, *à titre professionnel*, à titre plutôt privé?
Passager: Je le prends assez peu régulièrement et plutôt à titre professionnel.
Anouk: Quels sont pour vous les *avantages* du TGV *par rapport à* l'avion ou à la
5 voiture?
Passager: Je dirais le respect des horaires, plus que l'avion peut-être.

Interview d'une passagère

Anouk: Bonjour, Madame. Vous prenez régulièrement le TGV?
Passagère: Oui, assez régulièrement, oui, quand je voyage.
Je prends le TGV très souvent.
Anouk: Quels en sont les avantages pour vous?
5 **Passagère:** Ça dépend de la région. Si on descend dans le sud de la France,
il y a énormément d'avantages parce que la ligne est prête sur toute sa *longueur*.
Si vous prenez le TGV pour aller en Bretagne, vous ne profitez des avantages du
TGV que à partir de ... que Paris-Rennes. Et Rennes ensuite, selon l'endroit où
vous allez *au fin fond de* la Bretagne, vous avez le train normal.
10 **Anouk:** Est-ce que vous étiez à l'origine une *adepte* de la voiture?
Passagère: Oui, j'aime beaucoup la voiture. J'aime beaucoup la voiture,
mais c'est différent. Vous vous *délassez* dans un train. Dans une voiture, vous
êtes *obligée* d'avoir énormément de concentration. C'est pas *pareil*, mais
c'est également un autre plaisir.
15 **Anouk:** Pourquoi ne prenez-vous pas l'avion?
Passagère: Parce que j'ai peur. J'ai peur de l'avion. Je prends l'avion pour aller à
l'étranger et ce sont des moments de grande peur, donc je les limite.

Résumé ⚬⚬

Jean-Paul est conducteur de train au dépôt, au siège de Rennes. Le train à grande
vitesse qu'il conduit régulièrement *est en mesure de* circuler ou de rouler à 300 km
à l'heure. Cela sur des lignes, des voies construites exprès pour lui.
Les passagers sont satisfaits du TGV. Leurs raisons? Pour certains, il est plus à l'heure
5 que l'avion. Il *assure* un certain respect des horaires.
Pour les autres, le TGV a énormément d'avantages. La *rapidité* certes, mais aussi la
possibilité de se délasser, de *se détendre,* ce que l'on ne peut pas faire en voiture.
Quant à l'avion, il est pour de nombreuses personnes, comme la dame que j'ai *interrogée*, une source de peur ... Elle est devenue une adepte, une *utilisatrice* fidèle du
10 train.

Unité 15 B/C

Le train qui nous a amenés de Rennes à Quimper allait, comme le disait la dame, au fin fond de la Bretagne, au bout, au plus *profond* de la Bretagne … Ma foi, ça n'a pas mal de charme.

le conducteur	Fahrer	au fin fond de	ans äußerste, am äußersten Ende
TGV (train à grande vitesse)	Hochgeschwindigkeitszug *(vergleichbar mit ICE)*	l'adepte, *m./f.* se délasser	Anhänger(in) sich entspannen, ausruhen
le dépôt	Heimatstation		
remplir	erledigen, ausfüllen	obligé, e	verpflichtet
le descriptif	Beschreibung	pareil, le	ähnlich, gleich
précis, e	genau	être en mesure de	imstande sein
le trajet	Fahrt, Wegstrecke	assurer	(zu)sichern, sorgen für
emprunter	benutzen, in Anspruch nehmen	la rapidité	Schnelligkeit
à titre professionnel	in beruflicher Hinsicht	se détendre quant à	sich entspannen was … betrifft, was … angeht
l'avantage, *m.*	Vorteil	interroger	befragen
par rapport à	im Vergleich zu	l'utilisateur, -trice	Benutzer(in)
la longueur	Länge	profond, e	tief

Vocabulaire

Trouvez des mots correspondant aux expressions soulignées:

Jean-Paul est conducteur de train au <u>siège</u> de Rennes.
Le TGV a <u>de très nombreux</u> avantages.
La passagère est devenue une <u>utilisatrice fidèle</u> du TGV.
Vous pouvez vous <u>détendre</u> dans le train.
Si vous prenez le TGV pour aller dans le sud de la France, <u>la voie</u> est prête sur toute sa longueur, mais si vous allez <u>au fin fond</u> de la Bretagne, vous avez le train normal.

15 C

Un entracte à Quimper

Nous avons suivi Jean-Paul à travers Quimper, la capitale de la Cornouaille, que l'on peut *qualifier* de ville *celte par excellence*. Après avoir déjeuné, Jean-Paul se promène dans les vieux quartiers. Il se perd dans cette ville, plus riche en atmosphère qu'en monuments. Jean-Paul profite souvent de ses pauses entre deux voyages pour *flâner* dans les galeries de peinture.

Le TGV

De retour dans le TGV
Interview de Jean-Paul sur son métier

Anouk: Votre collègue vous a maintenant remplacé, je vais pouvoir vous poser quelques questions. Conduire un TGV, c'est le métier de vos *rêves*?
Jean-Paul: Pas vraiment le métier de mes rêves, mais mes rêves …, lorsque j'étais petit garçon, je voulais devenir pilote d'avion. Aujourd'hui je conduis le TGV, le rêve a changé, s'est *modifié*, mais c'est un métier qui me plaît énormément.
Anouk: Le TGV roule à 300 km à l'heure, est-ce qu'on *s'accoutume à* cette vitesse et est-ce qu'on s'en rend compte?
Jean-Paul: On s'accoutume rapidement à la vitesse, mais on ne se rend pas vraiment compte que l'on roule à 300 km à l'heure, sinon le *défilement* rapide des poteaux caténaires qui nous rappelle à tout moment la vitesse *élevée*. C'est la seule chose qui marque les 300 km à l'heure.
Anouk: Combien d'heures *d'affilée* avez-vous le droit de conduire?
Jean-Paul: En principe, j'ai le droit de conduire 8 heures par jour. Dans les faits, je conduis rarement plus de 4 heures. Souvent c'est 4 heures de conduite, plus 1 heure de *repos*, voire 2 heures, plus 4 heures de conduite à nouveau. Voilà à peu près le rythme des journées d'un conducteur de TGV.
Anouk: La *responsabilité* que vous avez *en tant que* conducteur de TGV est-elle parfois difficile à *assumer*?
Jean-Paul: Non, ce n'est pas difficile à assumer parce que, sans *prétention*, je suis un professionnel de la conduite, donc je fais mon travail correctement, le plus correctement possible, et je ne pense pas *en permanence*, et heureusement, aux responsabilités qui m'*incombent*.

Anouk: Changeons de sujet. Quel a été votre parcours professionnel jusqu'à aujourd'hui?

Jean-Paul: J'ai quitté l'école, à la fin de mes études, normalement, et puis j'avais fait une demande de travail à la *SNCF*. J'ai été embauché. Je suis parti à Paris travailler pendant quelques années, un peu plus de cinq ans. Mais étant breton, je désirais absolument revenir dans ma région d'origine, donc dès que j'ai pu revenir, avoir l'opportunité d'un retour définitif en Bretagne, j'ai *sauté sur l'occasion*.

Anouk: Jusqu'à quel âge peut-on conduire un TGV en France?

Jean-Paul: Jusqu'à 50 ans. A l'âge de 50 ans, on est en droit de prendre notre retraite, et c'est *conditionné par* deux choses: il faut avoir 25 ans de travail dans l'entreprise, et un minimum de 15 ans de conduite de train, pas obligatoirement TGV, conduite de train classique ou TGV.

Anouk: Et vous travaillez toujours la journée?

Jean-Paul: Je travaille presque toujours la journée. A peu près une fois par trimestre, je travaille une nuit pour *assurer* le train de la poste ou les trains de voyageurs de nuit, ce qui est assez rare.

Résumé

Un rêve d'enfant qui ne s'est pas réalisé: celui de devenir pilote d'avion. Cela n'a pas empêché Jean-Paul d'exercer une autre profession de rêve: conduire un train. Jean-Paul est *conscient* des responsabilités qu'il porte, qui lui incombent. Mais il n'y pense pas *constamment;* il *se considère comme* un professionnel qui fait son travail normalement.

Et la vitesse? Même si l'on *s'y habitue*, s'y accoutume, le défilement des poteaux caténaires, leur passage rapide près du train rappelle la réalité. Les poteaux caténaires sont installés le long de la voie et *alimentent* le train en électricité.

Jean-Paul Guénégou

Jean-Paul a été embauché à la SCNF *à la suite d'*une demande d'emploi. Comme
c'est souvent le *cas* dans le service public, il a d'abord été *muté,* c'est-à-dire *nommé*
à Paris. Puis au bout de cinq ans, il a pu *quitter* la région parisienne pour revenir en
Bretagne.
Un conducteur de TGV a des horaires à respecter et également des temps de travail:
4 heures de conduite d'affilée, donc à la suite, 1 à 2 heures de repos, et encore
4 heures de conduite. Et si tout va bien, il peut prendre sa retraite à 50 ans. Est-ce
que vous vous souvenez des conditions *requises*? Il faut au moins 25 ans de travail
dont 15 ans minimum de conduite de train.
Jean-Paul est parfois appelé à conduire d'autres trains que le TGV: le train de la poste
par exemple, qui circule et transporte le courrier la nuit.

l'entracte, *m.*	Zwischenakt, -spiel, Unterbrechung	en permanence incomber à qn.	ständig, andauernd jdm. obliegen,
qualifier	bezeichnen, betiteln, benennen	SNCF (Société Nationale des	zukommen *frz. Staatliche Eisen- bahngesellschaft*
celte	keltisch	Chemins de fer	
par excellence	eigentlich, schlecht- hin	Français)	
flâner	bummeln	sauter sur	die Gelegenheit
le rêve	Traum	l'occasion	ergreifen
modifier	(ab)ändern, umwan- deln	conditionné, e par	bedingt durch, gebunden an
s'accoutumer à qch.	sich gewöhnen an	assurer	*hier:* gewährleisten
le défilement	Vorbeiziehen	conscient, e	bewußt
le poteau (*pl.* -eaux)	Pfahl, Stange	constamment	ständig
la caténaire	Oberleitung, Lei- tungsdraht	se considérer comme	sich betrachten als, halten für
élevé, e	erhöht, hoch	s'habituer à	sich gewöhnen an
d'affilée	nacheinander, ohne Unterbrechung	alimenter	versorgen, ernähren, zuführen
le repos	Ruhe(pause)	à la suite de	nach, auf ... hin
la responsabilité	Verantwortung	le cas	Fall
en tant que	(*in der Eigenschaft*) als	muter nommer	versetzen (*in ein Amt*) berufen
assumer	auf sich nehmen, übernehmen	quitter requis, e	verlassen erforderlich,
la prétention	Anmaßung		erwünscht

Questions

- Quel était pour Jean-Paul le métier de ses rêves?
- Comment est-il devenu conducteur de TGV?
- Où est-ce que Jean-Paul a commencé sa vie professionnelle?
- Combien d'heures travaille-t-il d'affilée?
- Est-ce que Jean-Paul travaille aussi la nuit?
- A quel âge pourra-t-il prendre sa retraite?
- De quelle région Jean-Paul est originaire?

Traduisez le résumé en allemand.

15 D

Interview de Loïc Festoc, le responsable direct de Jean-Paul

Anouk: Le TGV représente un lourd *investissement* pour la SNCF. Croyez-vous qu'il soit rentable?
M. Festoc: Oui, à mon avis, tout à fait, bien que ce soit un lourd investissement, il est très rentable sur certaines lignes. Je pense, par exemple, à des axes comme
5 Paris-Marseille qui sont rentables *à terme*, Paris-Lyon est tout à fait rentable. Le TGV Atlantique également, il l'a *prouvé* et il le prouve actuellement.
Anouk: En gros, combien de voyageurs circulent sur cette ligne par jour?
M. Festoc: Oh là, vous me posez une drôle de question, alors je ne peux pas vous répondre précisément. *Ça peut varier du simple à dix*, alors effectivement dans des
10 jours de semaines *ordinaires*, on peut très bien n'avoir que mille ou deux mille personnes entre Rennes et Quimper par exemple. Mais il en va tout autrement en période de week-end où on a un *flux* de voyageurs qui va de Paris vers Quimper, vers donc Paris-province. Ça, c'est le vendredi soir où il y a énormément de personnes à se déplacer. Et on retrouve le même problème dans le sens province-
15 Paris le dimanche soir. Et là on a énormément de personnes également. Alors on a des *trafics* saisonniers également très importants sur la Bretagne, en période de vacances, surtout en été. Et là on a énormément de monde à aller sur Quiberon, à aller sur toute la côte de la Bretagne, aussi bien ligne Nord que ligne Sud.

Résumé ⚪○

Nous avons entendu cette fois-ci un certain nombre de termes économiques. Un lourd investissement comme le TGV, un train aussi cher permet de s'interroger sur sa *rentabilité*, sur ce qu'il coûte et *rapporte*.
Selon Monsieur Festoc, le TGV est déjà rentable sur la ligne Paris-Lyon; la SNCF
5 ne fait pas de *pertes*. Sur Paris-Marseille, il est rentable à terme: ce n'est plus qu'une question de temps, il suffit d'attendre un peu, et l'investissement sera *compensé*.
Le nombre des passagers varie selon les jours et les saisons. Comme le dit Monsieur Festoc, ça peut varier du simple à dix. Ainsi, en semaine, ce nombre est relativement normal. Mais le vendredi soir, veille du week-end, le flux, l'*affluence* des voya-
10 geurs *augmente*. De même le dimanche soir qui les voit rentrer vers leur lieu de travail.
Il y a aussi les trafics saisonniers: les vacances d'été donnent lieu à de nombreux déplacements, surtout vers la Bretagne, vers la mer.

l'investissement, *m.*	Investition, (Kapital)Anlage	la rentabilité	Wirtschaftlichkeit
à terme	mit der Zeit, auf Zeit, auf Dauer	rapporter	sich rentieren, einbringen
prouver	beweisen	la perte	Verlust
ça peut varier du simple à dix	das kann um das Zehnfache variieren	compenser	wettmachen, ausgleichen
ordinaire	gewöhnlich	l'affluence, *f.*	Andrang, Menschenstrom
le flux	*(fig.)* Flut	augmenter	erhöhen, vergrößern
le trafic	(Reise)Verkehr	foncé, e	dunkel *(Farbe)*

Adjectif ou adverbe?

Complétez les phrases suivantes:

Je prends le TGV assez ... (régulier)
Le TGV roule ..., mais on s'accoutume ... à sa vitesse. (vite, rapide)
Conducteur de TGV, c'est un métier qui me plaît ... (énorme)
Vous pensez que le TGV est ...? (rentable)
Je conduis ... plus de 4 heures d'affilée. (rare)
Est-ce que la responsabilité est ... à assumer? (difficile)
Il est ... (correct) Il fait son travail ... (correct)
Jean-Paul a travaillé pendant quelques années à Paris, mais il désirait ... retourner en Bretagne. (absolu)
Veuillez répondre ... (précis)

Unité 15 D/E

Une lettre

Complétez la lettre suivante:

```
Au responsable du
bureau des objets trouvés
F-29000  Quimper

Monsieur,

Avant-hier, 13 juin, je ... (oublier) dans
le TGV Paris-Rennes-Quimper, ... (partir) de Paris à
10 heures 50 un portefeuille en cuir rouge foncé.
Il ... (contenir) des dossiers personnels. Si ce
portefeuille vous ... (être remis), pouvez-vous me le
retourner à mon domicile: 3 bis, rue Du Guesclin,
35000 Rennes.

Avec mes vifs remerciements, je vous prie
de croire, Monsieur, à l'assurance de mes
sentiments distingués.

Anouk Charlier
```

Discussion

Avons-nous besoin des trains à grande vitesse? Pourquoi (pas)?

15 E

Jean-Paul en privé

Jean-Paul a deux enfants, Marie et Arthur. Le mercredi, les enfants n'ont pas école. Alors, pendant qu'Arthur joue, Marie se prépare à aller à son cours de *flûte*. Comme Jean-Paul ne travaille pas aujourd'hui, c'est lui qui *emmène* Marie au centre d'*éducation* musicale.

5 Chez Jean-Paul, nous avons fait la connaissance de sa compagne, Marie-Claude.

Interview de Jean-Paul et Marie-Claude

Anouk: Vous êtes tous les deux dans la vie active. Comment se déroulent vos journées?

Marie-Claude: Eh bien très simplement. Le matin, si je suis toute seule avec les enfants parce que Jean-Paul *est* parti *en déplacement,* nous nous levons, nous
5 prenons notre petit déjeuner, et nous allons tous les trois donc au travail.
Je conduis les enfants chacun à leur école et ensuite je me rends à mon école où je travaille donc toute la journée. Et si Jean-Paul n'est pas de retour le soir, à 4 heures et demie, c'est moi aussi qui récupère les enfants. Et ensuite, selon les activités que l'on a, soit des activités pour les enfants, soit une activité pour moi,
10 eh bien nous *prenons nos dispositions.*

Anouk: Est-ce que vous vous partagez les tâches ménagères?

Jean-Paul: Evidemment. Nous sommes obligés de nous partager les tâches ménagères. Le partage est *lié* aux activités professionnelles de chacun. Si je suis présent parce que je ne travaille pas, c'est mon jour de repos hebdomadaire,
15 ou si j'ai travaillé le matin, ou si je travaille plus tard le soir, j'ai donc un peu de temps dans la journée pour pouvoir aller acheter différents *ingrédients* pour la cuisine ou pour le ménage, ou, donc chercher les enfants à l'école par exemple. Donc c'est lié à notre activité professionnelle.

Anouk: Un autre sujet: est-ce que vous avez des loisirs?

20 **Marie-Claude:** Oh, nos loisirs sont divers. Les miens, par exemple, sont la lecture, des cours de cuisine que je prends en ce moment parce que nous sommes attirés un petit peu par la *nourriture biologique,* donc nous essayons un petit peu de cuisiner différemment en ce moment, donc ça m'intéresse assez …

Anouk Charlier chez Jean-Paul et Marie-Claude

Jean-Paul: Je fais du jogging, deux fois, trois fois par semaine, je pars dans la campagne ou dans les parcs qu'il y a autour de Rennes.
Anouk: Je crois que vous êtes très attirés par la culture bretonne et le *maintien* des traditions bretonnes. Pourquoi avez-vous choisi d'apprendre le breton à vos enfants?
Marie-Claude: Ben moi, je peux vous répondre à ce niveau-là, pour ma part, moi, mes parents déjà pratiquent la langue au *quotidien*, la parlent. Mes parents sont relativement âgés à l'heure qu'il est, mais ils la pratiquent tous les jours et c'est quelque chose à laquelle j'étais très *attachée*. Nous sommes cinq enfants chez moi et on ne nous a pas *transmis* la langue véritablement. Nous l'avons apprise par l'écoute, en l'entendant, mais nous ne l'avons pas pratiquée, et cette langue est en train de se perdre, et la langue, c'est la plus grande partie de la culture.
Et lorsqu'une langue se perd, c'est une grande partie de la culture qui part avec.
Jean-Paul: Moi, c'est un petit peu les mêmes raisons. Ma mère est francophone, elle ne parle pas breton, mais mon père était breton de *langue maternelle*. J'ai entendu parler breton toute ma vie, autour de moi, les personnes plus âgées. Mes grands-mères parlaient breton en permanence. Mon arrière-grand-mère ne parlait pas français, parlait breton, uniquement que breton.

Résumé ◯◯

Comme nous en avons souvent rencontré lors de notre parcours à travers la France, une famille qui fonctionne sur le partage. Marie-Claude est professeur de breton et Jean-Paul est *quasiment* tous les jours en déplacement.
Alors chacun fait sa partie de travail à la maison. Pour Jean-Paul, c'est souvent le jour où il a son repos hebdomadaire ou encore lorsqu'il travaille le matin ou l'après-midi. Selon les activités de chacun, c'est lui ou Marie-Claude qui va acheter les ingrédients pour la cuisine, les *aliments* donc, légumes etc. … Cela est d'autant plus important que Marie-Claude s'intéresse à la nourriture biologique.
Mais ce qui prend la plus grande place dans les *préoccupations* de Marie-Claude et Jean-Paul, c'est leur culture régionale et en premier lieu la langue bretonne. Ils ont grandi avec: Marie-Claude parce que ses parents sont «bretonnants» au quotidien – ils parlent chaque jour le breton –, et Jean-Paul parce que la langue maternelle de son père, de ses grands-mères et de son arrière-grand-mère était également le breton. C'est une langue celte arrivée en Bretagne au 5e et au 6e siècle après Jésus-Christ. Elle s'y est fortement développée. Mais depuis le début du 20e siècle, avec l'*influence* des *progrès* techniques, du tourisme, du développement économique, le breton a perdu beaucoup de ses adeptes *au profit* du français. Et pour citer Marie-Claude, «lorsqu'une langue se perd, c'est une grande partie de la culture qui part avec».
Alors Jean-Paul et Marie-Claude ont décidé d'apprendre le breton à leurs enfants.

la flûte	Flöte	le maintien	(Aufrecht)Erhaltung, Fortbestand
emmener	hinführen, mitnehmen	quotidien, ne	täglich
l'éducation, f.	Erziehung, (Aus)Bildung	attaché, e	verbunden, zugetan
être en déplacement	unterwegs sein	transmettre qch. à qn.	jdm. etwas vermitteln, weitergeben
prendre ses dispositions	sich darauf einstellen, sich vorsehen	la langue maternelle	Muttersprache
		quasiment	gewissermaßen
lier à	verbinden mit, zusammenhängen mit	les aliments, m.pl.	Lebensmittel, Nahrungsmittel
		la préoccupation	Beschäftigung
les ingrédients, m.pl.	Zutaten	l'influence, f.	Einfluß
la nourriture biologique	Vollwertkost	le progrès	Fortschritt
		au profit de	zugunsten von

Questions

– Expliquez ce qu'on entend par «nourriture biologique»?
– Dans quelle mesure Jean-Paul et Marie-Claude contribuent-ils au maintien de la langue bretonne?
– Peut-on conserver ses traditions dans une société moderne?

Question personnelle

Etes-vous, comme Marie-Claude, un(e) adepte de la nourriture biologique?

Vocabulaire

Complétez les phrases avec les mots suivants: hebdomadaire, annuel, quotidien, mensuel.

Le loyer ... est de 3.050,00 FF.
Il faut pratiquer la langue au ...
Nous prenons un congé ... en août.
Le travail ... est de 38 heures.

15 F

L'école Diwan Roahzon

L'école bretonne

A cinq minutes du centre de Rennes se trouve l'école bretonne Diwan Roahzon.
C'est sur initiative de parents bretonnants que cette école a été fondée. Les enfants
y font une scolarité normale, mais en breton. Il y a deux groupes à l'école Diwan:
celui des grands et celui des petits dont fait partie le fils de Jean-Paul et Marie-Claude,
5 Arthur.
Les parents et les *enseignants* de Diwan *se battent* pour que leur école soit *reconnue*
par l'Etat. Mais tout cela, ce sont des histoires d'*adultes*. Pour Arthur, l'école est
finie!

| l'enseignant, e | Lehrer(in) | reconnaître | anerkennen |
| se battre | kämpfen, streiten | l'adulte, *m./f.* | Erwachsene(r) |

> **Discussion**
>
> Quelle est l'importance de la langue bretonne comme moyen d'identification culturelle?

15 G

Commentaire du film sur la Bretagne

La Bretagne est une *presqu'île* qui *s'étire* d'est en ouest sur 250 kilomètres entre l'Atlantique et la Manche. On la *divise* généralement en deux grandes parties: L'Armor, c'est-à-dire la côte bordée par la mer, et l'Argoat, l'*intérieur* de la Bretagne. Il faut savoir en effet que la région *bénéficie d'*un climat doux et *humide*. Voilà
5 pourquoi on y *cultive* des artichauts en grandes quantités. Les maisons de granit, souvent *entourées d'*hortensias, *marquent* le paysage breton.
Les Bretons vivent *pour l'essentiel* de l'agriculture et de la *pêche*. La mer fait partie de leur vie. On dit que le cœur des Bretons vit dans l'eau de mer. Mais le travail de *pêcheur* est difficile, rude et *épuisant* – il ne *consiste* pas seulement *à* réparer les
10 *filets*. Les *conflits* portant sur le partage des eaux de pêche ainsi que les quotas ne font que rendre ce travail encore plus difficile. Cependant ce pays de la mer fournit environ la moitié des *besoins* français en poisson et en fruits de mer.

la presqu'île	Halbinsel	la pêche	Fischfang
s'étirer	sich erstrecken	le pêcheur	Fischer
diviser	teilen	épuisant, e	aufreibend, erschöpfend
l'intérieur, *m.*	Innere, Innen-		
bénéficier de qch.	profitieren von	consister à	bestehen aus, in
humide	feucht	le filet	(Fischer)Netz
cultiver	anbauen	le conflit	Streit, Kampf
entouré, e de	umgeben von	le besoin	Bedürfnis, Bedarf
marquer	kennzeichnen, charakteristisch sein		
pour l'essentiel	in der Hauptsache, im wesentlichen		

Questions

– De quelles parties est formé le territoire breton?
– Quelle importance a la côte bretonne pour la vie économique de la région?

Une chaumière en Bretagne

Le littoral breton

Martine, inspecteur de police — Unité 16

16 A

Commentaire du film sur Caen

Caen est le chef-lieu du département du Calvados et la capitale régionale de la Basse-Normandie. Caen est située à 10 kilomètres de la côte normande, au confluent de l'Odon et de l'Orne.

Le 6 juin 1944 marque une date historique: trois millions d'hommes *s'affrontèrent*
5 sur le *sol* de Normandie pour *libérer* l'Europe de la tyrannie hitlérienne. Les trois quarts de la ville ont été *détruits*, et il y a eu des milliers de *morts* et de *blessés*.

Le château *domine* le *cœur* de Caen. Il a été commencé au 11ᵉ siècle sous le *règne* de Guillaume le *Conquérant*, duc de Normandie et *roi* d'Angleterre. Malgré l'opposition de l'Eglise, Guillaume *épousa* Mathilde de Flandres, une arrière-cousine.
10 Pour *apaiser* le pape, Guillaume fonda l'*abbaye* aux Hommes. Les bâtiments de l'ancien monastère bénédictin abritent aujourd'hui l'Hôtel de Ville. La *Reine* Mathilde, elle aussi, fit *élever* un cloître, l'abbaye aux Dames. Son *tombeau* se trouve à l'intérieur de l'église de la Trinité.

Parmi les hôtels particuliers existant encore dans la ville, on peut *citer* l'Hôtel
15 d'Escouville. Derrière sa *sobre* façade se cache une *cour* marquée par l'influence italienne. Un riche *négociant* la fit élever. On est *séduit* par le charme et la qualité de vie de la capitale basse-normande. Le quartier Vangueux est l'un des plus vivants et *pittoresques* de la ville avec ses terrasses de café et de restaurants.

L'agglomération abrite près de 200.000 habitants. Caen est une ville active et
20 jeune – 40% de la *population* a moins de 25 ans. Les rues commerçantes *fourmillent* de boutiques. Caen est aussi un centre universitaire. 12.000 étudiants y font leurs études.

s'affronter	zusammenstoßen, aneinandergeraten	le roi	König
le sol	Boden	épouser	heiraten
libérer	befreien	apaiser	beruhigen, beschwichtigen, besänftigen
détruire	zerstören		
mort, e	tot	l'abbaye, *f.*	Abtei
blessé, e	verwundet	la reine	Königin
dominer	beherrschen	élever	errichten, bauen
le cœur	Herz	le tombeau	Grab(mal)
le règne	Herrschaft, Regentschaft	parmi	unter, darunter
		citer	erwähnen, hervorheben
le conquérant	Eroberer		

sobre	nüchtern	pittoresque	malerisch, romantisch
la cour	(Innen)Hof		
le négociant	Kaufmann, Händler	la population	Bevölkerung
séduire	verführen	fourmiller	wimmeln

Compréhension

Cochez la bonne réponse:

La Reine Mathilde était la femme
a) du duc de Bretagne   b) de Guillaume le Conquérant   c) du comte d'Escouville

Caen est le chef-lieu du département
a) du Calvados   b) de la Basse-Normandie   c) de l'Orne

De nos jours, les bâtiments de l'ancienne abbaye aux Hommes abritent
a) l'Hôtel d'Escouville   b) un cloître   c) l'Hôtel de Ville

16 B

Martine à l'Hôtel de Police

Martine Pichon est inspecteur de police. Elle est *chargée de* faire des *enquêtes judiciaires* et *administratives* à l'Hôtel de Police de Caen. Martine est l'une des 560 personnes qui travaillent pour la police dans le département du Calvados, et l'une des 380 qui sont directement à Caen.
Nous allons la trouver au premier étage de l'Hôtel de Police, à la *Sûreté urbaine*, où elle mène une *confrontation*.

Confrontation

Martine: Bon, Messieurs, je vous ai *convoqués à la suite* des faits qui se sont passés, là, le 23 mai.
M. Martin: Ouais.
Martine: Donc M. Delay a *déposé plainte contre* vous parce qu'il dit donc avoir reçu un *coup de poing*.
M. Martin: Oui, ça, c'est ce qu'il dit.
Martine: Donc je pense que vous n'ignorez pas la situation, donc la nature des relations de Monsieur et de votre femme.
M. Martin: Justement on pourrait y revenir parce que, à mon avis, c'est une pièce qui sera *versée au dossier*.
M. Delay: Ah ça suffit, hein!

Caen – l'abbaye aux Hommes

M. Martin: Non, non, non, ne commencez pas!
Martine: Ne *vous énervez* pas! On va donner la version de chacun. Alors donc M. Delay dit avoir reçu un coup de poing, le lundi 23 mai, vers 20 heures, au moment où il reconduisait votre femme à son domicile. Et donc il dit vous avoir rencontré sur le trottoir.
M. Martin: Est-ce qu'il a déclaré la nature des relations qui le lient avec mon épouse?
Martine: Oui, mais enfin bon ...
M. Delay: *Ça n'a rien à voir*. Elle travaille avec moi.
Martine: Son amie, enfin c'est *sous-entendu*, *on ne va pas vous faire un dessin*. Bon. Alors donc il a garé sa voiture au niveau du trottoir devant votre immeuble, et donc *malencontreusement* vous vous trouviez là.
M. Delay: Est-ce que vous étiez allé la chercher?
M. Martin: Non, non, je suis descendu pour venir devant le *véhicule* pour voir ce qu'avait mon épouse. Je ne pensais pas *au départ* qu'il était dans un état aussi énervé, aussi *coléreux*.
Martine: Enfin *toujours est-il que*, quand vous êtes arrivé donc au niveau de la voiture, vous étiez peut-être un peu énervé aussi puisque vous vous êtes *précipité sur* la *portière* et vous avez *extirpé* votre femme de la voiture.
M. Martin: Ah pas du tout.
M. Delay: Mais si. Evidemment que si!

Unité 16 B

Martine: Ça, ça paraît *clair*.
M. Martin: Pas du tout! C'est elle qui est sortie rapidement alors que lui a essayé de …
M. Delay: Quel *menteur*!
M. Martin: Ce n'est pas la même chose.
Martine: Toujours est-il que votre femme est sortie de la voiture et alors ça, c'est la déclaration de M. Delay, vous avez fait le tour de la voiture, vous êtes arrivé à son niveau et, par la portière ouverte, vous lui avez donné un coup de poing, *en pleine figure*. Voilà, voilà ce que dit Monsieur …
M. Delay: Là, là!
Martine: Bon, Monsieur, M. Delay! Donc vous allez me donner chacun votre version et on va voir ce qui va sortir de tout ça. Alors …
C'était le lundi de Pentecôte, il *ramène* votre femme chez vous à 8 heures du soir, c'était un *jour férié*, vous pensez bien que …
M. Martin: Vous savez, les *mœurs* ont beaucoup évolué, hein?
Martine: C'est ça, ah ça, on peut le dire, oui! Bon, 8 heures 45.
M. Delay: J'ai déjà dit ce qui s'est passé. C'est tout. J'ai déjà dit!
La *vitre* était ouverte, il est venu, il a fait le tour de la voiture et il m'a donné un coup de poing là!
Martine: Oui, non mais je sais, cela a été constaté par un certificat médical. Alors, M. Martin, comment vous expliquez qu'effectivement le docteur Boireau ait constaté que … effectivement il avait un *hématome* assez important?
M. Martin: Ah mais, il a nécessairement un hématome sur la *joue*, mais qui a été fait dans des circonstances différentes.
Martine: Ah bon?
M. Martin: Je me demandais ce que mon épouse faisait avec cet *énergumène*, donc j'ai sorti mon épouse de la voiture et je suis allé, j'ai effectivement fait le tour, et je suis allé discuter avec …, à ce moment-là il a essayé d'ouvrir la porte très *violemment*, j'ai réussi à bloquer la porte, et comme il s'est avancé avec sa *ceinture à enrouleur*, la porte lui est revenue dans la figure.
Martine: Ah, il a pris la porte dans la figure?
M. Martin: Ce qui … Le *montant de la porte* lui a fait …
M. Delay: Mais c'est pas vrai, mais c'est pas vrai.
M. Martin: Mais si!
Martine: Alors «c'est bien donc Martin qui m'a donné un coup de poing dans la figure … »
M. Delay: Hé, ça suffit, j'ai dit tout ce qu'il y avait à dire!
Je ne vais pas répéter 30 fois!
Martine: Donc vous n'avez rien d'autre à ajouter? «Je n'ai rien d'autre à préciser. Donc les *faits* se sont passés comme je les ai décrits». C'est ça?

M. Delay: Oui.
Martine: Alors M. Martin, donc, vous, vous *maintenez* que c'est bien un coup de portière.
M. Martin: Absolument. Absolument.
Martine: «Donc je maintiens que je n'ai pas *frappé*. C'est lui qui a ouvert la portière brutalement ...»
M. Martin: Oui, et comme il avait le visage *penché*, ça s'est refermé et ça a *heurté* sa joue.
Martine: Alors donc on ne saura jamais en fait si c'est la portière ou le poing de Monsieur Martin qui s'est *écrasé* sur votre *museau*!
M. Delay: Oh, je pars, je n'ai rien à faire ici, je travaille, je travaille, je suis venu ce matin, je travaille, Madame, alors ça suffit maintenant. Moi, je pars.
Martine: Vous allez quand même signer vos déclarations. Il a reçu la portière dans la figure, je ne l'ai pas frappé. Voilà, donc c'est tout. Vous n'avez rien d'autre à déclarer? On en restera là. Ça suffit pour aujourd'hui? Alors «lecture faite par eux-mêmes *persistent* et signent le *présent*.»
M. Delay: Ouais, ouais, je signe, je signe ...
Martine: Vous signez, c'est vos déclarations, moi je n'ai rien inventé.
M. Martin: Signer ce *tissu de mensonges, sans vergogne*?
M. Delay: Les *conneries*, c'est toi qui les racontes.
Martine: Je vous signale que c'est terminé, alors vos *insultes* vous les garderez pour plus tard. Vous vous arrangerez de ça plus tard. Voilà! Allez! Vous relisez chacun la partie qui vous *concerne*, et vous signez.

La confrontation

M. Martin: Parce que vous savez lire en plus? Ben c'est bien.
Martine: M. Martin, je vous en prie, je vous en prie, vous continuerez vos excellentes relations *ailleurs*. Pour nous, c'est fini.
M. Delay: Bon, je peux y aller?
100 **Martine:** Allez-y.

chargé, e de l'enquête, *f.*	beauftragt, berufen Untersuchung, Ermittlung	toujours est-il que	wie dem auch sei(n mag)
judiciaire	gerichtlich, richterlich	se précipiter sur la portière	sich stürzen auf Wagentür
administratif, ve	amtlich, Verwaltungs-	extirper	herausreißen, herauszerren
la sûreté	Sicherheit	clair, e	klar
urbain, e	städtisch, Stadt-	le menteur	Lügner
la confrontation	Gegenüberstellung, Vergleich	en pleine figure ramener	mitten ins Gesicht zurückbringen
convoquer	vorladen, zusammenrufen	le jour férié les mœurs, *f.pl.*	Feiertag Sitten, Gebräuche
à la suite de	infolge von	la vitre	Fensterscheibe
déposer plainte contre qn.	eine Anzeige gegen jdn. erstatten, eine Klage anstrengen	l'hématome, *m.* la joue l'énergumène, *m.* violent, e violemment, *adv.*	Bluterguß Wange, Backe Rasender heftig
le coup de poing	Faustschlag	la ceinture de sécurité,	Sicherheitsgurt
verser une pièce à un dossier	einen Fall zu den Akten legen	la ceinture à enrouleur	
s'énerver	sich aufregen, nervös werden	le montant de porte	Türrahmen, Türpfosten
Ça n'a rien à voir.	Das hat nichts damit zu tun. Das tut nichts zur Sache.	les faits, *m.pl.* maintenir frapper	Tatsachen, Fakten behaupten, versichern schlagen
sous-entendu	nicht ausdrücklich, unter Vorbehalt	penché, e heurter	geneigt, schräg stoßen, an-, aufprallen
le dessin On ne va pas vous faire un dessin.	Zeichnung *im Sinne von:* Wir wollen das nicht weiter vertiefen.	écraser	zerdrücken, zerschmettern, zu Boden schlagen
malencontreux, se	unglücklich, fatal, ärgerlich	le museau *(fam.)* persister	Maul, Schnauze bestehen, beharren auf
le véhicule au départ	Fahrzeug zu Beginn, am Anfang, zunächst	le présent	*hier im Sinne von:* das vorliegende Dokument
coléreux, se	jähzornig, hitzig, aufbrausend		

le tissu de mensonges	Gewebe von Lügen	l'insulte, *f.*	Beleidigung, Beschimpfung
sans vergogne	schamlos, unverschämt	concerner	betreffen
la connerie	*(grob)* Dummheit, Schwachsinn	ailleurs	anderswo

Extrait du procès-verbal

Jean-Yves Delay: Je *maintiens* les déclarations que je vous ai faites. C'est bien Martin qui m'a donné un coup de poing dans la figure au moment où il s'est présenté au niveau de ma portière. Je n'ai rien d'autre à préciser. Les faits se sont passés comme je les ai décrits.

5 *Jacky Martin*: Je maintiens que je n'ai pas frappé M. Delay. C'est lui qui a ouvert la portière brutalement. J'ai réussi à la bloquer avec mon *genou*. La portière *s'est rabattue* brutalement et comme il *s'était avancé*, il a reçu la portière dans la figure. Je ne l'ai pas frappé. Je n'étais pas du tout excité, seulement un peu surpris de la voir dans la voiture de cet individu.

Résumé ⚏

Une confrontation fort *vivante* qui illustre bien les relations que nous avons parfois avec *autrui*.

Martine a demandé aux deux *protagonistes* de venir dans son bureau, elle les a convoqués à la suite d'une *dispute*. M. Delay a en effet déposé plainte contre M. Mar-
5 tin. Déposer ou porter plainte, c'est demander à la police d'intervenir dans un cas que l'on n'arrive pas à régler soi-même.

Comme M. Delay et M. Martin n'ont pas pu *se mettre d'accord,* l'inspecteur de police a organisé une confrontation pour permettre à chacun de donner sa version des faits, de raconter ce qui s'est passé et comment. L'inspecteur écoute et *dirige* la
10 confrontation tout en notant la déclaration de chacun, la version définitive. Il arrive parfois que les personnes confrontées *retirent* leur plainte et quittent le bureau de Martine dans la *paix*. Mais dans le cas que nous venons de voir, la confrontation n'a rien apporté.

Que s'est-il passé en fait? D'après M. Delay, il ramenait Mme Martin chez elle lors-
15 que M. Martin est arrivé, s'est précipité sur sa femme pour l'extirper de la voiture. Il est donc allé très rapidement vers elle et l'a *tiré* violemment de la voiture. Puis il a donné un coup de poing à M. Delay.

M. Martin a une version différente des faits. Selon lui, il n'y a pas eu de coup de poing. M. Delay a essayé de sortir de sa voiture, mais comme il avait sa ceinture à enrouleur, sa ceinture de sécurité, et que M. Martin bloquait la portière, il s'est heurté, *cogné* contre elle. Qui dit vrai? Toujours est-il que M. Delay a eu un hématome au visage. Il l'a fait constater par un médecin qui a *établi* un certificat médical, une attestation.

La confrontation se termine par la *signature* des déclarations de chacun. La dernière phrase que porte le procès-verbal, est la suivante: «Lecture faite par eux-mêmes persistent et signent le présent». Cette belle formule administrative *signifie* que les protagonistes ont relu leur déclaration, qu'ils n'ont pas changé d'avis et vont signer.

le procès-verbal	Protokoll	la dispute	Streit
maintenir	aufrechterhalten, festhalten	se mettre d'accord	sich einigen
		diriger	leiten
le genou	Knie	retirer	zurückziehen
se rabattre	zuklappen, zuschlagen *(Tür)*	la paix	Friede(n)
		tirer	ziehen
s'avancer	näherkommen, *hier:* sich vorbeugen	cogner	schlagen, stoßen
		établir	ausstellen
vivant, e	lebhaft, lebendig	la signature	Unterschrift
autrui *(inv.)*	andere	signifier	bedeuten
le protagoniste	Hauptdarsteller		

Savoir écrire

Faites un bref résumé (5–6 phrases) de ce qui s'est passé au bureau de Martine.

Questions

– Comment jugez-vous le comportement des deux adversaires?
– A votre avis, Martine a-t-elle pris parti pour l'un des deux protagonistes?

Traduisez l'extrait du procès-verbal en allemand. (page 48)

16 C

Interview de Martine sur son métier

Anouk: Les *plaignants* réagissent-ils souvent brutalement lorsqu'ils perdent dans une confrontation?
Martine: Ah oui, c'est très *fréquent*. Certaines fois, on est même obligé d'*interrompre* la confrontation parce que les *esprits s'échauffent* un peu trop, et ça se terminerait mal. Donc on leur demande de s'en tenir en fait à ce qu'ils ont déclaré lors de leur première *audition,* et puis ça se passe généralement assez bien.
Anouk: Dites-moi, le métier d'inspecteur de police est dangereux, non?
Martine: Oh dangereux, n'*exagérons* rien, disons que, dans la vie de tous les jours, on a une fonction bien précise. Bon, en ce qui me concerne, c'est de recevoir des déclarations, de faire des *procédures* pour le *Parquet*, c'est-à-dire le *procureur de la République,* mais c'est sûr que, au cours des *permanences*, on fait des permanences de week-end et de nuit, il peut arriver qu'on ait des *interventions* un peu plus animées, disons, que ce qui se passe généralement dans un bureau. Là, on peut faire des *interpellations*, placer des gens en *garde à vue*, donc là c'est un peu plus *agité*.

Martine Pichon au bureau

Anouk: Justement qu'est-ce qui vous a poussé à entrer dans la police?
Martine: Eh bien au départ ma vocation première, c'était plutôt l'*enseignement,* puisque j'ai fait des études pour devenir professeur, j'ai enseigné pendant quatre ans, et puis donc à la suite d'un échec à un concours de recrutement au CAPES, j'ai changé directement de voie, et je suis entrée dans la police.
Anouk: Donc c'est la raison pour laquelle vous avez *abandonné* l'enseignement?
Martine: Oui, on peut le dire.
Anouk: Qu'est-ce qui vous plaît ou vous *déplaît* dans votre métier?

Martine: Eh bien c'est-à-dire que j'avais choisi cette voie surtout pour essayer de trouver un métier un peu plus concret que l'enseignement, un peu plus actif peut-être, un peu plus *proche* des gens. Bon, l'enseignement, au bout de quelques années, on se rend compte que c'est un peu un milieu *articifiel,* encore que ce soit la vie quand même, mais un peu plus loin de la réalité. Alors que là, on est vraiment dans le concret, un peu trop d'ailleurs.
Anouk: Quels sont vos rapports avec vos collègues?
Martine: Oh, il n'y a aucun problème. Si vous pensez, si vous me posez la question, parce que je suis une femme qui travaille dans un milieu d'hommes, c'est sûr que je suis seule dans le service, c'est surtout un problème de personne en fait, ce n'est pas tellement un problème femme/homme.
Anouk: Quels cas traitez-vous le plus souvent?
Martine: C'est la vie de tous les jours, les problèmes de relations entre les gens, c'est l'objet principal de la sécurité publique, puisque les hôtels de police, le commissariat de police de Caen donc fait partie de la sécurité publique. Donc on règle les *litiges* entre les gens, que ce soient les petits litiges de *violence, dégradations* ou vols, c'est l'essentiel du travail.
Anouk: Caen est-elle une ville à haute criminalité?
Martine: Non, non. C'est le type même de ville à moyenne *délinquance,* c'est-à-dire la délinquance qui *s'attaque* aux *biens,* les voitures, les petits vols dans les appartements, les histoires de violence, mais il y a beaucoup quand même de problèmes liés à l'alcoolisme, des problèmes de violence, également de violence sur les enfants qui sont liés aux problèmes de l'alcoolisme.
Anouk: A quel stade de votre carrière en êtes-vous et comment voyez-vous l'*évolution* de votre carrière?
Martine: Moi, j'appartiens au corps des inspecteurs, c'est-à-dire que dans le corps des inspecteurs, il y a trois grades, inspecteur, *inspecteur principal* et *inspecteur divisionnaire.* Moi, je suis inspecteur principal, depuis 13 ans, et donc *à l'ancienneté,* je vais passer inspecteur divisionnaire. Mais au niveau des responsabilités et des *prérogatives,* il n'y a pas grand changement dans la fonction, c'est surtout sur le plan du déroulement de carrière.

Résumé

Martine est passée de l'enseignement au monde de la sécurité publique: un échec au CAPES et le besoin d'une activité plus concrète, plus proche des gens l'y ont poussée. Si elle pensait que l'école était plutôt un monde artificiel, peu réaliste, elle se trouve actuellement au milieu de la vie et de ses problèmes. Ainsi, il n'est pas rare qu'elle interrompe, qu'elle arrête une confrontation parce que les esprits s'échauffent, *s'animent* et que les gens *se disputent* trop violemment.

Les fonctions de Martine: elles sont de deux ordres. D'abord recevoir des déclarations de plaignants, de personnes qui portent plainte, et leur *donner suite* pour le Parquet, le procureur de la République, qui représente la *magistrature,* la *justice.* Martine fait donc des enquêtes.

D'autre part, elle est régulièrement de permanence, c'est-à-dire qu'elle doit être à l'Hôtel de Police le week-end ou la nuit. Dans ce cas-là, elle est appelée à faire des interventions, à sortir pour aider les personnes qui appellent la police. Il lui arrive parfois de faire des interpellations, d'*arrêter* quelqu'un. Ces interpellations se terminent quelquefois par le placement des gens en garde à vue.

Caen est une ville à moyenne délinquance: elle ne connaît pas de haute criminalité. La plupart du temps, Martine règle des litiges, des conflits entre des personnes: actes de violence, vols ou dégradations de biens. Et très souvent, l'alcoolisme *est en jeu* dans de nombreux cas de violence.

le/la plaignant, e	Kläger(in)	la violence	Gewalttat, Gewalttätigkeit
fréquent, e	häufig		
interrompre	unterbrechen	la dégradation	Beschädigung
l'esprit, *m.*	Geist, Gemüt	la délinquance	Kriminalität
s'échauffer	sich erhitzen	s'attaquer à	sich richten gegen; auf-, angreifen; sich befassen mit
l'audition, *f.*	Anhörung, Vernehmung		
exagérer	übertreiben	les biens, *m.pl.*	Besitz
la procédure	Rechtsverfahren, Prozeßführung	l'évolution, *f.*	Entwicklung, Werdegang
le Parquet	Staatsanwaltschaft	l'inspecteur principal, *m./f.*	Hauptinspektor(in)
le procureur de la République	Staatsanwalt	l'inspecteur divisionnaire, *m./f.*	Kreisinspektor(in)
la permanence	Bereitschaftsdienst		
l'intervention, *f.*	Einsatz, Eingreifen	à l'ancienneté, *f.*	mit Erreichen des Dienstalters
l'interpellation, *f.*	Überprüfung der Personalien, Festnahme	la prérogative	Vorzug, Sonderrecht
		s'animer	sich aufregen, in Eifer geraten
la garde à vue	vorläufige Festnahme	se disputer	sich zanken, streiten
agité, e	aufgeregt, unruhig	donner suite à une plainte	einer Klage stattgeben
l'enseignement, *m.*	Unterrichten, Lehrtätigkeit	la magistrature	Richterstand, Magistratsbehörde
abandonner	aufgeben	la justice	Gerichtswesen
déplaire à	mißfallen, nicht gefallen	arrêter qn.	verhaften
proche	nahe	être en jeu	im Spiel sein, auf dem Spiel stehen
artificiel, le	künstlich		
le litige	Streit(fall)		

Unité 16 C/D 53

Questions

- Martine a débuté dans l'enseignement. Pourquoi a-t-elle changé de métier?
- De quelle nature sont les problèmes que Martine doit régler le plus souvent?

Situation

Qu'est-ce que vous dites ...? (Soyez très poli!)

- wenn Sie jemanden um Hilfe bitten.
- wenn Sie jemanden um einen Gefallen bitten.
- wenn Sie jemanden fragen, ob er Lust hat, mit Ihnen zum Abendessen zu gehen.
- wenn Sie jemanden bitten, ein Taxi zu rufen.
- wenn Sie Martine fragen, ob Sie eine Kopie des Protokolls haben könnten.
- wenn Sie Ihren Gästen dankbar wären, im Wohnzimmer nicht zu rauchen.

Discussion

Est-ce que la criminalité concerne seulement la police et la justice?

16 D

Martine chez elle

Comme elle aime la nature et le grand air, Martine a décidé il y a quelques années de quitter son appartement de Caen pour s'installer à 13 km, dans le village d'Evrecy.
Elle habite une maison individuelle entourée d'un jardin qu'elle *entretient* avec amour. Ses enfants Mathieu, 12 ans, et Delphine, 8 ans, l'aident de temps en temps.

Interview en privé

Anouk: Vous travaillez à temps complet?
Martine: Oui, oui, absolument, au *sens* administratif du terme, je travaille à temps complet. Mais donc avec le jeu des *récupérations* de permanences, j'ai quand même beaucoup de temps de libre, par exemple quand je travaille le week-end,
5 le samedi et le dimanche, j'ai trois jours à récupérer dans la semaine, donc le

système est assez *souple*, également quand je fais une nuit, donc j'ai l'après-midi qui *précède* la nuit, et la journée qui suit. Donc c'est quand même assez souple comme système, et je *réussis à* récupérer beaucoup de temps pour moi.
Anouk: Comment arrivez-vous à concilier votre travail avec votre vie privée?
10 **Martine:** Eh bien justement du fait des permanences, donc je réussis à récupérer assez de temps dans la semaine pour m'occuper de mes enfants, de ma maison, de mes courses. Donc ça permet quand même de *ménager* un temps assez important.
Anouk: Quelles activités *attribuez*-vous plutôt à la femme et à l'homme dans le ménage?
15 **Martine:** C'est-à-dire qu'on ne se pose pas vraiment la question de cette façon-là, puisque, bon, la situation *implique* que le mari fasse ..., s'occupe des enfants et du repas le soir, quand je suis de permanence ou donc la situation n'est pas tellement *envisageable* de ce point de vue de la répartition des tâches. En fait on s'occupe à égalité l'un et l'autre de la maison et des enfants.
20 **Anouk:** Vous faites du sport?
Martine: Oui, beaucoup, du *cross*, surtout du cross, de la natation, beaucoup de ski aussi avec les enfants.
Anouk: Quels sont vos loisirs en dehors du sport?
Martine: Eh bien j'aime surtout la lecture. C'est un peu dû à ma formation,
25 j'aime bien lire des auteurs anciens, que je relis, également des auteurs actuels, des gens que je suis, des gens que j'apprécie. Et puis le cinéma. J'aime bien aller au cinéma voir des films récents.
Anouk: Et où partez-vous en vacances?
Martine: Donc le critère de choix principal, c'est la montagne. On part souvent
30 à la montagne. Donc on apprécie bien l'Autriche. Je fais aussi beaucoup de ski en Suisse.
Anouk: Surtout la montagne. La mer? Jamais?
Martine: Ah, la mer, on est assez près de la mer ici, mais j'apprécie moins la mer. Puis, bon, c'est quand même assez *salutaire* de changer un peu de climat,
35 de situation, donc on préfère la montagne en fait.

Résumé ○○

Grâce aux permanences qu'elle fait régulièrement, Martine réussit à avoir pas mal de temps libre. Lorsqu'elle travaille le week-end ou la nuit, elle récupère des jours, elle a des jours libres *supplémentaires*. Elle a par exemple l'après-midi qui précède une nuit, et la journée qui suit. De la sorte, Martine réussit très bien à concilier sa
5 vie professionnelle et sa vie privée.
C'est une grande sportive qui pratique le cross, la course à pied, la natation et le ski. Et, ancienne enseignante, elle apprécie la lecture d'auteurs anciens et actuels.

entretenir	instandhalten, versorgen, unterhalten	attribuer qch. à qn. impliquer	zueignen, zumessen verwickeln, involvieren
le sens	Sinn		
la récupération	Rückgewinnung; *hier*: Freizeitausgleich	cela implique que	das hat zur Folge, daß ...
		envisageable	betrachtenswert
souple	dehnbar, biegsam	le cross	Geländelauf
précéder	voran-, vorausgehen	salutaire	begrüßenswert
réussir à	gelingen	supplémentaire	zusätzlich, ergänzend
ménager	aufsparen, haushalten		

Question

Qu'avez-vous appris sur la vie privée de Martine?

Compte rendu d'un accident

Complétez ce compte rendu:

```
Je soussignée, Anouk Charlier, ... (résider)
temporairement à Caen, déclare ... (être) témoin,
le 6 juin dernier, d'un accident de voiture.
La collision ... (se produire) dans le centre-ville,
au carrefour de l'avenue Georges Clemenceau et la
rue des Cordes. Il ... (être) 10 heures 25.
Les personnes présentes ... (être) les occupants
d'une Volvo 440, Madame Legrand, le conducteur
d'une Citroën, Monsieur Bournaison, des passants
et moi-même.
Monsieur Bournaison, ... (rouler) dans la rue des
Cordes et voulant traverser l'avenue Georges
Clemenceau, ... (ne pas respecter) la priorité et ...
(rentrer) dans la voiture de Madame Legrand.
Madame Legrand ... (blesser) au genou gauche et ...
(saigner) au visage. La portière gauche de la Volvo
... (enfoncer) ainsi que l'avant de la Citroën.
Quant à moi, ... (courir) à un café pour appeler une
ambulance.
Celle-ci est arrivée sur les lieux au bout de sept
minutes. Madame Legrand ... (hospitaliser).
Fait à Caen, le 8 juin ...        Anouk Charlier
```

16 E

Les loisirs de Martine et de ses enfants

Le Mémorial de Caen. Cet ensemble est consacré à la Seconde *Guerre mondiale*, ses raisons et ses *suites*. Ce musée est souvent le but de Martine et de ses collègues qui pratiquent la course à pied tous les jeudis après-midi.

En tête du groupe, leur *moniteur*. Il les guide sur un parcours d'une douzaine de kilomètres. Certains de ces coureurs, dont Martine, participent régulièrement à des marathons ... Il faut être bien *entraîné*.

Pendant ce temps, à quelques centaines de mètres de chez eux, les enfants de Martine font du poney. Delphine semble avoir du mal à *maîtriser* son cheval. Mathieu, lui, paraît tout à fait sûr de lui.

Interview des enfants

Anouk: Tu fais souvent du cheval comme ça?
Delphine: Oui.
Anouk: Combien de fois par semaine?
Delphine: Une.
Anouk: Une seule fois?
Delphine: Oui.
Anouk: Mais tu fais bien du cheval pour une seule fois par semaine. Et tu t'occupes de tes chevaux avant?
Delphine: Oui.
Anouk: Qu'est-ce que tu leur fais?
Delphine: On les *brosse*, on leur *cure* les pieds ...
Anouk: Et tu fais ça avec ton frère Mathieu. Bonjour, Mathieu, alors, tu es *fier comme Artaban*, là.
Mathieu: Oui, parce que c'est la première fois que je viens ici et ben, j'aime bien, j'apprends.
Anouk: Ça se passe bien, tu es content de faire du cheval?
Mathieu: Oui, ça va.
Anouk: Et tu viens aussi une seule fois par semaine?
Mathieu: Oui, le mercredi, c'est tout.
Anouk: Merci, bon, ben je vous laisse continuer, hein, allez.

la guerre mondiale	Weltkrieg	brosser	striegeln, bürsten
la suite	Folge	curer	säubern, reinigen, putzen
le moniteur	Sportlehrer		
s'entraîner	trainieren, üben	fier comme Artaban	stolz wie ein Spanier
maîtriser	beherrschen, lenken		

Unité 16 E/F

Martine et ses enfants

Indicatif ou subjonctif?

Complétez les phrases suivantes:

Je préfère qu'il ... . (sortir)
Il trouve qu'elle ... . (avoir raison)
Martine souhaite qu'on ... son travail au sérieux. (prendre)
Elle fait ce qu'elle ... . (vouloir)
Il me plaît que ses enfants ... si polis. (être)
Je voudrais que vous m' ... . (aider)
C'est la seule chose qu'elle ... faire pour eux. (pouvoir)
C'est le seul livre que j' ... . (trouver)

16 F

Commentaire du film sur les environs de Caen

Le canal de Caen *relie* la ville à Ouistreham, sur la côte normande. C'est bien ici que se joua le *sort* de la Seconde Guerre mondiale.
Au printemps 1944, les Alliés ont *débarqué* sur les plages normandes et ont rendu la liberté à l'Europe. La plus grande opération militaire des temps modernes, con-
5 nue sous le nom de «Overlord», commença dans la nuit du 5 au 6 juin avec le *parachutage* d'environ 20.000 hommes. Il fallait entre autres *s'emparer de* ce pont sur le canal de Caen, qui depuis sa *prise* a gardé le nom de «Pegasus Bridge». Le café du port à côté du *pont tournant* a été la première maison libérée de France. A l'*aube* du *Jour J*, plus de 250.000 hommes ont débarqué, et environ 20.000 véhicules,
10 *appuyés* par 14.000 avions. Un port artificiel fut monté à Arromanches.

Tout le long de la côte, il y a encore des traces et des *vestiges* de la *bataille* qui s'y est livrée en 1944. Bien des jeunes soldats venus de leur lointain pays ont perdu la vie au moment du débarquement. Plus de 9.000 *croix couvrent* le *cimetière* américain de Colleville-Saint-Laurent *surplombant* la plage d'«Omaha Beach».

relier	verbinden	l'aube, *f.*	(Morgen)Dämmerung
le sort	Schicksal, Los		
débarquer	landen, an Land gehen	le Jour J	D-Day (Beginn der Invasion der Alliierten in der Normandie)
le parachutage	Fallschirmabwurf		
s'emparer de qch.	von etwas Besitz ergreifen, sich einer Sache bemächtigen	appuyer	hier: (unter)stützen
		les vestiges, *m.pl.*	Rest, Überreste
		la bataille	Schlacht
la prise	Besitzergreifung, Einnahme	la croix	Kreuz
		couvrir	bedecken
le pont tournant	Drehbrücke	le cimetière	Friedhof
		surplomber	überragen, vorspringen

Savoir écrire

Résumez les événements de juin 1944.

Le canal de Caen – «Pegasus Bridge»

Jacques, chef de travaux   Unité 17

17 A

Commentaire du film sur Le Havre

Le Havre – la passerelle et le «pot de yaourt»

Le Havre est situé au bord de la Manche, à l'*embouchure* de la Seine.
Port d'*entrepôts* et port transatlantique, c'est un des plus grands et plus importants d'Europe. Le Havre est «la porte océane» de la France, très bien *équipée* pour recevoir les plus grands *navires* à pleine charge. Grâce à sa situation géographique privilégiée au cœur de l'*Union Européenne*, c'est au Havre que les *marchandises* venant d'Amérique, d'*Extrême-Orient* ou de tout autre continent sont débarquées en premier. Premier port français du *commerce extérieur* avec un trafic *annuel* de 55 millions de tonnes de marchandises, Le Havre est aussi le premier port français pour les *conteneurs*. De même, l'avant-port *pétrolier* y prend une place *prépondérant*e. Le port assure également un important trafic de voyageurs, notamment vers les îles Britanniques. 12.500 emplois sont liés directement à la vie du port, en particulier celui de docker.

L'agglomération havraise compte environ 230.000 habitants. Fondée en 1517 par François Ier, la ville a *prospéré* avec le commerce colonial: *coton,* café, cacao, tabac
15 et *bois exotiques.* Il n'y a que peu de restes de ses origines car la dernière guerre *fit table rase* du vieux Havre. La ville a *subi* de terribles bombardements. La reconstruction fut réalisée par Auguste Perret, architecte et *urbaniste.*
Le *bassin* du commerce est maintenant réservé à la plaisance. Le bâtiment le plus spectaculaire ici est la maison de la culture. Les Havrais lui ont donné le nom de *«pot
20 de yaourt».* Ce centre culturel a été réalisé par l'architecte et *sculpteur* brésilien Oscar Niemeyer. Une *passerelle* futuriste franchit le bassin du commerce. Elle conduit dans l'île Saint-François où a lieu le marché aux poissons. Des *soles*, des *sèches* et de la *morue* y sont vendues fraîches du jour.

l'embouchure, *f.*	Mündung	le coton	Baumwolle
l'entrepôt, *m.*	(Waren)Lager	le bois	Holz
équiper	ausrüsten, ausstatten	les bois exotiques, *m.pl.*	Edelhölzer
le navire	Schiff		
l'Union Européenne, *f.*	Europäische Union	faire table rase	reinen Tisch machen; *hier:* dem Erdboden gleichmachen
la marchandise	Ware, Gut		
l'Extrême-Orient, *m.*	Ferner Osten	subir	erleiden
le commerce extérieur	Außenhandel	l'urbaniste, *m./f.*	Städteplaner(in)
		le bassin	Becken
annuel, le	jährlich	le pot de yaourt	Joghurtbecher
le conteneur	Container(schiff)	le sculpteur	Bildhauer
pétrolier, -ère	Erdöl-, Tanker-	la passerelle	Verbindungssteg, Fußgängerbrücke
prépondérant, e	herausragend, entscheidend, gewichtig	la sole	Seezunge
		le sèche	Tintenfisch
prospérer	gedeihen, aufblühen	la morue	Kabeljau

Questions

- Qui a fondé Le Havre?
- Qui a réalisé la reconstruction de la ville après les bombardements de la Seconde Guerre mondiale?
- Quel est le bâtiment le plus spectaculaire du Havre, et quel est son surnom?
- Dans quel domaine le port du Havre est-il dominant?
- Quel aspect du port du Havre est également important?

17 B

Aux Ateliers et Chantiers du Havre

Les ACH, les Ateliers et *Chantiers* du Havre, se sont installés à Graville, dans la zone *portuaire* du Havre. Jacques Deporte y travaille. Il est *chef de travaux*.
Actuellement, les ACH construisent un navire de recherche et de *ravitaillement* des *terres australes* françaises. Avant d'en arriver à la construction d'un navire, les ACH
5 en réalisent d'abord tous les plans, en grande partie sur CAO, conception assistée par ordinateur, qui permet d'obtenir les vues en trois dimensions.
Dans le bureau de Monsieur Maheut, on peut regarder le navire tel qu'il devrait quitter le chantier. Monsieur Maheut est chargé d'une des parties de l'*étude* du navire. C'est là que *se forge* le projet, qu'il voit le jour et se développe jusqu'à la *finition*
10 des plans.

Interview de Monsieur Maheut

Anouk: Monsieur Maheut, est-ce que vous pourriez m'expliquer *brièvement* les diverses étapes de la construction d'un navire?
M. Maheut: Oui. Alors le navire naît de la demande d'un armateur, au chantier, pour un certain type de navire. Et le chantier établit un projet et si ce projet plaît à
5 l'armateur, il *passe une commande*; à ce moment-là rentre le travail du bureau d'études pour la réalisation et l'étude complète du navire. Ici, au chantier, là, les études se font pour une partie, la partie *coque* qui est la *charpente métallique* du navire, dans ce bureau, et la partie machine, dans un bureau qui se trouve à l'étage *inférieur* du bâtiment. La partie coque, elle, va se diviser en sections, la section
10 électricité, la section *ventilation*, la section coque *proprement dite*, et la section

Monsieur
Maheut

Le chantier naval

agencement. Ici, on est dans la partie agencement. Alors l'agencement consiste à faire l'étude de tout ce qui va être *locaux habitables*, pour la construction des *cloisons*, des *plafonds*, des sols et du mobilier.

Anouk: Quelles professions sont réunies autour de vous?

15 **M. Maheut:** Essentiellement des *dessinateurs* bien sûr, en premier, et ce sont des gens qui ont quand même *trempé* dans la *menuiserie*, l'*ébénisterie*, l'architecture et dans l'agencement, des techniciens d'agencement.

Anouk: Combien d'heures de travail *représente* un navire tel que celui-ci par exemple?

20 **M. Maheut:** Un navire tel que celui-ci, ça va être entre un million cinq cent mille et deux millions d'heures de travail pour la totalité, c'est-à-dire études, construction, sous-traitance, parce que tout n'est pas fait dans le chantier, il y a des parties qu'on est obligé de sous-traiter, et le total d'heures dont je viens de vous parler, c'est la totalité du début jusqu'à la finition du navire. La partie bureau
25 d'études comprend 150 à 200.000 heures de travail.

Résumé

C'est impressionnant: de la commande de l'armateur à la finition du navire, il se passe presque deux millions d'heures de travail.

L'armateur: c'est la société ou la personne qui désire un navire. Avant de passer sa commande, sur le papier, l'armateur va recevoir un projet de la part des ACH.

Unité 17 B

Et une fois la commande passée, le bureau d'études va préparer les plans dans tous leurs détails. Par exemple la coque qui est le corps métallique du navire; ou bien l'électricité, la ventilation, c'est-à-dire l'*aération*, ou encore, et c'est le secteur de Monsieur Maheut, l'agencement. Autrement dit: l'*aménagement intérieur* du bateau, les cloisons, les plafonds, les sols et le mobilier.
Bien sûr, ce sont les dessinateurs qui se chargent de ce travail. Mais ils disposent en plus de connaissances en menuiserie et en ébénisterie, pour le travail du bois, et dans d'autres domaines comme l'architecture.
Le bureau d'études ne pouvant pas tout réaliser seul, les ACH *font* régulièrement *appel à* la sous-traitance, à diverses sociétés externes. Le navire qui est actuellement en construction sera en service loin du Havre, dans les terres australes françaises, tout près du pôle sud, dans l'Antarctique. Il y servira à la recherche et au ravitaillement, c'est-à-dire au transport et à la *livraison* d'aliments et de matériel.

le chantier	Baustelle	l'agencement, *m.*	(Innen)Ausstattung
le chantier naval	Werft	les locaux	Wohnraum
portuaire	Hafen-	habitables, *m.pl.*	
le chef de travaux	Werksmeister,	la cloison	Zwischenwand
	Vorarbeiter	le plafond	Decke
le ravitaillement	Versorgung,	le dessinateur	Zeichner
	Verpflegung,	le mobilier	Ausstattung, Ein-
	Zufuhr von Lebens-		richtung
	mitteln	tremper	eintauchen; *hier:*
les terres australes,	Südpolarländer		Erfahrungen
f.pl.			sammeln
l'étude, *f.*	Entwurf	la menuiserie	Schreinerei
se forger	Gestalt annehmen	le menuisier	Schreiner
la finition	Fertigstellung	l'ébénisterie, *f.*	Möbel- oder Kunst-
bref, brève	kurz (*zeitlich*)		schreinerei
brièvement, *adv.*		l'ébéniste, *m.*	Möbel- oder Kunst-
passer une	einen Auftrag		schreiner
commande	erteilen	représenter	darstellen, bedeuten
la coque	Schiffsrumpf	l'aération, *f.*	Be-, Entlüftung
la charpente	Metallgerüst	l'aménagement	Inneneinrichtung
métallique		intérieur, *m.*	
inférieur, e à	unter, niedrig	faire appel à	sich wenden an
la ventilation	Be-, Entlüftung	la livraison	Lieferung
proprement dit, e	eigentlich		

Vocabulaire

Complétez les phrases en utilisant les mots suivants:
chantier – dessinateurs – armateur – sous-traitance – portuaire – navire

Les ACH se sont installés à Graville, dans la zone … du Havre.
Actuellement, ils construisent un … de recherche et de ravitaillement.
Les personnes qui travaillent au bureau d'études sont essentiellement des … .
C'est l'… qui passe la commande de construire un bateau.
Les ACH font appel à la … .
Presque deux millions d'heures de travail sont nécessaires jusqu'à ce que le navire puisse quitter le … .

Tout, toute, tous, toutes – à vous de choisir.

L'atelier ne peut pas … réaliser.
Au revoir, à … à l'heure.
Ses enfants sont encore … petits.
Jacques arrive … de suite.
Il a travaillé dans … la France.
Nous préparons les plans dans … les détails.
… les jeunes filles portent des jeans.
Le plafond est … blanc.
Presque … la ville était détruite.

17 C

Sur le chantier

Les *conditions* de travail y sont dures, d'où le respect strict des *mesures* de sécurité: *protection* des oreilles, des yeux, des *voies respiratoires*, des mains.
  Jacques est toujours présent pour répondre aux questions des *soudeurs, chaudronniers*, monteurs ou *oxycoupeurs*. Dans ce monde à forte *majorité masculine*, nous
5 avons réussi à trouver une femme: une *grutière*.
  Il y a 280 personnes au chantier de Graville. Leur travail, leurs *efforts* tournent autour de ce navire de 120 mètres de longueur, de 42 mètres de *hauteur* et de 20 mètres de *largeur*. Si tout va bien, son *lancement*, sa *mise à l'eau* aura lieu dans un mois.

Interview de Jacques Deporte sur son travail

Anouk: Depuis combien de temps travaillez-vous aux Ateliers et Chantiers du Havre, ou plus exactement dans la construction *navale*?
M. Deporte: Je suis entré dans la maison en 1955, ça fait donc maintenant 39 ans.
Anouk: Quel est votre métier d'origine? Racontez-moi un peu.
5 **M. Deporte:** J'ai *démarré* il y a bien longtemps évidemment, mais j'étais *traceur de coque*, voyez-vous, bon, bien les *hasards* de la vie ont fait que je suis devenu *agent de maîtrise* et chef des travaux dans la maison.
Anouk: Quels rapports avez-vous avec vos collègues, les apprentis, les ouvriers?
M. Deporte: Les rapports sont bons en général. J'ai des rapports de travail
10 évidemment. Je suis chargé de *dispatcher* le travail dans les différents ateliers et du suivi de la production, jusqu'au lancement du bateau.
Anouk: Quels sont vos rapports avec la direction?

Jacques Deporte

M. Deporte: La direction, c'est un peu la *charnière* entre la direction qui décide, qui prend les commandes, et la production coque, travail dans les ateliers,
15 montage, montage bord, tout le suivi de la production jusqu'au lancement du bateau.
Anouk: D'accord. Donc aujourd'hui vous êtes chef de chantier, chef des *contremaîtres*. En quoi est-ce que consiste votre travail précisément?
M. Deporte: Oui, exactement, je suis chef des travaux et chargé de distribuer
20 le travail dans les différents ateliers.
Anouk: La construction navale est-elle très touchée par le chômage? Est-ce que vous le ressentez ici au Havre?
M. Deporte: La construction est touchée par le chômage évidemment comme toutes les professions, mais on le ressent au Havre. On subit beaucoup de
25 demandes de la part de sous-traitants, d'*intérimaires,* on a beaucoup de personnes qui *sollicitent des emplois* dans notre profession.

Anouk: Une autre question: êtes-vous *syndiqué* et en *pourcentage* combien d'employés le sont ici?
M. Deporte: Personnellement je ne suis pas syndiqué, et très peu, à mon avis,
30 de gens sont syndiqués, en pourcentage, je pourrais vous dire, sans beaucoup de chances de me tromper, moins de 10%.
Anouk: Quel est l'avenir des jeunes dans ce métier? Qu'est-ce qui les attend?
M. Deporte: Ah, à mon avis, la construction navale au Havre devrait continuer à exister pour encore de nombreuses années. Je pense qu'il y a un bon avenir pour
35 des gens motivés. La construction navale est quelque chose d'agréable, de motivant, c'est un métier *captivant*, à mon avis, et il y a de l'avenir pour les jeunes dans notre métier.
Anouk: C'est un métier dur aussi, non?
M. Deporte: C'est un métier dur, c'est vrai, mais c'est un métier où il y a
40 beaucoup de *débouchés*, où on peut *s'extérioriser* aussi.

Résumé

Pendant la visite du chantier, vous avez entendu parler de quelques métiers *exercés* par les ouvriers. Il s'agit en grande partie de professions dites «métalliques». J'ai cité par exemple le soudeur qui unit deux parties métalliques; le chaudronnier qui les travaille, le monteur qui les assemble, l'oxycoupeur qui les *découpe*. Et nous
5 avons vu brièvement une grutière, une conductrice de *grue*.
Jacques Deporte était autrefois traceur de coque. Son travail consistait à faire assembler les diverses parties de la coque d'après les plans. Plus tard, il a été agent de maîtrise, responsable d'un groupe d'ouvriers. Et actuellement, il est chef de travaux et veille au bon déroulement du chantier.
10 Il se définit comme étant une charnière, c'est-à-dire un élément de coordination entre la direction et la production. En effet, il suit les travaux de l'atelier où l'on prépare les différentes parties de la coque jusqu'au lancement du bateau.
La situation du travail n'est pas toujours rose dans l'industrie navale: c'est ainsi que beaucoup de personnes sollicitent, demandent des emplois. Ce sont souvent des
15 intérimaires qui travaillent pour une *durée déterminée*.
Malgré les difficultés du marché, Jacques reste optimiste pour l'avenir. La construction navale propose à ses employés tellement de débouchés, de carrières et métiers différents.
Jacques n'est pas syndiqué.

Unité 17 C

la condition	Bedingung	dispatcher	verteilen *(Aufgaben)*
la mesure	Maßnahme	la charnière	Verbindung, Bindeglied
la protection	Schutz		
les voies respiratoires, *f.pl.*	Atemwege	le contremaître	Vorarbeiter, Polier
		l'intérimaire, *m.*	Beschäftigter auf Zeit
le soudeur	Schweißer		
le chaudronnier	Kesselschmied	solliciter	bitten, ersuchen
l'oxycoupeur, *m.*	Metallschneider	solliciter un emploi	sich um eine Stelle bewerben
la majorité masculine	männliche Übermacht		
		syndiqué, e	gewerkschaftlich organisiert
le/la grutier, -ière	Kranführer(in)		
l'effort, *m.*	Anstrengung, Mühe	le pourcentage	Prozentsatz
la hauteur	Höhe	captivant, e	fesselnd, packend, spannend
la largeur	Breite		
le lancement	*hier:* Stapellauf	les débouchés, *m.pl.*	Berufsaussichten
la mise à l'eau	Stapellauf		
naval, e	See-, Schiffs-	s'extérioriser	sich selbst verwirklichen, sich weiterentwickeln
démarrer	starten, anfangen		
le traceur de coque	*veralteter Begriff für:* Vorzeichner	exercer	ausüben
		découper	(zer)schneiden, stanzen
le hasard	Zufall		
l'agent de maîtrise, *m.*	Meister, der für eine Gruppe Arbeiter verantwortlich ist	la grue	Kran
		la durée	Dauer
		déterminé, e	festgesetzt, festgelegt, befristet

Savoir écrire

Rédigez une lettre selon les indications suivantes:

Sie sind ausgebildeter Schweißer und verfügen über eine mehrjährige Berufserfahrung in verschiedenen Werften Nordeuropas. Nun möchten Sie nach Frankreich, um dort, auch nur für befristete Zeit, auf einer Werft, deren guten Ruf Sie kennen, zu arbeiten. Formulieren Sie eine »Blindbewerbung«. Erwähnen Sie auch Ihre Sprachkenntnisse!

Les syndicats en France

Il y a en France trois grands *syndicats* qui *s'efforcent de* représenter les intêrets sociaux et professionnels de la population active. *Il s'agit de* la CGT, Confédération générale du travail, de la CFDT, Confédération française démocratique du travail, et de FO, Force ouvrière. Ces syndicats ne représentent pas de corps de métiers particuliers, mais sont à tendance politique. Ils sont proches de certains partis.

Extrait d'un article sur le lancement du navire paru dans le journal «Paris-Normandie»

C'est par une belle matinée *estivale* que le «Marion-Dufresne II» fut lancé, en présence de la *foule* habituelle des familles des ouvriers, d'habitants des quartiers *alentours,* et d'un groupe d'*écoliers* venus du département de la Manche. (...) A 10 heures 30, le «Marion-Dufresne II» *glissait sur son ber* pour prendre contact avec l'eau.

La construction de la coque de ce navire de recherche et de ravitaillement des terres australes débuta à la fin de l'année dernière. (...)
Le «Marion-Dufresne II» sera *affecté à* des missions de recherche (géologie, géophysique, biologie, écologie) et à l'*approvisionnement* des missions françaises en terres australes.
Il assurera le transport de personnels *scientifiques* et de mission, avec un *effectif* total *embarqué* de 160 personnes.

le syndicat	Gewerkschaft	glisser	(dahin)gleiten
s'efforcer de	sich bemühen	glisser sur son ber	(*Schiff*) auslaufen, vom Stapel laufen
agir	handeln		
il s'agit de	es handelt sich um	affecté, e à	bestimmt für
estival, e	(hoch)sommerlich, Sommer-	l'approvisionnement, *m.*	Versorgung, Vorrat
la foule	(Menschen)Menge, Volk, Leute	scientifique	wissenschaftlich
		l'effectif, *m.*	Stärke, Zahl
alentour, *adv.*	ringsumher, um ... herum	embarquer	ein-, verschiffen, verladen
l'écolier, -ère	Schüler(in)		

Questions

– Dans quelle branche Jacques travaille-t-il?
– Quand est-il entré aux ACH?
– Jacques est-il content de son travail?
– Quelles étapes a-t-il parcouru dans sa vie professionnelle?
– Les jeunes ont-ils un avenir dans le métier de Jacques? Pourquoi (pas)?
– Qu'est-ce qu'on entend par «professions métalliques»?
– Qu'est-ce qu'on entend par «intérimaire»?
– Quelle est la fonction des syndicats?

Unité 17 C/D 69

Traduisez l'article du journal «Paris-Normandie» en allemand.

> **Discussion**
>
> Faut-il vivre pour travailler ou travailler pour vivre?

17 D

Jacques en privé

C'est à la campagne, dans le petit village de Notre-Dame-du-Bec, à une quinzaine de kilomètres au nord du Havre, que Jacques et son épouse ont élu domicile. Leur maison est entourée d'un jardin et d'un grand terrain qui est le domaine de leurs animaux. Leurs animaux? Et oui. D'ailleurs, le premier «pensionnaire» que nous ayons
5 rencontré est un cheval. C'est surtout Jacques qui s'occupe de lui. Madame Deporte, elle, nous a emmenés voir ses lapins.

Et enfin, nous sommes partis en tracteur à la rencontre des *moutons*. Après cette excursion *bucolique*, nous nous sommes retrouvés dans la *salle de séjour*, autour d'une *galette au beurre* et d'un verre de cidre.

Interview de Monsieur et Madame Deporte

Anouk: Donc vous travaillez, mais vous ne vivez pas au Havre. Pour quelle raison avez-vous décidé de venir habiter à la campagne?
M. Deporte: Pour une raison bien simple, c'est que je suis *natif de* la campagne, et mes obligations professionnelles m'ont obligé à vivre au Havre pendant
5 plusieurs années, une quinzaine d'années, et mon rêve était toujours de revenir à la campagne. Nous y sommes revenus, et j'y suis revenu définitivement, j'espère bien y finir mes jours. Voilà. Je ne pense pas que je retournerai un jour en ville.
Anouk: Vos enfants sont adultes maintenant. Comme ils sont partis tous aujourd'hui, comment se passe votre vie à deux?
10 **M. Deporte:** Notre vie à deux se passe toujours très bien, et vous savez, trois enfants qui se marient, ça vous donne trois *gendres* et *belles-filles*. Ça fait six personnes. Comme on a la chance d'avoir une petite-fille *adorable*, ça nous en fait sept. Et on se retrouve assez souvent à neuf autour de la table. Ce n'est pas la vie à deux vraiment, neuf autour de la table, et disons que les enfants aussi viennent
15 en général au moins une fois la semaine chacun.

Anouk: Madame, vous ne travaillez plus, mais vous avez travaillé pendant de longues années. Vous ne vous ennuyez pas, les journées ne vous paraissent pas un peu longues?
Mme Deporte: Non, j'ai la petite-fille à garder de temps en temps, il y a la cuisine, les repas à faire quand ils viennent le soir. «Maman», ils téléphonent, «fais-moi à manger ce soir». On fait la confiture, on tue des *oies* avec le mari, le confit d'oie, toujours quelque chose à faire. Et je prends ma voiture et je vais me promener l'après-midi, faire les courses.
Anouk: Très active?
Mme Deporte: Très active, il ne faut pas rester assise. Je *tricote* un peu, mais ça, c'est moyen, 1 heure ou 2, ça passe, et puis encore, mais il faut que ça *bouge*.
Anouk: Vous, c'est le *jardinage*, je crois.
M. Deporte: Ah oui, je peux dire que le jardinage, c'est mon *dada*, moi. Mon dada avec les animaux. Planter les petites *graines*, faire *pousser* tout ce qui peut pousser, les arbres, les *arbres fruitiers* parce que j'*adore* les arbres fruitiers, j'ai des arbres fruitiers, on peut dire tout ce qu'on peut planter dans le secteur, j'ai un peu de tout. Que ce soit les *pommiers,* les *poiriers,* les *cassissiers,* tout ce que vous pouvez imaginer, j'ai des arbres fruitiers, parce que j'adore les arbres, j'adore la nature, j'adore les animaux, et je me sens très bien.
Anouk: Vous avez prononcé un mot, le mot «pommier». Ça veut dire quoi?
M. Deporte: Pommier? Oui, j'ai aussi, avec les pommes, disons que je fais mon cidre, je *brasse* tous les ans. Je fais venir une presse, une presse hydraulique, et tous les ans je fais le *brassage,* alors on met le cidre en *barrique* et en fin d'année ou en début d'année souvent, ça dépend des périodes, je mets le cidre en bouteille, ce qui nous permet, comme tout bons Normands, d'avoir du cidre *bouché* toute l'année sur la table.
Anouk: Je ne suis pas Normande, mais j'apprécie.
M. Deporte: A votre santé!
Mme Deporte: A votre santé à tous!

Résumé ○○

Un contraste étonnant entre l'activité du chantier naval et le calme de Notre-Dame-du-Bec. Jacques et son épouse ont deux pôles d'activités: leurs enfants d'une part, et leur jardin d'autre part.
Les Deporte ont la chance de voir leurs trois enfants au moins une fois par semaine. Ils sont tous mariés; Jacques a donc trois gendres et belles-filles. Madame Deporte, qui ne travaille pas et s'occupe de la cuisine et de sa maison, est parfois chargée de garder sa petite-fille. Le reste du temps, elle tricote un peu, des pullovers, des vestes. Mais le dada, la *passion* de Jacques et de son épouse, ce sont les animaux et le jar-

Chez Jacques

dinage. Vous rappelez-vous les arbres fruitiers qu'ils ont plantés? Des pommiers, des poiriers, des cassissiers. Chaque automne, Jacques fait venir une presse hydraulique avec laquelle il «brasse», avec laquelle il fabrique du cidre. En fin d'année, il met ce cidre en barrique puis en bouteille. C'est ce que l'on appelle le cidre bouché.

le mouton	Schaf	le dada (fam.)	Steckenpferd
bucolique	ländlich	la graine	Same(n)
la salle de séjour	Wohnzimmer	pousser	wachsen, sprießen
la galette	Hefekuchen	l'arbre fruitier, m.	Obstbaum
le beurre	Butter	adorer	(abgöttisch) lieben
natif, ve de	gebürtig (aus)	le pommier	Apfelbaum
le gendre	Schwiegersohn	le poirier	Birnenbaum
la belle-fille	Schwiegertochter	le cassissier	Johannisbeerstrauch
adorable	hier: entzückend	brasser	brauen
l'oie, f.	Gans	le brassage	Brauen
tricoter	stricken	la barrique	Faß
bouger	sich regen, sich rühren, sich bewegen	boucher	verkorken
		la passion	Leidenschaft, Liebe; hier: Hobby
le jardinage	Gärtnerei, Gartenarbeit		

Questions

– Où vit Jacques Deporte?
– Quelle est sa situation de famille?
– Quel est son passe-temps?

Vocabulaire

Trouvez dans l'interview et le résumé des expressions correspondant aux mots soulignés:

Jacques est né à la campagne.
Jacques et sa femme ne vivent plus au Havre. Ils y ont vécu pendant 15 ans.
La passion de Jacques, c'est le jardinage.
C'est un contraste étonnant entre le travail du chantier et le calme de la campagne.

Le futur

Mettez les verbes entre parenthèses au futur:

Tu me … un coup de fil *(Anruf)* quand … le lancement du navire. (passer/avoir lieu)
Quand l'hiver … , Jacques … le cidre en barrique, puis en bouteille. (arriver/mettre)
Lorsque je … ce poste, je … au Havre. (obtenir/s'installer)
Quand son fils … en vacances, Madame Deporte … de son jardin. (partir/s'occuper)
Si tu ne lui rappelles pas notre rendez-vous, elle le … peut-être. (oublier)

17 E

Commentaire du film sur la Normandie

Nous suivons la Côte d'Albâtre et ses falaises calcaires pour nous arrêter à Fécamp, une petite ville du littoral de Haute-Normandie. Des moines bénédictins y fondèrent au 12e siècle l'*abbatiale* de la Trinité, qui fut au Moyen-Age un centre religieux et intellectuel.

5   Au début du 16e siècle, un moine italien eut l'idée de fabriquer un elixir avec les *herbes* et les plantes aromatiques qui poussaient sur la falaise. La fameuse Bénédictine était née. Le Palais Bénédictine – ce bâtiment en style gothique et Renaissance abrite aujourd'hui la Distillerie de Bénédictine. 27 herbes sont nécessaires à la fabrication de cette liqueur.

10 Nous retournons à l'intérieur du pays normand en passant par le pont de Tancarville, un *pont suspendu* d'une longueur de 1400 mètres qui *enjambe* la Seine. Avec ses

ciels en mouvement, sa *lumière* et sa nature changeante, la Normandie est devenue *terre d'élection* des peintres dans la deuxième moitié du 19e siècle. C'est ici, près de l'estuaire de la Seine qu'a été créé l'Impressionnisme. C'est Claude Monet qui a donné son nom à ce nouveau mouvement *pictural*. Le pont japonais a servi de modèle au tableau «Pont au bassin aux *nymphéas*» de Monet. Ce pont se trouve dans le jardin de Giverny près de Vernon sur la Seine. Monet y a vécu plus de 40 ans. C'est ici que sont nés ses célèbres nymphéas.

Une vue sur la Seine

Fécamp – le Palais Bénédictine

l'abbatiale, *f.*	Abteikirche	la lumière	Licht
les herbes, *f.pl.*	Kräuter	la terre	Erde
le pont suspendu	Hängebrücke	la terre d'élection	Wahlheimat
enjamber	*hier:* überspannen	pictural, e	Bild-, Mal-
le ciel	Himmel	le nymphéa	Seerose

Connaissance de la France

A l'aide des descriptions, vous trouverez une boisson alcoolisée fabriquée en Normandie.

1. Le littoral près du Havre, c'est la Côte d'... .
2. Le Havre est situé à l'estuaire de la ... .
3. Il a créé l'Impressionnisme.
4. un des trois fromages de Normandie
5. boisson normande
6. Les ACH se trouvent à ..., près du Havre.
7. Le pont suspendu de ... a une longueur de 1400 mètres. Il se trouve en Haute-Normandie.
8. quartier du Havre où a lieu le marché aux poissons
9. Le nom du navire qui était en construction aux ACH.
10. Le jardin de Giverny se trouve près de ... .
11. petite ville du littoral de Haute-Normandie

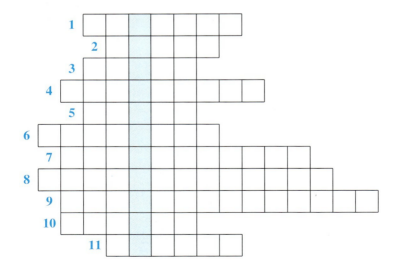

C'est la ....

Philippe, architecte Unité 18

18 A

Commentaire du film sur Paris

Paris, la capitale de la France, est une ville jeune, vivante et connue dans le *monde* entier. Au cours des 25 dernières années, de *spectaculaires transformations* ont été *entreprises*.

Là où se trouvait autrefois le grand marché parisien, *immortalisé* dans un roman
5 d'Emile Zola «Le *ventre* de Paris», on a ouvert le «Forum des Halles» avec ses boutiques et ses galeries marchandes.

Au cœur de ce vieux quartier, le Centre Pompidou, également connu sous le nom de «Beaubourg». Il *ressemble à* une usine, mais c'est un *foyer d'art contemporain*. Les visiteurs sont *acheminés* d'exposition en exposition comme par *pneumatique*. Bon
10 nombre d'entre eux ne désirent que voir les toits de Paris.

Au pied du Centre Pompidou, les *compositions aquatiques* de Niki de Saint-Phalle et de Jean Tinguely se sont donné rendez-vous. Cette *fontaine* construite en 1983 s'appelle «*Hommage* à Stravinsky». Les compositions symbolisent les œuvres du musicien russe.

15 François Mitterrand a *initié* les grands travaux qui marqueront son époque en tant que Président de la République: la Pyramide du Louvre. C'est l'architecte chinois Ieoh Ming Pei qui l'a *créée* en s'inspirant de la grande pyramide de Giseh en Basse-Egypte. Depuis 1989, cette construction de verre *trône* dans la cour Napoléon. La Pyramide marque l'entrée du Louvre, un des plus grands musées du monde qui
20 *possède* environ 28.000 œuvres d'art.

Pour faire place aux Galeries du Grand Louvre, il fallut *reloger* le ministère des Finances qui avait son siège dans l'*aile* Richelieu. Le nouveau bâtiment se trouve à Bercy, à l'est de Paris, en bordure de Seine. 5000 *fonctionnaires* y travaillent.

Le projet le plus marquant de l'*ère* Mitterrand est sans doute la Grande Arche
25 réalisée par l'architecte Otto von Spreckelsen. Elle se trouve dans le nouveau quartier de La Défense et symbolise une «fenêtre ouverte» sur l'avenir en *prolongeant* l'*axe* historique de la capitale. Cet «Arc de Triomphe» de l'âge technique, construit en verre, *acier*, béton et *marbre*, a une hauteur de 112 mètres. Pour *enlever* un peu de son *austérité* à cet immense centre administratif devenu le siège de firmes
30 internationales, Niki de Saint-Phalle a ici aussi laissé quelques traces colorées.

Paris – la Pyramide du Louvre

La Grande Arche

le monde	Welt	l'hommage, *m.*	Ehrung, Huldigung, Geschenk
la transformation	Veränderung, Umgestaltung	initier	einführen, den Anstoß geben zu, veranlassen
spectaculaire	auffällig, eindrucksvoll		
entreprendre	unternehmen, in Angriff nehmen	créer	schaffen
		trôner	thronen, herrschen
immortaliser	unsterblich machen	posséder	besitzen
le ventre	Bauch	reloger	umziehen, anderswo unterbringen
ressembler à	ähnlich sein, gleichen		
		l'aile, *f.*	Flügel
le foyer d'art contemporain	Forum für zeitgenössische Kunst	le/la fonctionnaire	Beamter, Beamtin
		l'ère, *f.*	Zeitalter, Ära
acheminer	befördern, auf den Weg bringen	prolonger	verlängern
		l'axe, *m.*	Achse
le pneumatique	*hier:* Rohrpost	l'acier, *m.*	Stahl
les compositions aquatiques, *f.pl.*	Wasserspielfiguren	le marbre	Marmor
		enlever	wegnehmen
la fontaine	Brunnen	l'austérité, *f.*	Strenge, Nüchternheit, Kälte

Compréhension

Cochez la bonne réponse:

Le Centre Pompidou abrite
a) une usine   b) un foyer d'art contemporain   c) des boutiques

La Pyramide du Louvre est l'œuvre d'un architecte
a) parisien   b) chinois   c) danois

Le Forum des Halles a remplacé
a) le Louvre   b) l'Arc de Triomphe   c) le grand marché parisien

La Grande Arche se trouve
a) dans le quartier de La Défense
b) dans le quartier de Beaubourg
c) à Bercy

Traduisez le commentaire du film en allemand: «Paris, la capitale ...» jusqu'à «en Basse-Egypte» (lignes 1–18).

Vocabulaire

Quel substantif correspond à:

- entreprendre
- ouvrir
- construire
- créer
- reloger
- bâtir
- administratif, ve
- coloré, e
- jeune
- vivant, e

18 B

Interview de Philippe Jaouen sur l'esplanade de la Grande Arche

Anouk: Dites-moi, entre Versailles, le château de Versailles, et l'architecture qui nous entoure, que choisissez-vous et pourquoi?
Philippe: Une question intéressante. Bon, je pense déjà qu'il y a un certain nombre de siècles qui *séparent* effectivement la création du palais de Versailles et
5 cet ensemble immobilier, je pense qu'il n'y a pas de *comparaison* possible, je pense que c'est difficile d'avoir un avis *circonstancié* sur les deux choses. Ici, par contre, on peut voir qu'il y a toutes sortes d'immeubles différents, de générations différentes. Bon je crois qu'on peut parler effectivement d'un certain nombre de différences d'architecture, entre ces immeubles de bureaux, et puis de
10 grands *ouvrages* qui ferment la perspective de l'Arc de Triomphe, et qui ont été commandés.
Anouk: Et alors que pensez-vous de l'*implantation* de bâtiments modernes dans les vieux quartiers?
Philippe: Je crois que c'est l'un des problèmes principaux de l'architecte ou de
15 l'urbaniste, c'est de *se positionner* en tant qu'homme moderne, c'est-à-dire qu'il faut d'une part respecter le *patrimoine* ... Je suis moi bien sûr un peu architecte des monuments historiques. Je travaille beaucoup pour les Bâtiments de France, donc j'ai un profond respect pour le patrimoine, mais je pense aussi être un homme moderne, c'est-à-dire que je prépare donc l'an 2000 qui est tout proche,
20 et *à ce titre-là*, c'est le problème de la dialectique et des préoccupations au quotidien, de savoir s'il faut respecter *à tous crins* et complètement le patrimoine ancien au risque d'en copier, j'allais dire, les modes et natures ..., les formes.
Un des premiers bâtiments à Paris qui a fait beaucoup parler de lui, c'est le Centre Pompidou. Alors bon, un centre culturel, ce n'est pas un bâtiment d'habitation,
25 et par rapport à une culture, par rapport à une *manière* de *monter* les expositions, de *véhiculer* les informations, cela a une *transposition* sur l'architecture.

Unité 18 B

Résumé ○○

Même pour un architecte, il est difficile de *comparer* le palais de Versailles au quartier de La Défense, difficile d'avoir un avis circonstancié, détaillé, précis. L'architecte et surtout l'urbaniste, qui crée des villes ou des quartiers nouveaux, est souvent placé en face d'ensembles immobiliers construits sur plusieurs générations. Comme
5 La Défense par exemple où l'on peut voir des immeubles très différents les uns des autres, réunis autour de la Grande Arche.

Paris et bien d'autres villes françaises sont *confrontées* au problème: comment construire du neuf sans *abîmer* l'ancien? C'est la question que Philippe se pose souvent: il désire respecter le patrimoine, la tradition, mais il est un homme moderne
10 qui pense à l'avenir. Alors que faire? Copier ce qu'il appelle les modes et natures de l'architecture classique? Il ne le souhaite pas.

Philippe préfère plutôt agir selon une dialectique, un *raisonnement*. Il vaut mieux, comme au Centre Pompidou, s'interroger sur la nature du bâtiment et sa fonction. Un centre culturel qui a une *façon* très moderne de présenter l'art ne peut se trouver
15 que dans un bâtiment moderne … Cela a une transposition, une influence sur l'architecture.

séparer	trennen	la manière	Art, Weise
la comparaison	Vergleich	monter	*hier:* aufziehen
circonstancié, e	ausführlich, eingehend, genau	véhiculer	befördern, weitergeben
l'ouvrage, *m.*	Werk, Arbeit	la transposition	Veränderung, Umwandlung
le maître d'ouvrage	Bauherr		
l'implantation, *f.*	Einpflanzung, Einrichtung, Eingliederung	comparer à	vergleichen
		confronter à	gegenüberstellen, konfrontieren mit
se positionner	eine Stellung beziehen, eine Haltung einnehmen	abîmer	beschädigen, verderben, zugrunde richten
le patrimoine	Kulturgut, Kulturbesitz, Erbe	le raisonnement	Urteilskraft, Beweisführung, Schlußfolgerung
à ce titre-là	in dieser Hinsicht		
à tous crins	unter allen Umständen, auf alle Fälle	la façon	Art, Weise, Form
		l'inconvénient, *m.*	Nachteil

Questions

– Quelle est la position de Philippe envers les bâtiments modernes dans les vieux quartiers?
– La conservation des monuments historiques est-elle peine perdue?

> **Commentaire**
>
> Aucune capitale occidentale n'a autant changé que Paris au cours des 25 dernières années.
> De quels travaux s'agit-il?
> Où voyez-vous les avantages et les inconvénients de ces changements?

> **Question personnelle**
>
> Aimeriez-vous vivre à Paris? Dites pourquoi (pas).

18 C

Philippe dans son agence

A deux pas de chez lui, dans une cour intérieure du 6ᵉ arrondissement, Philippe a installé son bureau. Ses collaborateurs sont déjà au travail.
C'est ici que se prennent les rendez-vous avec les clients, que *s'ébauchent* les projets jusqu'à la finition des plans et la réalisation de la commande. Pour le seconder, Philippe a deux dessinateurs techniques qui se chargent du *tracé* des projets.

Philippe a rendez-vous avec un client

Du côté de Saint-Germain-des-Prés. Ce vieux quartier de Paris, connu pour ses pianos-bars et ses musiciens, est également le *refuge* des intellectuels. Il n'est pas rare d'y trouver des *ateliers de reliure*. Et qui dit reliure, dit *maison d'édition* ...
Philippe a rendez-vous chez Monsieur Verret, un *éditeur* qui lui a demandé conseil pour une maison de l'île de Ré.

Entretien de Philippe et de Monsieur Verret

Philippe: Donc je vous *rapportais* les nouveaux documents concernant les *modifications*, donc ici est le plan d'origine avec la maison principale, les *extensions* et la petite maison donnant sur la ruelle. Et là vous avez donc le document définitif où nous avons *inversé*, à votre demande, la partie donc des
5 chambres et toutes les parties techniques, c'est-à-dire pool-house et *salle à manger d'été* s'ouvrant sur un *espace*. Alors on a fait des *simulations de couleur* pour vous montrer un petit peu l'*image* que ça donnait ainsi que le plan général de la

Philippe Jaouen à son agence
de l'île de Ré

Philippe et son client

propriété. Alors on se posait des questions, en particulier sur le positionnement
de la piscine où j'ai peur qu'avec l'inversion des choses, on ait un espace ici
beaucoup trop refermé.
M. Verret: … que ce soit trop étroit entre la sortie de la salle à manger et le
début de la piscine.
Philippe: Je crois qu'il faudrait être plus *généreux,* c'est d'avoir effectivement
un *recul* de l'ensemble de la piscine, de telle manière qu'on puisse avoir un espace
plus *convivial,* de meilleure qualité, parce que là on *s'aperçoit* qu'on *bute dans
l'angle* de la piscine et qu'on va assez mal, j'allais dire, dans cette partie-là.
Donc je crois qu'il faudrait avoir une terrasse plus importante.
M. Verret: … plus importante, quitte à mettre une table de salle à manger
à l'extérieur et qu'on puisse tourner autour.

20 **Philippe:** Voilà, tout à fait.

M. Verret: Comment l'espace qui n'est pas bâti du tout, entre la première maison et la seconde, vu du haut, ça paraît très sympathique, mais est-ce que ça ne va pas faire un peu bizarre d'avoir deux bâtiments, est-ce qu'on n'a pas intérêt à les relier par quelque chose?

25 **Philippe:** Bon, je crois que tout est possible. En fait, avant, nous avions un petit bâtiment, un petit bâtiment ici, assez isolé, au jour d'aujourd'hui, on se retrouve avec un bâtiment principal avec l'étage et puis deux bâtiments secondaires où j'ai peur que si on vient *rogner* tout ça, on se retrouve avec quelque chose d'un peu trop monolithique et sans transparence aucune, alors que là on a quand même une
30 *ouverture* de la rue qui donne sur l'envers de la maison.

Philippe et son client devant une librairie

Après cet entretien, Philippe s'est rendu du côté de la Faculté de Médecine où son client vient de *racheter* une librairie. Il faudra la restaurer et la *transformer*.

Résumé ○○

Saint-Germain, le quartier des maisons d'éditions et des ateliers de reliure …
Dans la conversation que Philippe a menée avec son client, il était question de l'extension, de l'*agrandissement* d'une maison que l'éditeur avait achetée à l'île de Ré. Philippe lui a présenté des plans dans lesquels il proposait d'inverser, d'échanger
5 deux parties: celle des chambres et celle des parties techniques.
Par suite à cet inversement, Philippe se demandait si le positionnement ou l'*emplacement* de la piscine était toujours le bon. Il avait peur que l'espace entre elle et la salle à manger ne soit plus assez convivial, qu'il ne permette pas les rencontres entre les personnes parce que trop étroit. On risquait de buter dans l'angle de la piscine,
10 de *se heurter à* l'un de ses *coins*.
Le client de Philippe lui a alors proposé de relier les bâtiments secondaires au bâtiment principal. Mais pour l'architecte, ce serait une solution trop monolithique, trop en bloc qui enlèverait sa transparence, son *impression* d'espace à la maison.

s'ébaucher	entstehen, herannreifen	l'éditeur, -trice	Verleger(in), Herausgeber(in)
le tracé	Umriß, Plan	rapporter	mitbringen, zurückbringen
le refuge	Zuflucht(sort)		
la reliure	Binden	la modification	Änderung
l'atelier de reliure, *m.*	Buchbinderei	l'extension, *f.*	Erweiterung, Ausdehnung, Anbau
la maison d'édition	Verlag(shaus)	inverser	umkehren, umpolen

la salle à manger d'été	Wintergarten	buter dans, sur l'angle, *m.*	anstoßen Winkel, Ecke
l'espace, *m.*	Fläche, Raum	rogner	abschneiden, kürzen
la simulation de couleur	Farbversuch, Farbmuster	l'ouverture, *f.*	Öffnung, *hier:* Fenster
l'image, *f.*	Bild	racheter	aufkaufen
la propriété	Besitz, Anwesen	transformer	umwandeln
généreux, se	großzügig	l'agrandissement, *m.*	Vergrößerung
le recul	Zurückweichen, Verlegung nach rückwärts	l'emplacement, *m.*	Stelle, Lage, Standort
		se heurter à	sich anstoßen
convivial, e	benutzerfreundlich, gemütlich	le coin l'impression, *f.*	Ecke Eindruck
s'apercevoir de	gewahr werden, bemerken		

Questions

- Qui est Monsieur Verret?
- Où a lieu l'entretien entre Monsieur Verret et Philippe?
- Où se trouve la maison dont il est question dans l'entretien?
- A votre avis, Philippe a-t-il persuadé son client?

Savoir écrire

Imaginez une lettre que Monsieur Verret pourrait écrire après l'entretien avec Philippe.

18 D

Interview de Philippe sur son métier

Philippe a choisi de vivre en plein Quartier latin, dans le 6ᵉ arrondissement. Il est très attaché à son quartier, ses cafés, ses *allures* de village parfois.
Nous nous sommes donné rendez-vous au «Rostand», juste en face du Jardin du Luxembourg.

5 **Anouk:** Comment se déroule votre travail, du premier contact avec le client, à la réalisation du projet?
Philippe: Eh bien, c'est une longue entreprise entre les premiers contacts qu'on peut avoir avec un client et la réalisation d'un ouvrage, ça peut être deux mois,

trois mois voire des années puisqu'en fait ça dépend du programme. Il est *évident*
que pour construire une maison ou faire une petite boutique, c'est un *délai* très
court. *Engendrer* un quartier nouveau, c'est un métier beaucoup plus long
où il faut effectivement s'assurer entre les envies du client et les règlements
d'urbanisme légitimés. Donc c'est une longue entreprise.
Anouk: Qui sont vos clients et comment vous faites-vous connaître?
Philippe: J'ai l'habitude de travailler sur plusieurs sites, donc je suis habitué à être
mobile, mais pour d'autres architectes qui sont plus localisés, à ce moment-là,
ça pose d'autres problèmes de connaissance et on s'aperçoit souvent, ce qui est
quand même dommage, c'est que telle ou telle personne vous dit «Ah,
mais si je vous avais connu, je vous aurais bien *confié* telle chose». Donc ça,
c'est la chose extrêmement difficile à entendre. Donc en fait chaque client
devient un *vecteur*, j'allais dire commercial pour nous bien évidemment, mais
aussi il faut faire des articles dans les journaux, dans les revues de presse,
en fait il faut avoir autour de soi tout un *aéropage* de mécanismes pour se faire
connaître au travers de publications ou d'ouvrages techniques.
Anouk: Vous êtes architecte par vocation?
Philippe: Par vocation? Non. En fait, j'ai une formation plutôt technique
parce qu'en fait j'ai passé deux baccalauréats, un technique industriel, et puis
ensuite j'ai passé un baccalauréat mathématique et technique. J'ai commencé une
école d'ingénieurs, et puis j'ai trouvé ça trop *sérieux*, donc *je me suis rabattu sur*
les Beaux-Arts, et en fait j'ai commencé ma carrière donc d'architecte comme ça,
parce que je trouvais le milieu sympathique et parce que, bon, aussi dans mon
adolescence j'ai *fréquenté* un certain nombre de personnes qui étaient dans
le milieu artistique.
Anouk: Vous êtes spécialisé dans un domaine particulier,
ou êtes-vous *polyvalent?*
Philippe: Alors en fait au jour d'aujourd'hui je pense qu'on est polyvalent parce
qu'on ne travaille pas exclusivement dans un secteur. Mais il y a des gens, par
exemple, qui ne font que de l'industriel ou que du médical. Nous, on a la chance,
je dis une grande chance dans le schéma général économique, c'est qu'on a
plusieurs maîtres d'ouvrage. Alors, tout ceci bouge bien sûr d'une année sur
l'autre. Bon, il y a des tendances, puis ensuite les choses se modifient, mais disons
que nous travaillons beaucoup pour les ministères, les *administrations.*
Actuellement nous avons donc trois clients privilégiés, les *offices publics*
d'HLM et des clients publics, et donc une clientèle particulière, où on fait quand
même un certain nombre de maisons individuelles sur l'île de Ré.
Anouk: Que *rêvez*-vous de pouvoir réaliser un jour?
Philippe: Il faut savoir qu'au jour d'aujourd'hui l'Etat a demandé une *réflexion*
générale sur la France et sur la *citoyenneté* de l'année 2015, et que j'espère,

et je fais tout ce que je peux pour *rejoindre* ces équipes de réflexion parce que je
50 suis bien sûr architecte, mais aussi urbaniste, et qu'à ce titre-là, il me paraît
important de réfléchir sur le *cadre de vie* dans lequel on va mettre des gens.
Alors je *m'attache*, quand je fais un dossier à faire ou une jolie maison, ou un bel
immeuble, ou une belle mairie, mais je suis *préoccupé* par les problèmes de la
ville et l'*équilibre*, j'allais dire, entre le monde rural et les grandes métropoles.
55 Donc mon *désir* aujourd'hui, ce n'est pas de construire un aéroport ou une
jolie maison pour un grand président, c'est plutôt de participer à des équipes de
réflexion sur la modification de la France, sur l'*insertion* dans l'Europe.

Résumé ○○

Philippe a d'abord obtenu deux bacs, un bac «technique industriel» et un «mathématique et technique». Un passage rapide dans une école d'ingénieurs lui a permis ensuite de trouver sa voie définitive: l'architecture. Il s'est réorienté, rabattu sur l'école des Beaux-Arts qui a formé des architectes jusqu'en 1968 et se consacre
5 aujourd'hui à toutes les disciplines portant sur les *arts plastiques*.
Philippe se dit polyvalent, c'est-à-dire qu'il possède des capacités de travail *variées*. C'est pourquoi il dispose de plusieurs maîtres d'ouvrage ou clients. Parmi eux, autant des particuliers comme l'éditeur que des offices d'HLM, d'habitations à loyer modéré.
10 Selon les ouvrages à réaliser, le travail de l'architecte peut varier de deux mois à plusieurs années. Le délai, la durée de la réalisation dépend de l'importance de la commande. Il est plus *délicat* d'engendrer, de créer un quartier que de construire une maison. *D'autant que* l'architecte doit respecter et les idées du client et les *règlements d'urbanisme*. Pour Philippe, chaque maître d'ouvrage est un vecteur com-
15 mercial. Et pour mieux se faire connaître, il écrit également un certain nombre d'articles pour les revues de presse, il sait l'importance de publications dans les ouvrages spécialisés.
Et l'avenir? Philippe souhaite pouvoir le préparer *au sein d'*une équipe de réflexion, à la demande de l'Etat français. Cette réflexion porte sur la France et la citoyenneté
20 de l'année 2015. Une question qui s'adresse aux urbanistes en les *incitant à* réfléchir au cadre de vie, à l'environnement des Français.

l'allure, *f.*	Verhalten, Wesen, Stil	le vecteur	Vektor; *hier:* Multiplikator
évident, e	offensichtlich, klar, deutlich, naheliegend	l'aéropage, *m.*	Schwarm, Menge
le délai	Frist, Termin	sérieux, se	ernst(haft)
engendrer	hervorbringen, schaffen, entstehen lassen	se rabattre sur	sich auf etwas beschränken; *hier:* wechseln *(Fachrichtung)*
confier	anvertrauen		

l'adolescence, f.	Heranwachsen, Jugend	le cadre de vie	Lebensumstände, Lebensbedingungen
l'adolescent, e	Heranwachsende(r), Jugendliche(r)	s'attacher à	bestrebt sein, sich bemühen
fréquenter	häufig besuchen, verkehren mit	préoccupé, e	besorgt, beschäftigt (gedanklich)
polyvalent, e	vielseitig, Mehrzweck-	l'équilibre, m. le désir	Gleichgewicht Wunsch
l'administration, f.	Verwaltung(sbehörde)	l'insertion, f. les arts plastiques, m.pl.	Eingliederung bildende Künste
l'office public, m.	öffentliche Dienststelle	varié, e	verschiedenartig, unterschiedlich
rêver	träumen		
la réflexion	Überlegung, Nachdenken	délicat, e d'autant … que	heikel, schwierig zumal, da
la citoyenneté	Staatsbürgerschaft, hier: die Bürger	les règlements d'urbanisme, m.pl.	Auflagen im Städtebau
rejoindre	sich anschließen	au sein de inciter à	mitten in anregen, anreizen

Questions

- Où est-ce que Philippe s'est installé?
- Quelle formation Philippe a-t-il suivie?
- Philippe dit qu'il est polyvalent. Qu'est-ce que ça veut dire?
- Quel est le projet de ses rêves?

Vocabulaire

Trouvez dans l'interview et le résumé des mots correspondant aux expressions soulignées:

Philippe <u>aime beaucoup</u> son quartier.
Anouk et Philippe se sont <u>rencontrés</u> au café «Rostand».
<u>Je me suis accoutumé à</u> travailler sur plusieurs sites.
Philippe a <u>eu</u> deux bacs.
Il s'est <u>réorienté</u> sur l'école des Beaux-Arts.
<u>La durée</u> de la réalisation d'un projet dépend de l'importance de la commande.
Il est plus difficile <u>de créer</u> un quartier que de construire une maison.

Au Musée d'Orsay

18 E

Dans l'île de Ré

Philippe y a ouvert une agence, dans une des petites rues de Saint-Martin. Tout a commencé dans les années 70: Philippe a fait un diplôme sur l'île de Ré. Puis un des ministères auxquels il avait présenté ce diplôme lui a proposé un poste d'architecte-conseil dans l'île. Au bout de 10 ans d'activité dans cette fonction, il a décidé de
5 s'installer à l'île de Ré comme architecte libéral. Il y a depuis réalisé bien des ouvrages: *maisons particulières* et résidences d'été … mais aussi hôtels, restaurants ou encore bâtiments publics comme mairie, école, poste, syndicat d'initiative.

Résumé

Philippe connaît l'île de Ré comme sa *poche*. D'abord architecte-conseil, travaillant au service de l'Etat, puis architecte libéral, indépendant, il a eu *maintes fois* l'occasion d'étudier l'île dans tous ses détails.
Mais quelle vie mène-t-il entre Paris, l'île de Ré et une troisième agence qu'il a dans
5 le département de la Vienne, dans le Poitou? C'est le sujet de notre prochain entretien. Nous retournons à Paris.

| la maison particulière, f. | Privathaus | maint, e | manche(r/s), etliche |
| la poche | (Hosen)Tasche | maintes fois | manches Mal |

Compréhension

Que fait Philippe sur l'île de Ré?

Le pronom relatif

Complétez les phrases en utilisant un pronom relatif:

Comment construire du neuf sans abîmer l'ancien? C'est une question ... Philippe se pose souvent.
Philippe est un homme moderne ... pense à l'avenir.
C'est dans son bureau ... se prennent les rendez-vous avec les clients.
Philippe a deux dessinateurs techniques ... se chargent du tracé des projets.
Un des ministères ... Philippe avait présenté son diplôme lui a proposé un poste d'architecte-conseil dans l'île de Ré.
Voilà les modifications ... j'ai travaillé.
Architecte, c'est un métier ... il faut s'assurer *(vermitteln)* entre les envies du client et les règlements d'urbanisme.
Je voudrais savoir ... vous pensez des projets de Philippe.
On ne sait pas ... ce match de football fait le plus plaisir: aux enfants ou au papa?
Les Français d'aujourd'hui ont du mal à comprendre la société ... ils vivent.
(Valéry Giscard d'Estaing)

18 F

Philippe en privé

Le Jardin du Luxembourg qui par son calme vous ferait presque oublier l'*agitation frénétique* de la capitale. Le Sénat est installé dans son palais.
Voici Morgane et Oscar, deux des trois enfants de Philippe. Ce sont des *triplés*, ils ont six ans et demi.

5   Au cœur du 6e, à deux pas de la Sorbonne, le Jardin du Luxembourg est en semaine le rendez-vous des étudiants, et le week-end, celui des familles.
Philippe y vient souvent le dimanche, et la promenade prend vite des aspects de match de football. On ne sait pas à qui cela fait le plus *plaisir*: aux enfants ou au papa?

10   Nous sommes chez Philippe. A côté de lui, Apolline, la troisième des triplés, et comme toujours, le *chien* de la maison ...

Interview de Philippe chez lui

Anouk: Alors dites-moi, entre Paris et l'île de Ré, est-ce que vous arrivez encore à avoir une vie privée?
Philippe: Eh bien difficilement, il faut pouvoir consacrer un peu de temps à sa famille et ne pas trop *négliger* son agence, ou ses agences. Donc j'essaie d'être en général à Paris en fin de semaine, soit le vendredi, le week-end, le lundi, et je pars en général et à l'île de Ré et à l'autre agence que j'ai dans la Vienne, le mardi, le mercredi et le jeudi. Mais bon tout ceci est parfaitement théorique, et bien sûr il y a des rendez-vous qui se trouvent toujours en dehors, ou soit le lundi, ou le vendredi, ce qui fait qu'on rentre très tard le vendredi soir, ou il faut partir le dimanche pour être *à pied d'œuvre* le lundi, enfin ... Donc de façon générale, j'essaie au moins de travailler *à mi-temps* à l'île de Ré et le reste du temps à Paris.
Anouk: Donc quel est votre rôle dans la vie de famille, dans l'éducation de vos enfants, dans la vie quotidienne?
Philippe: Le rôle, il est bien compliqué, je dois dire. Je pense que mon épouse s'occupe beaucoup plus des enfants que je ne m'en occupe. Quand je suis ici, j'essaie de les accompagner à l'école le matin, j'essaie de les voir un peu le soir, mais bien évidemment, quand je suis à Paris, mes clients sont aussi très demandeurs, ce qui fait que je me trouve avec des rendez-vous fort tardifs, ce qui fait que je manque quelquefois les dîners du soir. Donc on essaie d'avoir une vie de famille le week-end, d'avoir des activités *en commun*, de sortir ensemble et d'aller visiter, de faire des expos.
Anouk: Vous parliez de l'école tout à l'heure. A quelle école vos enfants vont-ils?
Philippe: Eh bien, ils vont dans une école qui s'appelle l'école Sainte-Geneviève, qui est une petite école, ici, pas loin du Panthéon. Alors bien sûr des problèmes de

Philippe et deux de ses enfants

25 *proximité* parce que tout ceci est plus simple, mais aussi une école qui a un enseignement classique, et surtout qui a aussi une base religieuse.
Anouk: Pourquoi un enseignement privé?
Philippe: Pourquoi un enseignement privé? Pourquoi pas un enseignement public? Personnellement, j'ai été élevé dans une école publique, dans plusieurs
30 écoles publiques. Mon épouse a fait ses écoles dans des écoles plutôt religieuses. Le fait qu'on ait des voisins à l'île de Ré qui effectivement avaient des enfants dans la même école, a fait que nous avons décidé de prendre cette école comme lieu pour leurs premières classes. Pour l'instant, moi je n'ai pas de … Je ne suis pas contre l'école publique, bien au contraire. Mais je dois dire que pour
35 l'instant il semblerait que cette école convienne bien aux enfants. Bon, au jour d'aujourd'hui, on se pose la question sur les enfants puisqu'en fait on en a trois et qu'il n'est pas évident que cette école soit universelle. Il est possible effectivement que l'année prochaine ils changent de classe.

Résumé

Philippe *reconnaît* avoir quelques difficultés à organiser travail et vie de famille. Il se partage entre ses trois agences et ses nombreux clients qu'il ne veut bien sûr pas négliger, *délaisser*. Mais en général, il passe la moitié de son temps à Paris et le reste à l'île de Ré. Il s'occupe peu de ses enfants, mais fait son possible pour les
5 accompagner à l'école ou les voir le soir ou en fin de semaine. Les triplés sont *inscrits* dans une école privée, à base religieuse. Philippe, lui, est allé à l'école publique. Mais son épouse préférait l'enseignement privé pour ses enfants. De plus, au moment de choisir, les petits voisins rencontrés à l'île de Ré allaient dans la même école …

l'agitation, *f.*	Unruhe	à mi-temps	*hier:* die Hälfte der Zeit
frénétique	hektisch, wild		
les triplés, triplées	Drillinge	en commun	gemeinsam
le plaisir	Vergnügen, Spaß	la proximité	Nähe, Nachbarschaft
le chien	Hund	reconnaître	erkennen, zugeben
négliger	vernachlässigen	délaisser	vernachlässigen, aufgeben
à pied d'œuvre	am Einsatzort, an Ort und Stelle	inscrire	einschreiben

Questions

– Comment Philippe caractérise-t-il sa vie de famille?
– Décrivez ses rapports avec ses enfants.

18 G

Commentaire du film sur un dimanche à Paris

Un dimanche au marché aux puces. Philippe préfère celui de la porte de Vanves avec son *ambiance* particulière. Il y en a pour tous les *goûts*, toutes les bourses et toutes les envies.

Philippe aime la peinture. Il est un adepte des peintres impressionnistes. Mais les trésors sont rares ici aux puces.

De temps en temps, Philippe se rend au Musée d'Orsay, situé sur la Seine. Là, d'où partaient autrefois les trains pour Orléans, on peut admirer aujourd'hui l'art du 19e siècle.

Le rez-de-chaussée est le domaine de la sculpture. Au deuxième étage les impressionnistes: Renoir - «Bal au Moulin de la Galette». Van Gogh - «La chambre à Arles». Cézanne - *«Nature morte»*. Monet - «Le bassin aux nymphéas à Giverny».

l'ambiance, *f.*	Flair, Stimmung, Atmosphäre, Umgebung	le goût	Geschmack
		la nature morte	Stilleben

Questions

– Quels sont les loisirs de Philippe?
– Le Musée d'Orsay était autrefois … ?
– Citez deux peintres impressionnistes et une de leurs œuvres.

Connaissance de la France

Voici cinq titres de livres. Retrouvez leur auteur.

1. «Le Tour du Monde en 80 Jours»
2. «Notre Dame de Paris»
3. «La peste»
4. «Le Ventre de Paris»
5. «Les mots»

a) Jean-Paul Sartre
b) Jules Verne
c) Emile Zola
d) Albert Camus
e) Victor Hugo

Chantal, percussionniste Unité 19

19 A

Commentaire du film sur Versailles

Versailles est le chef-lieu du département des Yvelines, dans la région Ile-de-France. De 1682 à 1789, Versailles fut le siège du gouvernement et la capitale politique de la France. La ville doit sa réputation au château et à ses jardins. Toute la *splendeur* de ce château est le produit d'un désir de représentation *sans limites* et *glorificateur*
5 d'un monarque absolu: Louis XIV, le Roi-Soleil.
A partir d'un pavillon de *chasse*, Louis XIV fit construire le château de Versailles, symbole de sa *gloire*. Il *engagea* les meilleurs architectes, peintres et décorateurs. «Je veux le détail de tout» dit-il à Colbert, son ministre des Finances qui, d'abord *hostile à* l'entreprise, dut *finalement se plier à* la *volonté* du Roi-Soleil. La *prodi-*
10 *galité* n'avait pas de limites.
La Galerie des Glaces, la partie la plus célèbre du château servait aux audiences et aux réceptions extraordinaires d'*ambassadeurs*. C'est ici que fut signé, en 1919, le *traité* mettant fin à la Première Guerre mondiale. Dans la chambre du Roi se déroulaient chaque matin et chaque soir les cérémonies du Lever et du Coucher.
15 Les souverains absolus de toute l'Europe s'inspirèrent de Versailles. En 1789, la monarchie dut quitter Versailles; mais le château *survécut à* la Révolution. Le parc est l'œuvre d'André Le Nôtre, architecte *paysagiste* à qui l'on doit le concept artistique du jardin «à la française».

la splendeur	Glanz, Prunk, Pracht	finalement	schließlich,
sans limites	grenzenlos		letztendlich
glorificateur	ruhmreich, prahlerisch	se plier à	sich beugen
la chasse	Jagd	la volonté	Wille
la gloire	Ruhm, Glanz	la prodigalité	Verschwendungssucht
engager	einstellen, verpflichten	l'ambassadeur, *m.*	Botschafter
		le traité	Vertrag
hostile à	feindlich, ablehnend	survivre à	überleben
		paysagiste	Landschafts-

Questions

– A quel monarque français a-t-on donné le surnom de «Roi-Soleil»?
– Que savez-vous sur le traité de Versailles?
– Quand est-ce que la monarchie dut quitter Versailles?
– Qui a créé les jardins du château?

19 B

Une promenade en ville avec Chantal Aguer

Autour du château naquit une ville où il fait bon vivre aujourd'hui. Les 100.000 habitants que Versailles compte aujourd'hui ne pensent que rarement au passé, ils exercent des métiers modernes, comme par exemple Chantal Aguer. Elle est musicienne, *percussionniste*. Nous la suivons à travers la ville jusqu'au Conservatoire où elle fait
5 ses études. A Versailles, dit-on, les reines passèrent avec leur *sire*. Une seule *demeura*: la musique.

Au Conservatoire

Tous les jours de la semaine, Chantal se rend au Conservatoire National de Musique et d'Art dramatique qui est situé à côté du château. Pour les musiciens, la première action de la journée consiste à s'inscrire sur les différentes listes *apposées* à l'entrée des salles d'exercice. Chacun compose ainsi son emploi du temps. Au programme ce matin pour Chantal: l'étude 6 pour vibraphone de Pérotin.

La formation de Chantal

Anouk: Racontez-moi un peu votre cursus.
Chantal: Eh bien, j'ai commencé la musique tout simplement dans une école de musique, dans une petite ville, ensuite que j'ai poursuivie dans une école nationale. Donc une école de plus haut – peut-être – niveau, et donc je suis arrivée
5 ici au CNR de Versailles, il y a environ quatre ans à peu près. Voilà. Et puis j'ai quand même continué tout ce qui est général, toutes mes études à côté de ça, donc j'ai passé un bac, j'ai passé un bac commercial qui n'a vraiment rien à voir avec la musique, mais je vais peut-être essayer d'assurer un peu derrière pour le pire, si la musique ne marchait pas, continuer, voilà, réussir quand même, quoi!
10 **Anouk:** Qui vous a poussée à faire des *percussions*?
Pourquoi n'avez-vous pas choisi des instruments comme la flûte ou la clarinette qui sont plutôt féminins?
Chantal: Eh bien, je pense que personne ne m'a poussée, j'ai … bon, il faut que je dise que j'ai quand même beaucoup été aidée par ma famille entre autres,
15 mes parents qui m'ont *soutenue*, qui m'ont donné la possibilité de faire ça, quoi. J'ai commencé par de l'accordéon en fait qui n'a rien à voir avec la percussion, mais j'ai eu l'occasion, lors d'un concert, de voir un percussionniste qui m'a plu, et puis à ce moment-là, je ne connaissais pas trop le milieu de la percussion, donc j'ai commencé ça un peu pour m'intéresser à la chose et puis voilà.
20 **Anouk:** Vous avez débuté à quel âge?

Le château de Versailles

Le parc de Versailles

Chantal: J'ai dû débuter vers l'âge de huit ans. En fait, la percussion, j'ai débuté plutôt vers onze ans, par là.
Anouk: Vous jouez d'autres instruments, si oui, lesquels?
Chantal: Eh bien, là je suis devant un vibraphone, donc déjà la percussion, ça comprend évidemment plusieurs domaines, les *peaux*, les métaux, les claviers, donc on peut dire que je joue de plusieurs instruments. Donc il y a évidemment le vibraphone, le marimba, le xylophone, les *timbales* qui sont très jouées à l'orchestre et tout ça ... Tout ce qui est multipercussion, donc des installations comme *rebonds*, comme des choses comme ça, et puis évidemment tous les *accessoires* possibles et *imaginables* que l'on peut connaître, quoi. Dans, aussi, le travail à l'orchestre avec le triangle, *tambour de basque*, castagnettes, *cymbales* frappées etc.
Anouk: Vous êtes en *classe de perfectionnement*. Que signifie perfectionnement?
Chantal: Perfectionnement, donc moi, je viens ici pour tout simplement me perfectionner, donc quand je suis arrivée ici, j'ai eu un prix du Conservatoire; l'an passé, j'ai eu mon prix d'honnneur, donc là, la classe de perfectionnement me permet de travailler avec Monsieur Gualda, des œuvres, des grandes œuvres qu'on peut jouer en soliste, ou ...
Anouk: Est-ce que vous êtes déjà à la recherche d'un poste?
Chantal: Oui, je pense aussi à ce côté enseignement, donc enfin je suis en train de préparer mon CA, certificat d'aptitude, qui me permettra, si je l'ai, d'enseigner dans des écoles nationales de musique ou conservatoires nationaux de région, ou conservatoires supérieurs.
Anouk: Vous êtes vous-même membre d'un orchestre?
Chantal: Oui, j'ai eu la chance de jouer avec un ensemble de percussion qui s'appelle «Les Pléiades», dirigé par Monsieur Sylvio Gualda. Donc nous avons à notre programme de la musique contemporaine, nous jouons beaucoup de Xénakis, on a eu la chance de faire des créations, on se produit généralement à Radio France, à Paris, et ensuite, bon, dans des ... Selon les concerts, on peut faire aussi des transcriptions au clavier, on *reprend* des Bach, des Bartók, voilà. Et je fais un petit peu d'orchestre aussi, orchestre symphonique ...
Anouk: Vous êtes une adepte de la musique classique. Quel est le *compositeur* dont vous vous sentez le plus proche?
Chantal: En fait, il y a beaucoup de compositeurs qui me plaisent, et je pense que Gershwin, Stravinsky, et toute cette époque-là, *je me sens à l'aise*, dans un programme comme ça ...
Anouk: Y a-t-il un chef d'orchestre avec qui vous rêvez de jouer?
Chantal: Oui, je pense que de toute façon, il y a plein de grands maîtres qui ont été chefs de grands orchestres. Je pense que Karajan a été l'un des plus grands, et j'aurais peut-être rêvé de jouer avec lui, oui.

Résumé ◯◯

Chantal maîtrise divers instruments. Elle a abandonné l'accordéon depuis longtemps, mais se perfectionne dans le *maniement* des percussions: les peaux, les métaux, les claviers. Ces trois groupes comprennent de nombreux instruments. Parmi les peaux, on pourrait citer les timbales, ou encore la *grosse caisse*. Parmi les métaux, les cym-
5 bales. Et parmi les claviers qui sont les favoris de Chantal, on trouve le vibraphone, le xylophone, le marimba.

A tout juste 22 ans, Chantal a *remonté* presque toute la hiérarchie de l'enseignement musical: de la simple école de musique municipale au Conservatoire National de région de Versailles (CNR), elle a déjà consacré 14 ans de sa vie à l'apprentissage
10 de la musique. Et pour *parer au pire*, elle a passé à côté de cela un bac commercial. Chantal est pour le moment en classe de perfectionnement, ce qui lui permet de travailler des œuvres en solo. Cela ne l'empêche pas, de plus, de préparer un CA, un certificat d'aptitude pour pouvoir enseigner la percussion dans différentes écoles.

le/la percussionniste	Perkussionist(in)	les accessoires, *m.pl.*	Zubehör
le sire	Herrscher	imaginable	denkbar, erdenklich
demeurer	(bestehen) bleiben	le tambour de	Tambourin
apposer	*hier:* ausliegen, aushängen	basque les cymbales, *f.pl.*	Becken
la percussion	Perkussion, Schlaginstrument	la classe de perfectionnement	*etwa:* Meisterklasse
soutenir	unterstützen	reprendre	wieder aufführen,
les peaux, *f.pl.*	Häute, Felle; *hier:* Membranophone (bespannte Schlaginstrumente)	le compositeur se sentir à l'aise le maniement	wieder spielen Komponist sich wohl fühlen Handhabung
la timbale	Pauke	la grosse caisse	große Trommel
le rebond	elektron. Gerät zur Erzeugung von Raumsimulation (z.B. Echo, Hall)	remonter parer au pire	hinaufgehen das Schlimmste abwenden, verhindern

Questions

– Qu'avez-vous appris sur la biographie de Chantal?
– Quel événement a été important pour elle?
– Si vous faisiez une interview, quelle question poseriez-vous à Chantal?

19 C

Une fois par semaine, Chantal s'exerce avec son professeur, Monsieur Sylvio Gualda, musicien à l'Opéra de la Bastille.

Le cours de perfectionnement de Monsieur Gualda

M. Gualda: Autre chose, c'est pas le début, c'est le développement, ça. Après, on va voir la continuité …
Très bien, alors ça, ça sera le plus fort, et étant donné que c'est le plus fort, maintenant, il faut trouver une couleur de début.
Tu vois, j'ai joué ça comme ça … Mais au début, je devrais la trouver plus tranquille, une introduction. Et au lieu de jouer très fort, attention quand tu as une *double croche*, hein, quand tu as une double croche, tu fais … Il faut bien *coller* à l'autre double croche. Donc maintenant, essayons de trouver là … Chantal, ça, c'est très bien, ça, c'est très bien, c'est beaucoup mieux. N'oublie pas toujours que la *courbe de la phrase* soit comme cela, et non pas seulement le rythme *à plat*. Là, on entend bien tes deux voix, c'est ce qu'a voulu Xénakis, je trouve ça très, très bien.

Chantal Aguer au Conservatoire

Interview de Monsieur Gualda

Anouk: Monsieur Gualda, vous êtes donc musicien à l'Opéra de la Bastille et vous enseignez également au Conservatoire.
Comment *jugez*-vous l'intérêt que portent les jeunes aux métiers de la musique?
M. Gualda: Je crois beaucoup, actuellement c'est une réforme qui s'est mise en place il y a une bonne vingtaine d'années, pour ne pas dire 25 années, où on disait à l'époque, il y avait un petit peu un *désert* pour la musique en France;

je pense que c'est exagéré, car il y avait de très grands orchestres, mais il n'y avait pas autant de possibilités, puisque vous faites *allusion* aux jeunes, qu'ils puissent atteindre la musique, qu'ils puissent aller se faire plaisir. Vous voyez, nous sommes aujourd'hui mercredi et on entend dans les couloirs beaucoup de jeunes venir, très petits, très petits, venir à la musique. C'est important pour eux parce que ce Conservatoire existe, mais il existait déjà, mais certaines, comment dirais-je, disciplines, l'*orgue*, le *clavecin*, la percussion, n'existaient pas.

Anouk: Alors les percussionnistes sont-ils *considérés* comme des musiciens un peu *à part*?

M. Gualda: Ça, je préfère non, pour ce qui me concerne je ne veux pas. Je ne veux pas. Je pense qu'il existe peut-être encore, ci et là, qu'on puisse les considérer comme un petit peu à part, mais ça, c'est fini, c'était quand j'ai débuté, moi, on considérait les percussionnistes comme, comment dirais-je, comme des gens qui avaient peut-être un petit peu *raté* autre chose, et se mettaient là. Mais je pense qu'à partir de, un peu avant mon époque, on se mettait à la percussion comme on se mettait au piano ou au violon, c'était une *entité*. C'est une étude très longue et aussi difficile, donc à partir de ce moment-là, les mêmes musiciens qui faisaient le même parcours ailleurs, mes amis au violon, au piano, qui aujourd'hui font des carrières fantastiques, eh bien considèrent tout naturellement comme des musiciens *à part entière* des musiciens qui font des choses extraordinaires.

Anouk: D'où viennent vos étudiants?

M. Gualda: Mes étudiants, ils viennent d'un peu partout. Il y a environ 50 à 60 élèves de percussion ici, dont je ne m'occupe pas pour tous, puisque j'ai deux assistants. J'ai déjà les grands, c'est déjà pas mal. Et donc les autres, soit sont *issus* directement de chez nous et ont suivi la filière normale, soit viennent d'ailleurs en France, d'autres professeurs qui précisément me les envoient pour qu'ils suivent cet enseignement que je veux total. Par exemple Chantal, figurez-vous qu'elle est élève d'un de mes premiers élèves, c'est fantastique.

Anouk: Quelles sont leurs chances – à vos étudiants – de réussir plus tard, de trouver un poste au sortir de l'école?

M. Gualda: Elles existent, ces chances, elles existent. Ça m'inquiète un petit peu parce qu'ils sont de plus en plus nombreux. Et c'est une question de responsabilité pour eux de bien savoir à un moment qu'ils ont choisi, je les aide pour ça; ils me demandent toujours un rendez-vous pour m'expliquer là-dessus, et bien entendu que je les aide, mais ils doivent savoir que c'est très difficile. C'est très difficile déjà chez moi pour arriver au sommet de cette *sélection*, et ensuite cette sélection, elle est nationale, en France, ou européenne aujourd'hui, car tous les concours, quels qu'ils soient, ne sont plus ouverts qu'aux seuls Français. En France par exemple, ils sont ouverts aux musiciens de la *Communauté Européenne*. Donc leurs chances existent et elles existent bien. Mais il faut indiscutablement,

Monsieur Gualda

indiscutablement qu'ils sachent qu'ils doivent *mettre la barre très haut*, c'est-à-dire qu'ils doivent être des musiciens de très haut rang, savoir que ceux qui veulent aller au professionnalisme, ils doivent envisager, toute proportion gardée, qu'ils vont se trouver un jour en concurrence, dans une concurrence de, disons, d'un jeu olympique, car je n'aime pas le mot concurrence, comment dirais-je, concurrence seule comme cela, c'est plutôt une *émulation*. Il y a indiscutablement une liste *impressionnante* de gens qui ont trouvé un emploi, mais la question devient de plus en plus *aiguë*, c'est certain. C'est certain, il faut plus de sélection, plus de connaissances encore pour entrer, et il y a plus de monde dans les écoles telles que celle-ci et d'autres écoles.

Résumé

Monsieur Gualda enseigne une discipline, une matière rare il y a encore 25 ans. Bien des transformations ont eu lieu depuis. D'une part, la musique est devenue *accessible à* ceux qui désirent l'atteindre, en faire connaissance. D'autre part, cette évolution a permis de découvrir certains instruments jugés jusqu'alors trop à part, trop peu conventionnels. Ainsi, la percussion ou encore l'orgue et le clavecin n'ont trouvé leur place que depuis peu dans les formations musicales. Les musiciens qui choisissaient ces instruments avaient autrefois plutôt la réputation d'avoir raté ou bien manqué quelque chose. Aujourd'hui, ces différences entre les disciplines n'existent plus. Monsieur Gualda parle même d'une entité, d'un tout que forment les divers instruments.

Et l'avenir alors? Que vont devenir Chantal et ses camarades du Conservatoire? D'après leur professeur, ils ont des chances de trouver un emploi. Mais plus qu'ailleurs, ils sont confrontés à la sélection – au Conservatoire d'abord, puis sur le plan national et même européen. Le niveau étant très élevé, les musiciens savent qu'ils faut placer ou mettre la barre très haut, c'est-à-dire être hautement qualifiés. Monsieur Gualda ne cache pas la concurrence qui s'installe parfois parmi les musiciens; elle prend plutôt la forme d'une émulation, d'une motivation à *s'améliorer sans cesse*.

la croche	Achtelnote	l'entité, f.	Gesamtheit, Einheit
la double croche	Sechzehntelnote	à part entière	ganz und gar
coller	anschmiegen, dranbleiben	issu, ue	ab-, entstammend, herkommend
la courbe	hier: Melodie	la sélection	Auswahl(verfahren), Auslese
la courbe de la phrase	hier: Taktmelodie	la Communauté Européenne	Europäische Gemeinschaft
à plat	flach	mettre la barre très haut	einen hohen Maßstab ansetzen
juger	(be)urteilen		
le désert	Einsamkeit, Verlassenheit; Wüste	l'émulation, f.	Wetteifer, -streit, Strebsamkeit
l'allusion, f.	Anspielung		
l'orgue, m.	Orgel	impressionnant, e	eindrucksvoll
le clavecin	Cembalo	aigu, uë	schrill, zugespitzt
considérer	betrachten	accessible à	zugänglich, erreichbar
à part	hier: sonderbar, eigenartig		
rater	verfehlen, durchfallen, scheitern	s'améliorer	sich (ver)bessern
		sans cesse	unaufhörlich

Vocabulaire

Trouvez dans le résumé des mots qui correspondent aux expressions soulignées:

Bien des <u>changements</u> ont eu lieu depuis 25 ans.
Jusqu'alors, on a jugé la percussion trop <u>peu conventionnelle</u>.
Les percussionnistes avaient <u>la renommée d'avoir raté quelque chose</u>.
Les étudiants du Conservatoire espèrent trouver <u>un travail</u> à la fin de leurs études.
Monsieur Gualda <u>admet</u> qu'il y a une concurrence parmi les musiciens.

Traduisez le résumé en allemand.

Une demande d'emploi

Complétez la lettre suivante en ajoutant les mots manquants:

> Monsieur,
> Ayant appris que votre orchestre ... *(suchen)* actuellement un ... *(Geigenspieler)*, je me permets de vous soumettre ma ... *(Bewerbung)*.
> Je ... *(spielen)* de cet instrument depuis quinze ans et je sors juste de la ... *(Meisterklasse)* du Conservatoire National de région de Versailles où j'ai ... *(verfolgen)* l'enseignement de Madame XY. Je dispose de nombreuses ... *(Erfahrungen)* en orchestre mais également en solo, autant en France qu'... *(im Ausland)* - Japon, Etats-Unis, Europe.
> Je serais très heureux de pouvoir vous ... *(schildern)* mon cursus de vive voix, et je me tiens donc à votre entière ... *(Verfügung)* pour tout renseignement ... *(zusätzlich)*.
> Je vous prie, Monsieur, d'agréer l'expression de ma considération distinguée.
> Claude Malle

19 D

Valentin à la batterie

Chantal prépare un certificat d'aptitude. Pour *se familiariser avec* l'enseignement, elle donne régulièrement des cours de percussion à des enfants.

Chantal: Bien en même temps!
Voilà! Allez, on refait l'*enchaînement*, 4 doubles et l'*arrivée* sur la cymbale et la
5 grosse caisse. Et voilà, très bien. On fait cette *mesure*, et pour finir, on va faire l'arrivée sur la grosse caisse et la cymbale. 4 et *fla* et 2 et ...

Chantal a demandé à son élève de jouer une mesure, une suite de notes.

Un coup d'œil sur les notes

En France, la *gamme* est la suivante: do, ré, mi, fa, sol, la, si, do. Ces notes peuvent avoir des *valeurs* différentes:
la *ronde* qui fait 4 temps,
la *blanche*, 2 temps,
5 la *noire*, un temps.
La croche, un demi-temps,
la double croche, un quart de temps.

Valentin apprend la batterie

la batterie	Schlagzeug	la gamme	Tonleiter
se familiariser avec	sich gewöhnen an, vertraut machen mit	la gamme majeure	Durtonleiter
		la gamme mineure	Molltonleiter
l'enchaînement, *m.*	Melodie, Notenfolge	la valeur	(Noten)Wert
l'arrivée, *f.*	*(mus.)* Schlußakkord	la ronde	ganze Note
la mesure	Maß, *hier:* Takt	la blanche	halbe Note
le fla	Doppelschlag auf der Trommel	la noire	Viertelnote

Questions

- Quelle diplôme Chantal prépare-t-elle en supplément de sa formation musicale?
- Qui est Valentin?
- Quand doit-on commencer à jouer d'un instrument?

19 E

La vie privée de Chantal

Le rendez-vous a eu lieu au café où Chantal a l'habitude de se rendre, tout près du Conservatoire.

Anouk: Combien d'heures jouez-vous par jour?
Chantal: J'ai actuellement la chance d'*aménager* mon planning personnel, donc,
5 en fait, je peux établir tout mon programme de journée, c'est-à-dire tout mon travail personnel que j'ai à faire par rapport, puisque je suis en train actuellement

de passer le certificat d'aptitude, c'est-à-dire que là, il faut quand même que je fournisse un travail régulier de six à sept heures par jour. Et tout en pensant évidemment au niveau technique que j'ai normalement obtenu depuis le temps où j'ai commencé, et ensuite il y a des journées où évidemment il y a tout le côté orchestre ou répétitions ou des choses comme ça; et donc là, il y a aussi un travail personnel à *effectuer*, donc ça prend à peu près le même temps que si c'était que pour moi, toute seule.
Anouk: Vous vous déplacez souvent pour donner des concerts?
Chantal: J'ai l'occasion de me déplacer relativement souvent, avec «Les Pléiades», on a l'occasion de jouer sur Paris, sur la France entière en fait, et on a eu l'occasion aussi de faire des petits concerts à l'étranger, Italie, Suisse …
Anouk: Est-ce que tout cela vous laisse le temps d'avoir une vie privée?
Chantal: Une vie privée, oui. Je pense que quand même, on peut arriver à se faire des petits plaisirs à côté, c'est-à-dire que bon, on a, pour moi, j'ai actuellement le temps de *tout mener de front*, quoi. C'est-à-dire que, bon, si j'ai des envies de sortir, d'aller au ciné etc. … je me le permets, et ensuite, évidemment tout le côté amis etc. … Donc je crois qu'en plus c'est important pour arriver à avoir tout le temps le moral et continuer à *foncer dans* la musique, en plus, ça peut aider.
Anouk: Vous n'êtes pas Versaillaise, je crois, quelles sont vos *attaches* avec votre pays natal, le Béarn?
Chantal: Eh bien en fait j'ai beaucoup d'attaches avec mon pays natal, tout simplement parce que j'ai toute ma famille dans la région, dans le Sud-Ouest, dans le Béarn, et donc j'ai l'occasion de rentrer souvent sur Pau en fait. Mes parents sont d'Artix, c'est juste à côté, donc en plein cœur du Béarn, et là, j'aménage mon week-end, c'est-à-dire que le vendredi je revois un peu toute la famille évidemment, ou le samedi, et j'ai la chance de quand même, même si je suis là-bas, de pouvoir travailler mon instrument puisque j'ai l'autorisation d'aller travailler sur Pau, donc ça j'en profite. Et puis ensuite, évidemment, les attaches, j'en ai beaucoup, ici aussi en fait, parce qu'on a eu l'occasion de monter une association où on se réunit entre Béarnais. C'est que des gens du Sud-Ouest, et nous avons l'occasion de nous retrouver lors de matchs de basket ou de choses comme ça, de soirées un peu pas *prévues*, mais qu'on a l'occasion de se faire entre nous, les gens du Sud-Ouest.

Résumé ○○

Six à sept heures de travail par jour, et souvent, en cas de concerts ou de répétitions, le double. Chantal aménage son emploi du temps. Pour pouvoir tout mener de front, tout maîtriser, elle se fait un planning entre la famille et la musique. Les activités privées lui permettent d'avoir le moral, de rester optimiste. Elle fonce dans la musique, s'y donne pleinement, mais elle n'oublie pas ses origines béarnaises.

aménager	anordnen, einrichten	foncer dans qch.	sich ganz einer Sache hingeben
effectuer	durchführen, erledigen		
tout mener de front	alles gleichzeitig betreiben	l'attache, *f.*	(Ver)Bindung, Beziehung
		prévoir	vorhersehen

Compréhension

Cochez la bonne réponse:

Combien d'heures travaille Chantal par jour?
a) huit heures   b) six à sept heures   c) cinq heures

Chantal est
a) Béarnaise   b) Parisienne   c) Versaillaise

Pour donner des concerts, elle
a) ne se déplace jamais
b) se déplace relativement souvent
c) se déplace toujours

Quel est le nom de l'ensemble de percussion avec lequel Chantal joue?
a) l'orchestre symphonique   b) les Pléiades   c) l'Opéra de la Bastille

Vocabulaire

Dites le contraire:

Au début, tu dois jouer plus <u>tranquille</u> et à la fin …
Le soir elle donne <u>parfois</u> un concert, le week-end …
Elle n'a pas <u>continué</u> à jouer de l'accordéon. Elle l'a …
Il n'a pas <u>réussi</u> au concours. Il l'a …

Traduction

– Sie hat die Noten aus ihrer Tasche herausgeholt.
– Chantal hat einen Ehrenpreis erhalten. Wir haben ihr dazu gratuliert.
– Monsieur Gualda hat ihr viel geholfen.
– Sie ist in den Zug nach Paris eingestiegen.

Gérondif ou participe présent?

Transformez les phrases suivantes en utilisant un gérondif ou un participe présent.

Si vous prenez la deuxième rue à gauche, vous verrez le château.
Comme Monsieur Gualda donne un concert, il ne peut pas venir au vernissage ce soir.
Bien que Chantal aime son pays natal, elle ne veut plus vivre là-bas.
Il prend son petit déjeuner pendant qu'il lit le journal.

Discussion

Ecoutez-vous de la musique par plaisir, pour vous détendre?
Quel genre de musique préférez-vous?

Une fois par mois environ, Chantal et ses amis béarnais se retrouvent au «Gave de Pau», un petit restaurant du 12ᵉ arrondissement à Paris.

19 F

Un poème d'Alfred de Musset

Quittons Versailles et ses jardins sur quelques vers d'un poème:

> «Sur trois marches de marbre rose»
>
> Mais vous souvient-il, mon ami,
> De ces marches de marbre rose,
> En allant à la pièce d'eau
> Du côté de l'Orangerie,
> A gauche, en sortant du château?
> C'était par là, je le parie,
> Que venait le roi sans pareil,
> Le soir, au coucher du soleil …
>
> Alfred de Musset, écrivain du 19e siècle

Mots croisés

Horizontalement

1. chef-lieu du département des Yvelines
3. une saison
6. participe passé du verbe «croire»
8. prénom de l'élève de Chantal
11. Chantal a 22 ans. Quel est son …?
12. contraire de «guerre»
14. abréviation du diplôme qu'on obtient à la fin du lycée
15. Ils … sont installés en France.
17. L'entretien avec Monsieur Gualda a eu lieu … Conservatoire
18. jour de la semaine
20. ministre des Finances de Louis XIV
22. Monsieur Gualda joue souvent à l'Opéra de la …
23. contraire de «trop»
24. Mes parents passent … temps libre sur la côte Vermeille.
26. unité de temps
27. Voici tes instruments, tes cymbales et … xylophone.
28. nom d'un mois

29 négation
30 séance de travail au cours de laquelle les musiciens mettent au point ce qu'ils présenteront au public

Verticalement

2 compositeur français
4 chiffre
5 participe passé du verbe «avoir»
7 Il … bien?
9 article défini (pluriel)
10 profession qui consiste à passer d'une langue à l'autre
12 Chantal est membre d'un orchestre qui s'appelle les …
13 Chantal aime jouer les pièces de ce compositeur grec. Il s'appelle …
16 ville du sud-ouest de la France
19 emploi
20 abréviation du diplôme que Chantal est en train de préparer
21 pronom personnel
22 Chantal est originaire du …
25 note de la gamme
27 Moi ça va, et …?

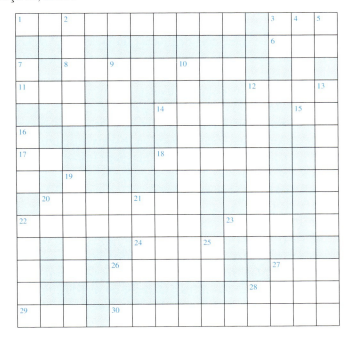

Michel, menuisier-ébéniste — Unité 20

20 A

Commentaire du film sur Troyes

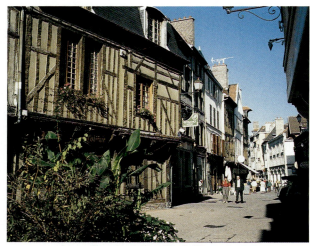

Dans la vieille ville de Troyes

Troyes est le chef-lieu du département de l'Aube, sur la Seine. L'ancienne capitale de la Champagne se trouve environ à 160 kilomètres au sud-est de Paris.
Le passé est encore vivant dans le vieux Troyes qui, *curieusement*, a la forme d'un *bouchon* de champagne. Les maisons à *colombages* datent en grande partie du 16e siècle. Grâce à une «Association pour la *Sauvegarde* du vieux Troyes», les vieilles maisons ont été soigneusement restaurées. La cour du «Mortier d'or» avec ses *poutres* sculptées en est un exemple *remarquable*. On se sent transporté au Moyen-Age où se déroulaient les fameuses «*Foires* de Champagne». Les derniers entrepôts des *grainetiers* existent encore ici.
Troyes compte environ 65.000 habitants. Dès le 13e siècle, la ville *s'est distinguée* par son activité textile. C'est de cette activité que vivent encore beaucoup de gens. Actuellement, l'agglomération troyenne compte près de 150 entreprises de l'industrie textile. Le *tricotage*: un bon nombre d'*opérations* sont gérées par ordinateur. La *couture*: chaque *couturière* ne fait que des travaux détaillés.
Dans l'élégant Hôtel de Mauroy est installée la Maison de l'*Outil* et de la Pensée ouvrière. 10.000 outils anciens des métiers du bois, du fer, du cuir et de la *pierre* sont exposés ici. La collection est unique en France. La *maquette* d'un *portail* enrichit l'exposition consacrée aux métiers *manuels*.

curieux, se	merkwürdig, sonderbar	se distinguer	sich auszeichnen, hervorstechen, sich unterscheiden
le bouchon	Korken		
le colombage	Balkenwerk, Fachwerkbau	le tricotage	Strickerei
		l'opération, f.	Arbeitsgang
la sauvegarde	Rettung, Wahrung, Schutz	la couture	Näherei, Schneiderei
		la couturière	Näherin, Schneiderin
la poutre	Balken, Träger	l'outil, m.	Werkzeug
remarquable	bemerkenswert	la pierre	Stein
la foire	Messe, Markt	la maquette	Modell, Entwurf
le/la grainetier, -ière	Samen-, Kornhändler(in)	le portail	Portal
		enrichir	bereichern
		manuel, le	Hand-, von Hand

Compréhension

Cochez ce qui est vrai:

Le vieux Troyes a la forme
a) d'un verre   b) d'un bouchon   c) d'une bouteille

Dès le 13ᵉ siècle, la ville s'est distinguée par
a) son activité textile
b) sa technologie de pointe
c) son industrie alimentaire

L'Hôtel de Mauroy abrite
a) une collection d'art contemporain
b) une collection de timbres
c) une collection d'outils anciens

Combien d'habitants vivent à Troyes?
a) 65.000   b) 50.000   c) 75.000

20 B

Michel sur le chantier

Michel Loyer est *artisan*, il est menuisier-ébéniste. Son atelier de *fabrication* qui est une *SARL*, une *société à responsabilité limitée*, se trouve à Troyes. Michel a rendez-vous avec un client sur un chantier. Le propriétaire de cette maison a décidé de la faire entièrement restaurer afin d'y aménager des studios, des F2 et des F3.
5 Michel, muni de son mètre, s'assure que les colombages posés par le *charpentier* sont bien à l'endroit prévu. Son client vient le rejoindre.

Entretien avec un client

Client: Ça va, le charpentier, ce qu'il t'a fait?
Michel: Oui, c'est bon. Donc, il nous a laissé un bon passage. Je lui avais dit qu'il le mette assez haut, donc chose dite, chose faite. Mais son colombage, bon, bien, du fait qu'on a *rehaussé*, automatiquement on se retrouve avec quand même deux mètres de haut. J'estime que c'est pas mal, hein? De toute façon, comme on aura un petit *caisson* avec l'isolation, de toute façon, pas de problème. Du fait de l'*isolation phonique*, nous sommes obligés de remonter encore, de toute façon on ne peut pas faire autrement, si vous voulez bien, de cette chose-là.
Client: Alors en ce qui concerne ici, ton *plancher* est terminé, tu as mis ton isolation?
Michel: C'est fini. C'est isolé. C'est-à-dire qu'on peut *taper*, il n'y a pas de problème, je suis certain que le coiffeur en dessous, il aura du mal à entendre.
Client: Il te reste à poser les *huisseries* ...
Michel: Je les attends, les fenêtres, je les attends, ça, c'est des standards, mais je ne les ai pas reçues, je ne peux pas donc ...
Client: Et au point du vue *doublage*, tu as prévu un doublage en périphérie?
Michel: En doublage, on a donc tout doublage ici, donc sur l'*ossature* métallique, tous les *murs* périphériques de cette pièce-là, hein, *d'office*.
Client: Avec un ...?
Michel: Alors *placoplâtre*, *laine de roche*, et donc le tout avec les bandes et *enduits* terminés, et puis les *plinthes* là-dessus de toute façon.
Client: Très bien.
Michel: Donc on n'aura pas de problème de ce côté-là, ça ira.
Client: En ce qui concerne le *pignon extérieur* qui a été refait entièrement à neuf, tu as vu avec les *maçons* pour faire tes plinthes d'angle?

Michel Loyer
sur un chantier

Michel: Ah ça, ça sera prévu de toute façon d'office. On les a faites, aucun problème. D'ailleurs le plancher lui-même, bon, bien, il est presque fini. Seulement je ne peux pas le finir au 3ᵉ étage, vous avez vu, on a *avancé*, mais au 3ᵉ étage, les *couvreurs* ont encore tous leurs matériaux là-haut, et je ne peux pas me permettre de saboter leur travail.
Client: O.K. Les couvreurs n'ont pas terminé puisqu'ils ont la totalité de la *couverture* à refaire en partie et à *remanier*.
Michel: Mais c'est bien déjà remanié de ce côté-là, je crois, *à l'arrière?*
Client: Oui. Oui, c'est terminé à l'arrière.
Michel: Mais je n'ai pas vu de *zingueurs*, en principe ils devraient …
Client: Alors maintenant, oui effectivement, tu as raison de parler des zingueurs, c'est prévu, ils vont faire les *zincs* au-dessus des ouvertures.
Michel: … des ouvertures, parce qu'il y aura toutes celles de la façade en même temps, il ne faudra pas qu'ils oublient.
Client: Ah oui.
Michel: Il y aura toutes celles de la façade à faire, il faut absolument les mettre dans le bain, dessus, dessous. Quand les *appuis*-bois sont posés, il faut absolument qu'il y ait le *rejet d'eau*.
Client: Très, très bien.
Michel: Donc il faudra que vous y pensiez quand il y aura une réunion de chantier.
Client: A priori, tu as pratiquement terminé de *reboucher* les ouvertures de la *cheminée* que nous avons cassée pour pouvoir mettre l'emplacement des WC.
Michel: Il reste le 3ᵉ étage, donc du fait que je vous ai dit tout à l'heure qu'on ne pouvait pas …, il y a le matériel du couvreur, donc à partir de là on se trouvera quand même …
Client: Donc ici, c'est vu pour le studio.
Michel: Oui, pas de problème.
Client: Du 1ᵉʳ étage.
Michel: Voilà, 1ᵉʳ étage. Il manque les menuiseries pour pouvoir attaquer le reste.
Client: Le second?
Michel: Eh bien, on peut y aller voir, si vous voulez, de toute façon on peut y aller.
Client: Oui.
Michel: Vous voulez qu'on voie tout de suite?
Client: Ah non, on va voir un petit peu du côté de la *coursive*. J'ai quelque chose à voir.
Michel: Je vous suis, on va voir ça, allez-y!

Résumé ⚪⚫

La restauration complète d'une maison *exige* l'intervention de divers artisans et spécialistes. Ainsi, Michel, le menuisier, est amené à travailler avec un charpentier, qui se charge des grosses parties en bois.
Au 3e étage, les couvreurs font le toit de la maison. Les zingueurs ne devraient pas *tarder à* arriver pour poser les parties métalliques, en zinc, au-dessus des ouvertures, des fenêtres par exemple.
Nous avons vu à l'extérieur des maçons qui bâtissent la maison avec du *ciment* ou du béton. Les artisans, l'architecte et le propriétaire se rencontrent régulièrement pour constater l'état du chantier. On parle alors de réunion de chantier. Est-ce que tout se passe bien? Y a-t-il un retard, une *erreur*, un problème? Une telle réunion donne toujours l'occasion d'examiner la situation.
Sur ce chantier, Michel fait les parties menuiserie: il vient de poser un plancher, un *parquet* pour assurer l'isolation phonique du studio. C'est-à-dire pour isoler des bruits. Ainsi, le coiffeur qui travaille au rez-de-chaussée ne sera pas dérangé.
Michel doit également livrer des fenêtres, et il se charge du doublage des murs, donc de leur isolation. Pour ce faire, il va poser du placoplâtre et de la laine de roche sur une ossature métallique, un *support* métallique. Une fois le doublage terminé, Michel posera des plinthes. Après avoir fait le bilan des travaux dans le studio, Michel et son client se sont rendus du côté de la coursive, du couloir qui mène à d'autres appartements.

l'artisan, *m.*	Handwerker	le placoplâtre	Rigipsplatte
la fabrication	Herstellung, Fertigung	la laine de roche	Steinwolle
		l'enduit, *m.*	Verputz
la SARL (société à responsabilité limitée)	GmbH	la plinthe	(Fuß)Leiste
		le pignon extérieur, e	Giebel äußere(r)
le charpentier	Zimmermann, Bauschreiner	le maçon	Maurer, Bauarbeiter
		avancer	voranbringen, vorantreiben
rehausser	*hier:* aufstocken		
le caisson	Kassette	le couvreur	Dachdecker
l'isolation phonique, *f.*	Schallisolierung	la couverture	*hier:* Bedachung
		remanier	umändern, umgestalten, umarbeiten
le plancher	(Holz)Fußboden		
taper	klopfen, stampfen, laut sein	à l'arrière de	hinter, hinten
		le zingueur	Verzinker, Bauschlosser
l'huisserie, *f.*	Türeinfassung, Türrahmen		
		le zinc	Zink, Verzinkung
le doublage	Verkleidung	l'appui, *m.*	Brüstung, Lehne
l'ossature, *f.*	Gerippe, Gerüst	le rejet d'eau	Fensterblech
le mur	Wand, Mauer	reboucher	verkitten
d'office	von vornherein	la cheminée	Kamin

la coursive	Flur, Gang	le ciment	Zement
exiger	erfordern	l'erreur, f.	Irrtum, Fehler
tarder à	versäumen,	le parquet	(Parkett)Fußboden
	verzögern	le support	Stütze

Questions

- De quels métiers est-il question dans l'entretien entre Michel et son client?
- Qu'est-ce que ces artisans font exactement?
- Qu'est-ce qu'on entend par «SARL»?

20 C

Interview de Michel sur sa profession

Anouk: A quel âge avez-vous commencé à apprendre votre métier et dans quelles *circonstances*?

Michel: Eh bien, j'avais 13 ans. Pour des circonstances familiales, je me suis retrouvé en *orphelinat*, un orphelinat d'apprentissage, et on m'avait offert de
5 m'apprendre un métier, en fait, si vous voulez. En fait, je ne voulais pas être menuisier à la base non plus, et puis il paraîtrait que je n'étais pas *valable* pour le faire comme ça … donc on a fait ce qu'on appelait l'*orientation professionnelle*, et puis j'ai aimé le bois au premier contact. Alors à partir de là, on a essayé de donner suite.
10 **Anouk:** Combien de temps a duré votre formation?
Michel: Pour faire un ensemble, quand je dis l'ensemble, c'était menuisier et ébéniste en fait, parce que je suis resté donc suffisamment longtemps pour faire les deux. Apprendre les deux, enfin les bases, eh bien, cela a demandé cinq ans. A partir de là, je suis parti, enfin on m'a renvoyé pour aller faire mon travail chez
15 un patron en fait.
Anouk: Comment êtes-vous arrivé à passer de la menuiserie à l'ébénisterie et tout d'abord, quelle est la différence en deux mots?
Michel: La différence, oh il ne faut pas *dénigrer* l'apprentissage de base en fait. Si vous ne faites pas un bon menuisier, vous ne ferez pas un ébéniste modeste.
20 Vous ne ferez pas. Il vous faut au moins connaître les bases, même *minimes* donc du menuisier, pour connaître les *assemblages*, pour connaître les *essences de bois*, pour connaître votre métier en fait de base, le bois. Si vous voulez, pour parler, *reculer* en arrière, un charpentier ne fera jamais un ébéniste, mais l'inverse non plus, si vous voulez bien, parce qu'il ne travaille pas les matériaux comme nous,
25 nous les travaillons. Le charpentier va y aller avec ses grosses *pointes*, nous,

Michel Loyer

nous allons y aller avec ce qu'on appelle, nous, la petite finette, pour dire, bon, bien, je finis. C'est tout.

Anouk: Vous vous êtes *mis à votre compte*. Vous voulez m'expliquer pourquoi?
Michel: Un jour, en disant «suis-je ou ne suis-je pas *capable*?» Capable, je ne le sais pas, mais si vous voulez, je crois qu'il y a des circonstances qui nous amènent à faire un *saut*. Puisque c'est un saut, je ne vous le cache pas, c'est un saut, mais encore faut-il que ce saut soit suivi, ne serait-ce que par les banques, le premier point. Enfin, les banques, bon, bien, si vous le faites trop tôt, les banques, je crois, ne vous croient pas, ne peuvent pas tellement avoir *confiance* en vous. Si vous le faites trop tard, elles ne vous croiront plus. Donc il est un âge, je crois, où l'homme se sent peut-être plus assuré, et peut-être que les banques vous croiront plus parce que vous avez quelque chose, vous avez une idée forte en fait, si vous voulez, donc savoir si vous êtes suivi, tout est là.
Mais c'est dans ce sens, pourquoi donc se mettre à son compte, eh bien pourquoi? Parce que … pas la soif de liberté, parce que vous la perdez au contraire, mais c'est peut-être le fait de dire «je veux faire quelque chose, je veux installer quelque chose, je souhaite avoir des salariés, monter une petite chose», dire «je veux», pas faire ce qu'on veut, ce n'est pas vrai, parce qu'en fait à la base, je voulais être ébéniste, ne faire que du meuble, et puis bien, vu les circonstances économiques, les gens maintenant *optent* plus, si vous voulez, *pour* dire «je vais acheter dans les grands magasins», on en a tellement maintenant, même avec du beau mobilier en fait, et qui revient extrêmement moins cher que chez un artisan, c'est un fait admis. Donc à partir de là, on a été obligé d'opter vers autre chose, une autre version donc de l'ébénisterie, ce qui n'empêche pas, vous le voyez donc, de tomber dans la restauration, donc ça je l'aime bien.

Anouk: Quel est l'*état* actuel *de* vos *commandes*?
Michel: Actuel, eh bien disons qu'on a de la chance, on a de la chance, on avait pas mal solutionné de choses et d'autres, en fait, on a des *retours*, on a pas mal de

travaux, que ce soit d'intérieur, donc d'atelier, ou de restauration, ou donc de
restauration aussi d'habitation, en extérieur, tel un chantier que nous avons là,
dans Troyes, dans le vieux Troyes, alors on n'a pas à *se plaindre*, on a vraiment du
boulot. On a de quoi s'occuper au chaud et au froid, là, l'hiver qui arrive.
Alors on a ce qu'il faut, mais enfin comme vous le voyez, on a toujours donc du
mobilier qu'on peut toujours faire dans l'atelier, restaurer, ou du neuf puisque
nous faisons aussi du neuf bien sûr. On a encore quelques clients qui veulent des
belles choses, des portes comme vous voyez là, donc ils peuvent, en cas de
grand froid, vraiment nous amener à dire «on reste à l'atelier», c'est tout.
Anouk: Vous me faites visiter votre atelier?
Michel: Mais bien sûr!

Résumé

Michel *côtoie* et travaille le bois depuis l'âge de 13 ans. Placé dans un orphelinat, un centre qui recueille les enfants ayant perdu leurs parents ou ne pouvant plus vivre avec eux, Michel a appris en cinq ans deux métiers: celui de menuisier et celui d'ébéniste. Ce choix s'est fait grâce à une orientation professionnelle, une série de tests qui *déterminent* les qualités d'un enfant.
Grâce à sa formation, Michel a pu se qualifier dans ses deux spécialités; ainsi, pour être un bon ébéniste, il faut être un bon menuisier et bien connaître le bois, ses essences, ses *diversités* et ses assemblages, ses composantes.
A la fin de son apprentissage, Michel a longtemps été salarié chez un patron. Mais un jour, il a décidé de se mettre à son compte, d'être indépendant. Michel ne se plaint pas, au contraire. Pour *reprendre* son expression, «il a vraiment du boulot», du travail. Il s'est fait connaître et il a des retours, des réactions de clients potentiels.

la circonstance	Umstand	capable	fähig
l'orphelinat, *m.*	Waisenhaus	le saut	Sprung
valable	gültig, geeignet	la confiance	Vertrauen
l'orientation professionnelle, *f.*	Berufsberatung	opter pour	eine Wahl treffen, sich entscheiden für
dénigrer	herabsetzen, schmälern	l'état des commandes, *m.*	Auftragslage, -stand
minime	winzig, geringfügig	les retours, *m.pl.*	*hier:* Rückmeldung
l'assemblage, *m.*	Zusammenbau, Montage	se plaindre de qch.	sich beklagen
		le boulot (*fam.*)	Arbeit
l'essence de bois, *f.*	Holzart	côtoyer	vertraut sein mit
reculer	zurückgehen	déterminer	bestimmen
la pointe	Stift, Nagel	la diversité	Verschiedenartigkeit, Mannigfaltigkeit
se mettre à son compte	sich selbständig machen		
		reprendre	wieder aufnehmen

Vocabulaire

Expliquez les mots et expressions suivants:

- orphelin
- se mettre à son compte
- avoir du boulot
- l'apprentissage

Questions

- Dans quelle région française Michel s'est-il installé?
- A quel âge est-il entré dans la vie professionnelle?
- Pourquoi a-t-il choisi le métier de menuisier-ébéniste?

Discussion

Comment voyez-vous l'avenir des professions artisanales?

20 D

Dans l'atelier de Michel

Anouk et Michel font le tour de l'atelier. Deux ouvriers travaillent: l'un à la *scie*, l'autre sur du mobilier.

Anouk: Alors donc, on est ici dans l'atelier …
Michel: Nous sommes ici dans l'atelier de fabrication avec machines.
5 Bon, pour la pratique de son travail, comme il a beaucoup de matériaux, il est resté tout seul là, dans l'atelier, pour faire son mobilier. Ce qui fait qu'il est resté vraiment dans le coin machines, et bien *à portée de la main*, il n'y a pas de problème là-dessus. Donc là, il est en train de faire du petit mobilier moderne pour un hôpital, en fait une clinique. C'est du mobilier qui va aller dans des
10 salles d'opération, donc à *tiroirs* dont il est en train d'installer les *coulisses*.

Résumé

Nous venons de voir les deux ouvriers employés par Michel. Le premier était en train de *scier*, de couper du bois. Son collègue montait un meuble à tiroirs pour une clinique. Ces tiroirs seront posés sur des coulisses, des *rainures* qui leur permettront de s'ouvrir et de se fermer.

5 Voici le *devis* que Michel a bien voulu nous montrer. Un devis, c'est une *description* détaillée du produit que l'on va fournir au client avec bien sûr le prix et la *T.V.A.*, *la taxe sur la valeur ajoutée*. Lorsque le client accepte le devis, il note la formule «Bon pour commande». Michel peut se mettre au travail.

SARL MENUISERIE EBENISTERIE LOYER

au Capital de 50 000 F
22 rue de Gournay
10000 TROYES
RC 87 B 166
Tél. 25 80 80 17
Fax. 25 76 97 43
N° Siret 341 150 332 00011
Code APE 361G
FR3134115033200011

73 30.84 (Me Ancuvian)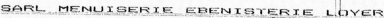
(Melle Sellier)

Troyes, le 21 septembre 1994

Monsieur MAUCORPS
77, rue Godard
33200 - BORDEAUX

DEVIS

REF. : 3ème étage
58, rue Georges Clémenceau
10000 - TROYES

Copie pour information à la SARL LAMBLIN)

Fourniture et installation de 3 paires de volets persiennes, lames toute hauteur, arasées dites à la française. Cadres en bois exotique et lames en pin des Landes, destinées à être peints par vos soins.
Notre offre de prix inclus le ferrage et les accessoires pour leur installation et le bon fonctionnement.
Il va de soi qu'il ne saurait être question d'une installation de ces volets sans échaffaudage (3ème étage). Par contre, celui-ci étant installé sur place pour le ravalement de la façade, nous vous serions très obligés de nous donner votre réponse sans trop tarder.

L'unité 1 750.00 F x 3 =   H. T.   5 250.00
                           T.V.A. 18.60%   976.50
                           TOTAL T.T.C. 6 226.50

Ces prix sont valables pour une durée de 3 mois à compter de la date du présent devis ; passé ce délai, les prix seront actualisés suivant la formule C.A.P.E.B. (sauf si ce retard nous incombe)

"Bon pour commande"
M. ...

dep jouit:
1867,95 frs.

Michel au travail

Les outils les plus courants du menuisier sont le *marteau*, les *tenailles*, les *rabots*, et puis aussi la *planche à dessin*. Michel est en train de dessiner le plan sur mesure d'une cuisine. Lorsque ce plan sera terminé, le menuisier enverra un devis à son client.

la scie	Säge	la description	Beschreibung
à portée de la main	greifbar, zur Hand	la T.V.A. (taxe sur	Mehrwertsteuer
le tiroir	Schublade	la valeur ajoutée)	
la coulisse	Gleitleiste	le marteau	Hammer
scier	sägen	les tenailles, *f.pl.*	Zange
la rainure	Rille, Furche	le rabot	Hobel
le devis	Kostenvoranschlag	la planche à dessin	Zeichenbrett

Questions

- Quelle est l'ambiance dans l'atelier de Michel?
- Combien de personnes y travaillent?
- Quels sont les outils du menuisier?
- Qu'est-ce qu'on entend par «devis»?

Traduction

Comment traduiriez-vous les phrases suivantes?

- Nous n'avons malheureusement pas encore reçu de réponse à notre devis ...
- Vous trouverez les détails dans le prospectus ci-joint.
- Monsieur, j'accuse réception de votre commande du 20 janvier.
- Nous vous remercions de l'offre que vous nous avez faite et nous vous prions de nous livrer ...

20 E

Michel en privé

Anouk: Vous avez un appartement bien agréable à Troyes, je crois, et pourtant vous *éprouvez* le besoin de venir *prendre un bol d'air* à la campagne, le dimanche?
Michel: Oui, oui, oh je crois que c'est par *nécessité* en fait, il faut, il faut
5   quand même se changer un petit peu les idées, changer la vue de la ville et puis aller un petit peu voir ailleurs. Dans le fond, ce n'est pas un mal. Je crois qu'on

L'atelier de Michel

éprouve tous les deux le besoin, de toute façon, que ce soit mon épouse ou moi-même de toute façon.
Anouk: Dites-moi, Madame, quel est votre rôle dans l'atelier de votre mari?
Mme Loyer: Je fais tout ce qui est *gestion*, enfin comptabilité, salaires, et puis la *frappe* des devis, les factures, l'envoi, etc.
Anouk: Donc vos journées sont bien remplies? Vous n'êtes pas fatiguée? Vous n'avez pas envie de vous arrêter parfois?
Mme Loyer: Quelquefois, oui. Mais, bon, j'aime mon travail et c'est vrai que ça me serait quand même difficile d'arrêter comme ça. Il faudrait certainement une raison très, très forte, pour me faire arrêter de travailler.
Anouk: Vous avez des loisirs?
Mme Loyer: Eh bien, le dimanche, on va surtout marcher en forêt, donc quand on est à la campagne.
Anouk: Et Monsieur?
Michel: Alors, s'il fait beau, même s'il fait mauvais, on se met les *pompes de marche*, c'est le cas de le dire, les *godasses de marche*, et on y va, allez hop, avec le petit chien, puis on marche, on marche. Alors quand c'est l'époque des champignons, on va se *ramasser* des champignons, quand c'est … malheureusement là, c'est l'époque de la chasse donc, et puis, bien, là, ça *restreint*, ça restreint. Alors on marche dans les chemins, on marche n'importe où, mais il faut qu'on marche. Sinon, les loisirs, si vraiment c'est trop couvert ou trop froid, bon, bien, la marche est *raccourcie*, et puis bien nous rentrons, nous lisons. Alors ça, on lit, ça, il n'y a pas de problème. On n'a que, si vous voulez, que ce week-end, que le week-end pour dire «on va faire autre chose», alors des fois on *rattrape*

un petit peu le temps perdu en lisant un hebdomadaire, mais dont les nouvelles
ne sont *forcément* fraîches de toute façon. Bon, ou alors autre chose, on prend un
livre et puis on lit, mais le calme, le calme, le calme.
Anouk: On est environ à une heure et demie de Paris. Il vous arrive d'aller à Paris
35 quand même?
Michel: Professionnellement, ça nous arrive, nous, pour quelques chantiers
en fait, du magasin ou autres. Mais sinon, de temps en temps, avec mon épouse,
on monte aussi, de toute façon, mais ce n'est pas très souvent, non, non,
ce n'est pas très souvent.
40 **Anouk:** Bon, eh bien, je vais vous laisser profiter de votre dimanche comme vous
l'entendez. Je vous remercie.
Michel: C'est gentil! Merci.

Résumé

Michel travaille 6 jours sur 7 à la menuiserie, et sa femme l'aide au bureau. C'est à
elle que reviennent la gestion, la comptabilité, la frappe des devis et des factures.
Le dimanche, les Loyer quittent la ville pour la campagne. Leur activité principale?
La marche. Michel utilise *à ce propos* deux *expressions* très *familières*: il parle de
5 «pompes» ou encore de «godasses» de marche, c'est-à dire de chaussures ...
Michel et son épouse ne sont pas vraiment attirés par Paris. Si Michel s'y rend,
c'est plutôt à titre professionnel. Le reste du temps, ces deux Normands d'origine
préfèrent leur seconde patrie, la Champagne.

Michel achète un brochet

éprouver	empfinden, fühlen	restreindre	beschränken, einschränken
prendre un bol d'air	Luft schnappen		
la nécessité	Notwendigkeit	raccourcir	(ver)kürzen
la gestion	Geschäftsführung	rattraper	nachholen
la frappe	das Tippen, das Aufsetzen	forcément	notgedrungen, zwangsläufig
les pompes de marche, f.pl. (fam.)	Latschen	à ce propos	in diesem Zusammenhang
les godasses de marche, f.pl. (fam.)	alte Latschen	l'expression familière, f.	umgangssprachlicher Ausdruck
ramasser	(ein)sammeln, auflesen		

Questions

- Quel est le loisir préféré des Loyer?
- D'où viennent les Loyer?

Vocabulaire

Cherchez les substantifs correspondant aux verbes suivants:

- gérer
- exposer
- décider
- aménager
- apprendre
- être salarié

Pronoms possessifs

Complétez les phrases suivantes:

Vous me passez votre marteau? J'ai oublié ... à l'atelier.
Je vends mon entreprise l'année prochaine. Et vous? Quand vendez-vous ...?
Mes chaussures sont trop mouillées. Et toi? Comment sont ...?
Les ouvriers prennent leur repas à la cantine, les directeurs prennent ... au restaurant.
Ma voiture est en panne. Je vais demander à mon mari de me prêter ...

20 F

Commentaire du film sur la Champagne

Dans l'économie champenoise, le vignoble joue un rôle important. L'appellation «champagne» est limitée à 30.000 hectares qui s'étendent de la vallée de la Marne et des coteaux autour de Reims et d'Epernay, aux confins de l'Aisne et de l'Aube. La terre *crayeuse nourrit* les *vignes*. Pour fabriquer le champagne, il ne faut pas
5 moins de trois *cépages*. Un tiers de blanc, le chardonnay, et deux tiers de rouge, le pinot noir et le pinot meunier.
Sur la *colline* qui domine la *vallée* de la Marne se trouve l'ancienne abbaye de Hautvillers où Dom Pérignon, un moine, aurait *inventé* la méthode champenoise. Celle-ci *vise à* transformer un vin tranquille par une seconde *fermentation* en un vin *mous-*
10 *seux*. Dans les caves, souvent installées dans d'anciennes crayères gallo-romaines, le vin *mûrit* à température *constante*.
Des outils anciens nous rappellent les méthodes de fabrication du champagne d'autrefois. Même la *table de remuage* – une invention de la Veuve Cliquot – disparaîtra un jour pour être remplacée par une machine. Mais le remueur existe encore, qui
15 pendant trois mois tourne les bouteilles d'un huitième de *cercle*, chaque jour, pour pouvoir enlever par la suite les dépôts de fermentation.
Pour obtenir un champagne de qualités et de goûts constants, les vignerons *associent* les cépages, les crus, les *terroirs*. Le résultat s'appelle *«la cuvée»*.

crayeux, se	Kreide-	mousseux, se	perlend, schäumend,
nourrir	(er)nähren		sprudelnd, prickelnd
la vigne	Weinstock, Rebe	mûrir	reifen
le cépage	Rebsorte	constant, e	beständig
la colline	Hügel	la table de	Rüttelpult
la vallée	Tal	remuage	
inventer	erfinden	le cercle	Kreis
viser à qch.	auf etw. abzielen,	associer	vereinen, vereinigen
	nach etw. streben	le terroir	(Erd)boden
la fermentation	Gärung	la cuvée	*hier:* Verschnitt

Traduisez le commentaire du film en allemand.

En Champagne

Un remueur

Christian, boulanger — Unité 21

21 A

Commentaire du film sur Metz

Metz, capitale de la région Lorraine et chef-lieu du département de la Moselle, est située au confluent de la Seille et de la Moselle. La ville a toujours été un carrefour important et une place commerçante en Lorraine. Cette ancienne cité romaine a vu son *essor* fleurir au Moyen-Age, lorsqu'elle devint une ville indépendante. Mais en
5 1552, elle fut *annexée* par la France et transformée en ville frontière fortifiée.
Metz a de nombreux espaces verts. Avec ses *vastes* plans d'eau, la ville apparaît harmonieuse et pleine de contrastes. L'agglomération messine compte quelque 200.000 habitants.
Metz a de quoi séduire. Au Moyen-Age, la ville fut *puissamment* fortifiée. La «Porte
10 des Allemands» est un exemple unique en France de pont fortifié, formant à la fois porte et *châtelet*. Les deux tours datent du 13e siècle.
Metz a subi deux périodes d'annexion à l'Allemagne: une première de 1870 à 1918, puis une seconde de 1940 à 1944.
Les origines de la cathédrale Saint-Etienne remontent au 13e siècle. On y a travaillé
15 pendant 300 ans. C'est un chef-d'œuvre de l'art gothique. A côté de la cathédrale – la Place d'Armes – un bel ensemble du 18e siècle. Eh bien sûr, Metz ne peut s'empêcher de donner le nom *flatteur* de «Petite Venise» au quartier post-moderne du port Saint-Marcel. C'est une ville tournée vers l'avenir, spécialisée dans les technologies de pointe, l'informatique et la communication.

l'essor, *m.*	Aufschwung	puissamment, *adv.*	
annexer à	annektieren, einverleiben	le châtelet	kleine Burg,
vaste	weit, ausgedehnt		Schlößchen
puissant, e	mächtig, kräftig, stark, gewaltig	flatteur, -euse	schmeichelhaft

Questions

– Comment s'appellent les habitants de Metz?
– Quelles rivières traversent la ville de Metz?
– A quel pays Metz fut annexée deux fois dans son histoire?
– Dans quels secteurs travaillent les habitants de Metz?

21 B

Christian se présente

Christian: Bonjour, je suis Christian Haberey, le boulanger de Queuleu. J'*exploite* cette boulangerie avec mon épouse Patricia. Dans cette tâche, nous sommes aidés par une dizaine d'employés. Nous nous efforçons de faire un pain à l'ancienne, un pain de qualité, un pain qui ait un goût. Maintenant, je vais finir ma *fournée*.

Christian Haberey

Christian fait son pain

Christian, le boulanger, nous a montré au *fournil* comment il faisait son pain. La *recette*? La voici:

Versez au moins 50 kg de *farine* dans le *pétrin*.
Là-dessus, faites *couler* 32 litres d'eau.
Et pendant que le pétrin commence à tourner, *rajoutez* 500 grammes de *levure* … et 1 kg de sel.

Après 2 heures de repos viennent le *pesage* et la division de la *pâte*. Puis a lieu le façonnage, la mise en forme du pain. Au terme de 2 heures de repos supplémentaires, le boulanger fait les traditionnelles *stries* avant d'*enfourner* son pain pour une demi-heure.
Dans la pièce d'à côté, les pâtissiers sont à l'œuvre. Pendant qu'Hervé prépare une tarte, Rachid, son nouveau collègue, forme des *lunettes*.
Au fournil, le pain est *cuit*. Mmmh, ça sent bon!

Metz – la Porte des Allemands

Interview de Christian

Anouk: D'où tenez-vous l'envie de faire de la pâtisserie et du pain? Est-ce que c'est une influence familiale ou autre chose?
Christian: C'est une influence familiale. Quand j'avais une douzaine d'années, j'ai un oncle qui était installé, donc qui était boulanger, et puis j'ai été pendant les vacances scolaires lui donner un petit coup de main, et cela m'a beaucoup plu.
Anouk: Vous êtes avant tout pâtissier, pourquoi êtes-vous devenu ensuite boulanger?
Christian: Bon effectivement, je suis avant tout pâtissier, et vu les circonstances, quand on a commencé à chercher un *fonds* avec mon épouse, on s'est d'abord dirigés vers les fonds de pâtisserie, et ils étaient relativement rares sur le marché, et les pâtisseries avaient tendance à disparaître. Les très grosses pâtisseries restaient et les petites disparaissaient. Alors là, je me suis orienté vers la boulangerie-pâtisserie. Et à partir de ce moment-là, où je me suis décidé de dire «bon, eh bien je vais faire boulanger-pâtissier», il a fallu que j'apprenne à faire du pain et c'est pour ça que je suis devenu boulanger par la force des choses.
Anouk: Dites-moi, vous n'êtes pas tout seul à faire fonctionner votre commerce? Que font vos différents employés?
Christian: Effectivement, je ne suis pas tout seul, nous avons une dizaine d'employés. Je pense qu'on a six *vendeuses*, et puis quatre ouvriers, donc deux pâtissiers et deux boulangers, et donc on se partage les tâches, quoi, donc il y a

deux boulangers qui font le pain, moi je leur donne un coup de main quand il faut, et également aux pâtissiers. Je fais finalement, je fais le *bouche-trou*.

Anouk: Votre boulangerie est connue bien au-delà des limites de votre quartier, pour quelles raisons?

Christian: Je pense qu'on fait un pain d'une qualité différente des collègues. Les collègues font un pain courant, un pain qu'on trouve dans les *grandes surfaces*, et moi, je fais un pain qui est tout à fait différent. On laisse donc énormément de *pointages*, on utilise une farine d'une qualité autre que celle des *confrères*, et c'est cela qui fait cette différence et c'est pour ça que nous avons des clients qui viennent de très loin.

Anouk: Quel rôle joue une pâtisserie comme la vôtre dans un quartier comme celui-ci?

Christian: Ça joue un petit rôle d'*animation*, en plus dans ce quartier nous avons un boucher, un épicier et un coiffeur, donc ça fait un groupement de commerces qui rend cette rue-là relativement *animée*, et qui permet aux gens de venir et de trouver tout ce qu'ils veulent, *sous la main*, quoi.

Anouk: Le pain industriel, est-ce la mort du pain artisanal?

Christian: Effectivement. Le pain industriel a tendance à prendre des parts de marché au pain artisanal parce qu'il y a beaucoup d'artisans qui font du pain qui n'est pas d'une qualité extra. Il y a encore un autre facteur qui *rentre en ligne de compte*, c'est que les gens, le *pouvoir d'achat* des gens *baisse* et donc ils ne peuvent pas, certaines familles ne peuvent pas mettre le prix qu'il faudrait dans une baguette, par souci d'économie.

Anouk: Une dernière question par *curiosité*, pourquoi «Aux trois *évêchés*»?

Christian: C'est la rue, ça s'est prêté, j'étais chez mon banquier, le banquier m'a dit «écoutez, il faudrait trouver un nom à votre boulangerie», j'ai réfléchi, en trente secondes, je lui ai dit «ça s'appellera ‹Les trois évêchés›».

Résumé

La boulangerie des «trois évêchés» tient tout simplement son nom de la rue où elle se trouve …

Christian, qui partait souvent donner un coup de main à un oncle pâtissier, a décidé vers 12 ans d'apprendre ce métier. Plus tard, alors qu'il cherchait à acheter un fonds, une pâtisserie, Christian s'est rendu compte que sa formation n'était pas suffisante. Il a alors appris le métier de boulanger.

Christian emploie actuellement dix personnes: vendeuses, boulangers et pâtissiers. Son rôle? C'est comme il le dit de faire le «bouche-trou», d'intervenir là où l'on a besoin de son aide.

10 La boulangerie des «trois évêchés» est réputée pour la qualité de son pain artisanal, c'est-à-dire un pain fait selon la tradition. Christian utilise une farine particulière et il sait l'importance des pointages, des temps de repos dont la pâte a besoin. C'est peut-être cela qui fait la différence entre le pain artisanal et le pain industriel, fabriqué en grande quantité et le plus rapidement possible.

15 Selon Christian, le pain industriel constitue une *menace* pour l'artisan-boulanger. Les grandes surfaces, les supermarchés, moins chers, gagnent des parts de marché. Elles *misent sur* le pouvoir d'achat en baisse des familles, sur le besoin général d'économie.

Mais revenons un instant à la fabrication du pain. Nous avons vu Christian travail-
20 ler au fournil. Christian prépare sa pâte dans un pétrin. Puis, après le repos, il procède au pesage - 250 g pour une baguette - et à la division de la pâte en parts. Vient ensuite le façonnage: le boulanger forme ses pains. Christian fait des stries, de petites coupures qui permettront aux baguettes de garder leur forme. Et enfin, il enfourne, il met le pain au four.

exploiter	betreiben, bewirtschaften	le fonds	Geschäft, Laden, Unternehmen
la fournée	voller Backofen	le/la vendeur, -euse	Verkäufer(in)
le fournil	Backstube	le bouche-trou	Lückenbüßer
la recette	Rezept	la grande surface	Einkaufszentrum
la farine	Mehl	le pointage	*(Brot)* Ruhezeit
le pétrin	Backtrog	le confrère	Kollege
couler	fließen, laufen, strömen	l'animation, *f.*	Lebendigkeit, Geschäftigkeit
rajouter	hinzufügen, hinzugeben	animé, e	bewegt, lebhaft
		sous la main	zur/bei der Hand
la levure	Hefe	entrer en ligne de compte	in Betracht kommen, eine Rolle spielen
le pesage	Abwiegen		
la pâte	Teig	le pouvoir d'achat	Kaufkraft
la strie	Streifen, Rille	baisser	sinken
enfourner	in den Backofen schieben	la curiosité	Neugierde
		l'évêché, *m.*	Bistum
la lunette	*hier:* Gebäck	la menace	Drohung
cuire	backen, kochen	miser sur	setzen auf

Questions

- Quels sont les ingrédients pour faire un bon pain?
- D'après Christian, quelle est la différence entre le pain industriel et le pain artisanal?
- Quel est le métier que Christian a appris avant de devenir boulanger?
- Décrivez ce que font les divers employés de Christian.

Unité 21 B/C

Vocabulaire

Dites le contraire:
- grande surface (ligne 26)*
- disparaître (ligne 11)
- la baisse du pouvoir d'achat (ligne 41)
- un pain courant (ligne 26)
- être installé à son compte**

(* voir l'interview, pages 126–127)
(** voir unité 20 C, page 114, ligne 28)

21 C

La boulangerie du quartier

La boulangerie des «trois évêchés» se trouve à Queuleu, un vieux quartier messin. Les clients y trouvent chaque jour des produits frais: éclairs au café ou au chocolat, petits gâteaux, tartes aux pommes, et bien entendu, du pain *croustillant* à souhait. Jour pour jour, Patricia, la femme de Christian, est à la boulangerie pour accueillir
5 et servir ses clients. Tous les matins, Christian va livrer deux dépôts de pain dont il est le propriétaire.

Résumé

Comme vous venez de l'apprendre, Christian possède en plus de sa boulangerie deux dépôts de pain, deux commerces supplémentaires où il vend son pain.
Que peut-on acheter chez Christian? Des gâteaux et une quinzaine de sortes de pain: du pain paysan, qui n'est pas tout à fait «blanc», jusqu'à la traditionnelle baguette
5 ou au *bâtard*, plus court et plus *épais* que la baguette, pour ne citer que les plus simples. Ou bien, si vous préférez, vous pourrez acquérir du *pain de seigle* ou du *pain aux céréales* …
Tout cela sans oublier les *inévitables viennoiseries* contre les petites faims: croissants, pains aux *raisins*, pains au chocolat, brioches …
10 Le mot de «viennoiserie» provient du nom de la capitale autrichienne, Vienne.

croustillant, e	knusprig	le pain aux céréales	Mehrkornbrot
le bâtard	Art Baguette, dickes Stangenbrot	inévitable	unvermeidbar
		les viennoiseries, *f.pl.*	Wiener Backwaren
épais, se	dick, stark		
le pain de seigle	Roggenbrot	le raisin	Rosine; Weintraube

A la boulangerie

Savoir dire

Comment diriez-vous en français …?

- Ich möchte drei Roggenbrote und fünf Apfelkuchen für Samstag bestellen.
- Das Mehrkornbrot, das ich heute morgen bei Ihnen gekauft habe, war nicht frisch.
- Würden Sie mir diese drei Rosinenschnecken zurücklegen?

Savoir écrire: un fax

Christian erinnert seinen Lieferanten an seine Bestellung vom letzten Monat über 20 Säcke biologisches Mehl. Formulieren Sie eine Fax-Mitteilung.

Le plus-que-parfait

Mettez les verbes entre parenthèses au plus-que-parfait:

Hier, Christian a rencontré un ami qu'il … (ne pas voir) depuis plus de deux ans.
Je … (ne pas recevoir) de ses nouvelles depuis quatre semaines.
Les deux amies (sortir)… à 19 heures.
Elle … (partir) sans dire au revoir.
Si je … (savoir), je ne serais pas venu(e).

21 D

La vie de famille

Sébastien fait ses devoirs

Christian: Bon, on va faire de la géographie maintenant.
Sébastien: Oui.
Christian: T'as ça en devoirs?
Sébastien: Oui.
Christian: Oui. Donc, la France, situation et les limites. OK?
Donc la France est située dans l'hémisphère …
Sébastien: … nord
Christian: … est à égale distance entre …
Sébastien: le nord
Christian: et …
Sébastien: l'équateur.
Christian: Qu'est-ce que c'est que l'équateur?
Sébastien: Grand cercle imaginaire situé à égale distance du pôle nord et du pôle sud qui divise la terre en deux hémisphères.
Christian: D'accord. Elle est donc dans la zone …
Sébastien: … *tempérée*.
Christian: Tempérée. Tu me montres le pôle nord sur cette carte-là. D'accord. Tu me montres … Donc ça, c'est le *globe terrestre*. Tu me montres la France … Oui.

Après les devoirs, Christian s'accorde un moment de repos pour lire le journal.
Il lui arrive régulièrement de faire une partie de billard avec un de ses amis.

Sébastien fait ses devoirs avec son père

Interview de Christian et Patricia

Anouk: Comment *parvenez*-vous à trouver l'équilibre entre les *exigences* de votre journée de travail et votre vie privée?
Christian: L'équilibre est très difficile à trouver. Il n'y en a pratiquement pas. Pendant la journée de travail, on essaie de s'échapper et de profiter de la vie familiale au moment le plus *propice*, mais cela n'arrive pas souvent, et lorsque ça arrive, on en profite pleinement.
Anouk: Est-ce que vous travaillez tous les jours de la semaine?
Christian: Non, nous ne travaillons pas tous les jours de la semaine. La plupart du temps, nous arrivons à avoir donc notre journée de repos. Cette semaine, cela a été impossible vu qu'une salariée nous a téléphoné et qu'elle *s'était foulé la cheville*.

Christian et Patricia

Anouk: En général, c'est donc sept jours sur sept?
Christian: C'est sept jours sur sept, avec quelques moments de liberté dans la journée.
Anouk: Pour vous aussi, Madame?
Patricia: Eh bien, moi, disons que j'ai plus spécialement le mercredi donc, parce que, comme il y a les enfants, je m'occupe des enfants, donc j'essaie de prendre le mercredi pour m'occuper d'eux, de les emmener au foot, de faire quelques tours.
Anouk: A ce propos, quelle est la fonction de la femme du boulanger?
Patricia: Sa fonction, c'est principalement le magasin, donc être là, et s'occuper des clients, et puis bon, après il y a les enfants, il y a la maison, donc ça, ça vient en deuxième. Disons que le principal, c'est quand même le magasin, les clients, et être là quand il le faut, et puis disponible, je ne dirais pas sept jours sur sept, mais presque. La vendeuse est malade, il faut remplacer, il faut être là. Donc on essaie de concilier l'un et l'autre.

Anouk: Comment avez-vous rencontré votre charmante femme?
Christian: Donc je travaillais dans une boulangerie qui se situait à deux pas d'une *crémerie* où il y avait de l'excellent lait frais qu'il est très difficile actuellement de trouver, donc sur Metz. J'avais l'habitude de commander ce lait. Une journée, j'avais oublié. Mais Patricia, aimablement, m'a proposé de me *dépanner*, suite à ça, je lui ai dit «une journée, je t'offrirai un verre à boire». Cela a duré quelque temps, Patricia m'a rappelé que je lui devais finalement un verre, et la suite des *événements*, eh bien voilà!
Anouk: Alors dites-moi, tous les deux, que faites-vous lorsque vous n'êtes pas à la boulangerie?
Christian: Quand nous ne sommes pas à la boulangerie, nous faisons quelques courses, comme tous les couples, nous nous occupons des activités *pré-scolaires* des enfants, nous allons voir quelques amis, nous allons nous promener, nous jouons quelques parties de flipper ou de billard, ou alors nous recevons quelques amis.
Anouk: Et donc vos soirées se passent chez des amis?
Patricia: Non, non, on ne sort pratiquement pas, … pratiquement pas. On est tous les soirs pratiquement à la maison, donc c'est un peu de télé, et puis bon, c'est le reste.
Anouk: Bon, bien, rassurez-moi, vous prenez des vacances quand même?
Patricia: Ça nous arrive, oui, de temps en temps, on essaie.
Christian: Oui, mais souvent ces vacances sont *entrecoupées* parce que donc, vu que nos magasins sont restés ouverts, donc j'essaie de revenir en milieu de vacances, pour voir ce qu'il s'est passé, pour prendre quelques décisions, et donc je fais une *apparition* de 24 heures ou de 48 heures. Les vacances sont un peu sacrées. Pendant les vacances, nous ne faisons pas grand-chose, c'est des vacances de repos.
Anouk: Je vais vous laisser profiter de votre journée de repos, vous, Madame, et vous, je vais vous laisser continuer à travailler. Et je vous remercie.
Christian: Merci.

Résumé ○○

Les horaires de travail d'un boulanger-pâtissier ne facilitent pas la vie de famille. Christian travaillant au fournil dès le milieu de la nuit et Patricia étant au magasin pratiquement toute la journée, chacun essaie de s'échapper de temps en temps dans l'appartement familial. Les Haberey ont généralement un jour de repos par semaine; mais s'il y a un *contretemps*, un problème, ils travaillent sept jours sur sept; comme cette semaine où une employée s'est foulé la cheville. Patricia consacre ses moments libres à l'organisation quotidienne: courses, activités extra-scolaires des enfants, en dehors de l'école. Parfois quand même, Christian et Patricia voient des amis. Les soirées se passent plutôt devant le téléviseur et ne sont pas trop longues ... Les *congés*? Oui, ils en prennent. Mais ils sont entrecoupés d'une absence de Christian qui vient s'assurer que tout va bien aux magasins restés ouverts.

Tout à l'heure, nous avons fait la connaissance de Sébastien qui apprenait sa leçon de géographie *en compagnie de* son papa. Le sujet était: la situation de la France dans le monde. Sébastien a appris que le globe était divisé en deux hémisphères; que la France se situait dans l'hémisphère nord, à égale distance entre le pôle nord et l'équateur. Sébastien sait également que la France est en zone tempérée, c'est-à-dire que son climat n'est ni trop chaud, ni trop froid. Et si vous entendez un jour parler de l'hexagone, sachez qu'il s'agit de la France. Regardez une carte, et vous *constaterez* qu'elle a, comme une figure géométrique, six côtés ...

tempéré, e	gemäßigt	l'événement, *m.*	Ereignis
le globe terrestre	Erdkugel	pré-scolaire	vorschulisch
parvenir à	gelingen, schaffen, erreichen	entrecouper	unterbrechen
l'exigence, *f.*	Erfordernis, Herausforderung	l'apparition, *f.*	kurzes Auftreten, Erscheinen
propice à	günstig, vorteilhaft	le contretemps	Ungelegenheit, (störender) Zwischenfall
se fouler la cheville	sich den Knöchel verstauchen	le congé	Urlaub
la crémerie	Milchgeschäft	en compagnie de	in Begleitung von, in Gesellschaft von
dépanner	aus der Patsche helfen	constater	feststellen

Traduisez le résumé en allemand.

Révision des temps

Complétez les phrases suivantes en mettant le verbe entre parenthèses au temps qui convient:

Comme le boulanger du quartier ... (être en grève), j'ai acheté mon pain au supermarché.
Dès que vous aurez pris votre décision, vous m'en ... (faire part).
Tu me téléphoneras dès que tu ... (arriver).
Ils se ... (rencontrer) à Metz.
A cette époque-là, ils ... (avoir l'habitude) de manger les huîtres à La Rochelle.
J'avais déjà enregistré mes bagages quand René ... (arriver).

21 E

Le passe-temps des enfants

Christian et Patricia ont deux fils, Sébastien, huit ans, et Maxime, quatre ans. Les enfants du quartier aiment se retrouver le mercredi après-midi dans la cour de l'école maternelle pour jouer au football à l'abri des voitures. Même Maxime fait partie de l'équipe.

Interview de Sébastien

Anouk: Bonjour Sébastien. Dis-moi, ta grande passion alors, c'est le foot?
Sébastien: J'aime bien Ilario, Papin, l'équipe du Brésil et puis l'équipe de France.
Anouk: Et ton petit frère, il aime jouer au foot aussi lui?
Sébastien: Oui, un peu.
5 **Anouk:** Un peu, mais quand même il joue beaucoup, j'ai vu, ça fait environ vingt minutes que vous jouez au foot, et il joue bien, il shoote aussi *carrément*.
Sébastien: Oui, il va faire du foot à six ans.
Anouk: Ah, il est trop petit encore?
Sébastien: Oui.
10 **Anouk:** Tu as une matière préférée à l'école?
Sébastien: Les mathématiques.
Anouk: Les mathématiques. Alors, les mathématiques et le foot, c'est ta passion?
Sébastien: Oui.
Anouk: Tu as une idée de ce que tu veux faire plus tard?
15 **Sébastien:** Footballeur professionnel.
Anouk: Footballeur professionnel, tes parents, ils en pensent quoi, ils sont contents?
Sébastien: Oui.

carrément, *adv.*   *hier:* entschlossen

Discussion

Blaise Pascal, mathématicien, philosophe et écrivain du 17ᵉ siècle, a dit: «La chose la plus importante de toute la vie est le choix du métier». Partagez-vous cette opinion? Pourquoi (pas)?

21 F

Commentaire du film sur Vittel, dans le sud de la Lorraine

La Lorraine est célèbre pour ses eaux. Qui ne connaît le nom de Vittel? C'est bien sous le Second Empire que sont nées les stations thermales. Napoléon III, de santé *faible*, était convaincu des *effets* thérapeutiques de l'eau. Les eaux minérales naturelles de Vittel *jaillissent* au cœur des Vosges, dans le sud de la Lorraine. De nos jours, Vittel accueille 20.000 *curistes* par an. L'eau est source de santé. La rentabilité économique du thermalisme est donc hors de question.

Qui n'a pas envie de faire une petite cure pour une remise en forme?

Entretien avec des curistes

1er curiste

Anouk: Bonjour, Monsieur. Vous êtes donc en cure à Vittel?
Curiste: Oui.
Anouk: Et pour combien de temps?
Curiste: Huit jours.
Anouk: Huit jours seulement. Qu'allez-vous faire pendant ces huit jours?
Curiste: Eh bien, c'est pour une remise en forme, disons, dynamique, pour que je sois, quand je vais rentrer du moins, chez moi, eh bien, que j'aie oublié un peu tous mes soucis et que je reprenne le travail *allègrement*.
Anouk: C'est donc une cure de repos, un petit peu de remise en forme?
Curiste: C'est une cure de remise en forme, plutôt dynamique.
Anouk: Qu'est-ce que vous avez comme *soins*?
Curiste: Eh bien, beaucoup de massages, du sport et puis de la *relaxation*, pour oublier un peu tous ces soucis.
Anouk: Tout ce que vous ne faites pas d'habitude?
Curiste: Tout ce que je ne fais pas d'habitude, et puis le soir,
je n'oublie pas le casino.
Anouk: Ah! Dites-moi, est-ce que vous allez dans d'autres centres de cure?
Curiste: Oui, j'ai été dans d'autres centres, par exemple en thalassothérapie, et je ne trouve pas autant de dynamisme qu'à Vittel.

2e curiste

Anouk: Vous êtes donc en cure à Vittel?
Curiste: Oui, c'est bien ça.
Anouk: Pour combien de temps êtes-vous ici?
Curiste: Je suis là pour trois semaines.

En Lorraine

25 **Anouk:** Que faites-vous pendant ces trois semaines?
Curiste: Nous avons beaucoup d'activités, entre autres la gymnastique, de la marche, et de la gymnastique aquatique. Et nous avons donc les soins dans les thermes.

3ᵉ curiste

30 **Anouk:** Vous êtes ici en cure, à Vittel, pour combien de temps?
Curiste: Pour 15 jours, mais là, c'est ma dernière semaine, c'est mes deux, trois derniers jours.
Anouk: Qu'avez-vous fait pendant toute cette cure?
Curiste: Alors, pendant toute cette cure, eh bien, déjà on avait une *alimentation*
35 *diététique*, et ensuite des exercices physiques, c'est-à-dire gymnastique, marche, piscine, et l'après-midi, nous avons les soins aux thermes, alors c'est-à-dire bains *bouillonnants*, et bon, comme je suis remplie de *douleurs*, des douches, des bains de vapeur à la *térébenthine*, voilà.

faible	schwach	l'alimentation	Diätkost, Schonkost
l'effet, *m.*	(Aus)Wirkung	diététique, *f.*	
jaillir	entspringen	bouillonnant, e	sprudelnd
le/la curiste	Kurgast	la douleur	Schmerz
allègre	frisch, munter, lebhaft	la térébenthine	Terpentin *(Harz*
les soins, *m.pl.*	Behandlung		*verschiedener*
la relaxation	Entspannung		*Kiefernarten)*

Questions

– A qui remonte la mode des stations thermales?
– De quelle région est-il question?
– Où jaillissent les eaux minérales naturelles de Vittel?
– Pour quelles raisons les trois curistes sont en cure à Vittel?
– Qu'est-ce qui, à part la cure, intéresse certains curistes?

Marie-Pierre, bibliothécaire — Unité 22

22 A

Commentaire du film sur Amiens

Amiens, chef-lieu de la région Picardie, est située au Nord de la France. La ville est avant tout célèbre pour sa cathédrale du 13ᵉ siècle. C'est un véritable trésor de l'art gothique et la plus vaste des églises de France. Le sol en mosaïque représente un labyrinthe, le symbole antique de la *résurrection*. Au Moyen-Age, les chrétiens sui-
5 vaient ses lignes à genoux. La cathédrale est en harmonie avec les parties modernes de la ville qui fut très *endommagée* pendant la Seconde Guerre mondiale.
Amiens, ville universitaire, compte quelque 140.000 habitants. Les Amiénois vivent avant tout du commerce et des services. Saint-Leu: Après un vaste *réaménagement*, l'ancien quartier a retrouvé son animation. Là où se sont installés les restaurateurs,
10 les antiquaires et les artistes, vivaient et travaillaient autrefois les *vanniers*, *meuniers*, *tisserands* et *teinturiers*.
Amiens est *inséparable* de l'eau. La Somme alimente de nombreux canaux et *ruisseaux*. Louis XI parlait déjà de la «petite Venise du Nord». Les hortillonnages: ces jardins *maraîchers* s'étendent sur 300 hectares aux alentours de la ville. «Hortillon»
15 vient du mot latin «hortus» qui signifie «jardin». Depuis des siècles, on y cultive des *primeurs*, des légumes, des fruits et des fleurs. Les maraîchers vendent leurs produits sur le marché qui se tient au bord de l'eau les jeudis et les samedis matin à Amiens. On y trouve par exemple des *endives* en grandes quantités. C'est le légume du Nord. Des oignons verts, du céleri. Tous ces produits viennent des hortillon-
20 nages.

la résurrection	Auferstehung	le teinturier	Färber
endommager	beschädigen	inséparable	untrennbar
le réaménagement	Renovierung, Sanierung	le ruisseau	Bach
		maraîcher, -ère	Gemüse-; Gemüsegärtner(in)
le vannier	Korbmacher, -flechter		
le meunier	Müller	les primeurs, *f.pl.*	Frühobst, -gemüse
le tisserand	Weber	l'endive, *f.*	Chicorée

Questions

- Quelle rivière traverse Amiens?
- Qu'est-ce qu'on entend par «primeurs»?
- Quand et où se tient le marché à Amiens?
- Comment s'appelle le quartier qui a été récemment réaménagé?

Amiens – le quartier Saint-Leu

Les hortillonnages

L'adjectif des villes

Complétez les phrases suivantes:

Les (Amiens) ... vivent surtout du commerce et des services.
L'agglomération (Metz) ... compte quelque 200.000 habitants.
Philippe, un architecte (Paris) ..., aime la vie de son quartier.
Dans la région (Nantes) ... il y a beaucoup de canaux.
Un (Montpellier) ... sur cinq est pied-noir.
Les Macarons sont une spécialité (Bordeaux) ...

22 B

A la bibliothèque

Marie-Pierre Cauvin est bibliothécaire. Elle travaille à la bibliothèque municipale d'Amiens. Chaque matin, elle arrive une heure trente avant l'ouverture au public et rencontre ses collègues directs. Ils préparent cette ouverture en *rangeant* les livres et en *vérifiant* l'équipe.
La bibliothèque centrale d'Amiens a fait l'objet d'importants travaux de rénovation et de modernisation. Elle est divisée en plusieurs sections, la plus fréquentée étant sans doute la salle où plus de 53.000 volumes sont disponibles en libre-service.
On a le choix entre divers romans, romans historiques, policiers, œuvres de littérature classique, ouvrages en langues étrangères, livres documentaires et bandes dessinées. La bibliothèque *tient* également *à la disposition* de ses *lecteurs* environ 350 *périodiques* à emprunter ou à consulter sur place.
La bibliothèque – un lieu de rendez-vous et de travail des lycéens et des étudiants.

Interview de deux étudiants à la bibliothèque

Anouk: Bonjour Mademoiselle. Je vais me permettre de vous déranger un tout petit peu. Dites-moi, vous êtes étudiante, vous êtes encore au lycée?
Etudiante: Je suis étudiante en psychologie, en deuxième année.
Anouk: Vous venez souvent ici? Vous préférez travailler ici ou consulter les livres parfois même chez vous?
Etudiante: Je préfère venir ici pour consulter les livres sur place, étant donné qu'il m'en faut plusieurs, et puis c'est surtout l'ambiance que je recherche ici. Ça m'incite davantage à travailler que chez moi.

Anouk: Bonjour. Je me permets de vous poser quelques questions. Vous êtes étudiant en quoi?
Etudiant: En *lettres*.
Anouk: A la faculté?
Etudiant: C'est ça. Faculté de lettres, en deuxième année.
Anouk: Vous venez souvent ici? Est-ce que vous préférez travailler ici ou consulter les ouvrages chez vous?
Etudiant: Je préfère travailler ici parce que c'est un endroit très agréable. Vous avez pu le remarquer, c'est un site très beau et j'aime beaucoup pouvoir consulter les ouvrages ici, pouvoir me déplacer en fait librement, alors que chez moi je ne pourrais pas consulter les ouvrages comme je le souhaite.

Résumé

Après cette visite de la bibliothèque, faisons le point: nous avons vu trois parties différentes. La partie libre-service qui permet au lecteur de choisir, de *feuilleter* les livres disponibles, puis de les emporter chez lui, à l'exception des dictionnaires. Ensuite, l'espace enfants, aménagé pour satisfaire les besoins des jeunes lecteurs, et enfin, la salle des périodiques, c'est-à-dire des revues et des journaux qui *paraissent* régulièrement.
Dans ces trois secteurs, la bibliothèque dispose de coins lecture et de tables. Les étudiants qui y travaillent apprécient l'ambiance qui règne à la bibliothèque et la liberté de pouvoir consulter de nombreux ouvrages sur place.

ranger	einreihen, einordnen	les lettres, *f.pl.*	Literaturwissenschaft
vérifier	untersuchen, kontrollieren, überprüfen	feuilleter	(durch)blättern
		paraître	erscheinen
tenir à la disposition	zur Verfügung stellen	le rayon	Regal
		l'usager, -ère	Benutzer(in)
le/la lecteur, -trice	Leser(in)	le prêt	Ausleihe
le périodique	Zeitschrift	desservir	versorgen

Questions

- Que fait la bibliothèque pour desservir les jeunes lecteurs?
- Quels livres empruntez-vous à votre bibliothèque?
- Vous connaissez l'auteur des livres suivants?
    a) Maigret se trompe
    b) Bel Ami
    c) L'Avare
    d) Madame Bovary
    e) Notre-Dame de Paris
    f) Le Tour du Monde en 80 Jours

Vocabulaire

Remplacez les termes en caractères gras par des expressions synonymes:

L'immeuble a été entièrement **remis à neuf**.
Beaucoup d'étudiants aiment travailler dans la bibliothèque parce que **l'atmosphère** leur plaît.
C'est **un site** très agréable.
Il y a beaucoup d'**œuvres** en langues étrangères.
Son **dada**, c'est la lecture.
A la fin d'une journée de travail, chacun veut **se délasser** un peu.

22 C

La médiathèque

A la médiathèque, on peut *visionner* des films, des documentaires ou des pièces de théâtre sur vidéocassette, y écouter son chanteur ou son compositeur préféré sur cassette audio ou sur disque compact.

L'artothèque est un service qui fait partie de la médiathèque, où chaque lecteur et
5 visiteur de la bibliothèque peut emprunter une lithographie, c'est-à-dire une œuvre faite en série. C'est une innovation heureuse puisque les Amiénois peuvent emprunter maintenant des œuvres d'art contemporain.

La médiathèque

Marie-Pierre Cauvin
à la bibliothèque

Interview de Marie-Pierre sur sa profession

Anouk: Donc expliquez-moi un petit peu, quel est votre rôle au sein de la bibliothèque?
Marie-Pierre: Je touche toutes les sections puisque je m'occupe de l'animation, c'est-à-dire l'organisation des expositions, des thèmes à développer dans chaque section. Bon, le *montage* des expositions prend énormément de temps, mais aussi je travaille aux programmes trimestriels des animations, toujours en rapport avec tous les autres services, c'est-à-dire que c'est, j'allais dire un rôle de *concertation* entre tout le monde. Et aussi l'organisation des spectacles pour enfants, travailler avec les gens de la médiathèque pour un cycle de *projections* suivant des expositions dans la bibliothèque.
Anouk: Donc quelle formation et quelle filière avez-vous suivies pour devenir bibliothécaire?
Marie-Pierre: Alors la formation, la mienne en tout cas, je n'ai pas suivi vraiment le cursus normal, c'est-à-dire que pour être bibliothécaire, il faut donc avoir le baccalauréat, de préférence littéraire, mais le bac n'est pas un *obstacle,* ensuite, depuis quelques années, il y a un diplôme universitaire qui se passe en deux ans, qui s'appelle le *DEUST* sur la formation et la communication, et une année de stage dans une bibliothèque. Avant, on n'avait pas besoin de tout ça, c'est-à-dire qu'on avait le bac, on avait un DEUG, quel que soit le DEUG, et ensuite on passait le concours, le *Certificat d'aptitude aux fonctions de bibliothécaire.* C'est ce que j'ai, en sachant que moi je n'étais peut-être pas destinée à être bibliothécaire, je voulais faire l'enseignement. J'avais donc préparé une licence

d'histoire de l'art et une licence d'arts plastiques. Je pensais enseigner,
et puis je crois que je me suis trompée.

Anouk: Alors une question d'ordre un peu plus personnel. Je *suppose* que vous
êtes une adepte de la lecture. Quels sont vos livres préférés?

Marie-Pierre: Je ne peux pas dire que j'ai des livres préférés. J'allais dire,
j'ai un livre de détente, c'est-à-dire que quand je ne lis pas pour ma profession,
j'aime bien les *romans noirs*, donc, bon, quand je pars en vacances, je pars
avec des valises de romans noirs. Mais je n'ai pas vraiment de livres préférés,
je pense que c'est des *coups de cœur* avant tout.

Anouk: Justement, quel est votre coup de cœur en ce moment?

Marie-Pierre: Eh bien, mon coup de cœur, c'est un livre qui est paru depuis
quelques années, mais que je redécouvre parce que je ne l'avais pas lu,
c'est un livre d'Yves Navarre «Poudre d'or», qui est en réalité une chronique sur
les *misères* d'un comédien *déchu*. C'est très, très bien écrit, c'est magnifique.
Donc je me suis *plongée* dedans.

Il faut dire aussi que je lis énormément parce que de par ma fonction ici je
travaille à l'extérieur, c'est-à-dire je fais une promotion des livres de la
bibliothèque à la radio locale, dans les magazines, donc je fais des critiques
de livres.

Résumé

Une bibliothèque de l'importance de celle d'Amiens demande la *participation* d'un
personnel qualifié et bien organisé.
Ils sont environ 70 à faire «tourner la machine», et Marie-Pierre occupe sa part de
responsabilité. Alors qu'elle se destinait à l'enseignement, à une licence d'histoire
de l'art et une d'arts plastiques, elle a décidé un jour de devenir bibliothécaire. Elle
avait un DEUG, un diplôme d'études universitaires générales et a passé un concours,
le CFB, le Certificat d'aptitude aux fonctions de bibliothécaire.
Depuis, elle a franchi beaucoup d'obstacles, et elle se charge aujourd'hui de l'animation à la bibliothèque d'Amiens. C'est-à-dire: l'organisation d'expositions et leur
montage ou bien encore la création de spectacles pour enfants.
Marie-Pierre se charge aussi d'informer les Amiénois: elle est devenue critique de
livres à la radio locale et dans les magazines de la ville. Elle se charge donc de la
promotion de la bibliothèque auprès du grand public. Si elle lit? Bien sûr, et, pour
ses vacances, elle emporte de préférence des romans noirs, des romans policiers ...
Et puis Marie-Pierre a ce qu'elle appelle des coups de cœur, des livres qui lui
plaisent spontanément. Tout comme l'histoire de ce comédien déchu, qui a tout
perdu ...

visionner	*(Film)* ansehen	supposer	vermuten, annehmen, voraussetzen
le montage	Organisation, Aufbau	le roman noir	Schauer-, Gruselroman
la concertation	Meinungsaustausch, Absprache	le coup de cœur	Liebe auf den ersten Blick *(bei Sachen)*
la projection	Vorführung		
l'obstacle, *m.*	Hindernis	la misère	Elend, Unglück
le DEUST	diplôme d'études universitaires scientifiques et techniques	déchu, e	verkommen, heruntergekommen
		se plonger	sich stürzen in
		la participation	Teilnahme
le CFB (Certificat d'aptitude aux fonctions de bibliothécaire)	*entspricht etwa:* Diplombibliothekar(in)	l'ouvrage de référence, *m.*	Nachschlagewerk

Questions

– Qu'est-ce que Marie-Pierre voulait faire avant de devenir bibliothécaire?
– Quelle est la fonction de Marie-Pierre à la bibliothèque?
– Qu'apprenez-vous sur le parcours que Marie-Pierre a suivi pour devenir bibliothécaire?
– Qu'est-ce qu'un «coup de cœur»?

Révision des temps

Choisissez les formes correctes:

Il y a quelques mois, Marie-Pierre ... l'idée de faire une émission à la radio.
a) avait   b) a eu   c) aura

Elle a dit ... des critiques de livres.
a) qu'elle ferait   b) qu'elle fasse   c) qu'elle aura fait

Elle s'est plongée dans un livre qu'elle ...
a) redécouvres   b) aurait redécouvert   c) avait redécouvert

Où sont les périodiques ... de côté il y a quelques instants?
a) que nous avons mis   b) que nous mettons   c) que nous aurons mis

22 D

Interview de la conservatrice de la bibliothèque

Anouk: Vous êtes *conservateur* de cette bibliothèque. Selon quels *critères* choisissez-vous d'acquérir de nouveaux ouvrages?
Mme Carrier: Les critères sont différents suivant les sections. D'abord il faut savoir que nous achetons les livres en fonction des demandes des lecteurs,
c'est-à-dire que chaque section a un cahier d'*acquisitions* qui nous permet de voir quels sont les livres qu'ils n'ont pas trouvés en cherchant dans la bibliothèque. Donc une partie du budget est consacrée à cela. Une autre partie du budget est consacrée aux *nouveautés*. Nous achetons une grande partie de nouveautés, essentiellement tout ce qui est roman, et les documentaires grand public.
Après, suivant les demandes, nous achetons des choses plus difficiles, ou des choses que nous n'avons pas l'habitude d'acheter. Et dans ces cas-là, nous choisissons des éditeurs que nous connaissons moins bien et nous faisons des recherches un petit peu plus compliquées au niveau des thèmes et des ouvrages de référence.
Anouk: Vous avez, *si je ne m'abuse*, des trésors dans cette bibliothèque. Est-ce que vous pourriez m'en parler un peu?
Mme Carrier: Oui, la bibliothèque conserve un *fonds* ancien très important, *confisqué* à la Révolution. Nous sommes donc les garants de la conservation et de *la mise en valeur* de ces collections. Les livres anciens correspondent environ à 70.000 ouvrages, ici, dont 3.500 manuscrits précieux et environ 300 *incunables*. Un incunable est un imprimé, un des premiers imprimés, entre 1450 et 1490. Parmi les livres précieux, donc les manuscrits précieux, nous avons des pièces remarquables, dont notamment une bible, et toute une série de pièces comme ça absolument très belles qui sont uniques.
Anouk: Alors à quel public s'adresse la bibliothèque d'Amiens?
Mme Carrier: A la bibliothèque centrale, on touche essentiellement un public du centre-ville, un public qui a l'habitude du livre, l'habitude de la lecture, et un public qui vient d'un petit peu plus loin que le centre-ville et qui vient aussi ici pour consulter les livres anciens, les livres sur la Picardie ou encore la discothèque et la vidéothèque, la médiathèque en fait de la bibliothèque. Dans les *annexes* de quartier par contre et aux *bibliobus*, ce sont essentiellement des équipements de proximité, ils sont faits vraiment pour desservir la population du quartier, et donc on essaie de rassembler, dans ces lieux, et un public enfants et un public adultes qui peut ne pas avoir l'habitude de lire. Ce sont des lecteurs qui n'avaient souvent pas l'habitude du livre. Ils n'allaient pas en librairie pour lire, pour acheter donc un livre, et le passage du bibliobus a vraiment créé une proximité avec cette population qui était toujours un petit peu *en marge de* la lecture, et c'est vrai qu'on

Les lecteurs du bibliobus

a vu des gens s'habituer et devenir des lecteurs *assidus* du bibliobus, et petit à petit on essaie bien sûr de les faire redescendre vers d'autres équipements,
40 des équipements comme celui-ci pour qu'ils aient un choix plus grand et un contact différent avec le livre.

Résumé

La bibliothèque d'Amiens a trois bibliothèques de quartier, à Saint-Leu par exemple, et deux bibliobus. Le but est de toucher tous les âges et tous les niveaux, de l'enfant à l'*érudit*, c'est-à-dire à la personne cultivée, qui a un savoir approfondi.
Madame Carrier, la responsable, désire atteindre tous ceux qui étaient jusqu'à
5 présent en marge de la lecture, en dehors du monde du livre, pour en faire des lecteurs assidus, réguliers et passionnés.
La bibliothèque s'adresse aussi aux chercheurs ou aux passionnés de documents anciens: elle possède en effet un très grand fonds ancien, des archives dont elle est le garant, le gardien, le responsable. Le fonds ancien regroupe des documents
10 sur Amiens et la Picardie, des ouvrages généraux publiés avant 1984 et surtout 3.500 manuscrits précieux et 300 incunables. Ces ouvrages d'une valeur inestimable datent des débuts de l'*imprimerie*, de la fin du 15e siècle.

le/la conservateur, -trice	Konservator(in)	l'incunable, m.	Frühdruck, Inkunabel
le critère	Maßstab, Kriterium	l'annexe, f.	Filiale
l'acquisition, f.	Anschaffung	le bibliobus	Bücherbus
la nouveauté	Neuerscheinung	en marge de	am Rand von
si je ne m'abuse	wenn ich mich nicht täusche	assidu, e	fleißig, eifrig
le fonds d'étude	Archiv	l'érudit, e	Gelehrte(r), Gebildete(r)
confisquer	beschlagnahmen	l'imprimerie, f.	Buchdruck, Buchdruckerkunst
la mise en valeur	Bewertung; Wertschätzung	le faubourg	Vorort, Vorstadt

Questions

- Quel rôle joue le bibliobus pour la ville d'Amiens?
- A quel public s'adresse la bibliothèque?
- Quels sont les trésors de la bibliothèque?

Vocabulaire

Trouvez le substantif des verbes en caractères gras:

Le livre a **paru** en 1995. Il convient de signaler … du dernier livre de Françoise Giroud en 1995.
Les jeunes commencent à **lire**. Ils apprennent …
Je voudrais **consulter** un ouvrage de référence. Après … de quelques dictionnaires, j'ai trouvé ce que je cherchais.
Il **écrit** un roman. Il est …
L'édition Larousse vient de **publier** un nouveau dictionnaire. «Le Figaro» a renoncé à … d'un article sur la vie privée d'un ministre.
Nous **acquérons** beaucoup de nouveaux ouvrages. Nous avons un cahier d'…, c'est-à-dire nous achetons des livres sur demande des lecteurs.

Discussion

Malgré la grande popularité de la télévision, le livre tient sa place. Comment expliquez-vous ce phénomène?

22 E

Marie-Pierre en privé

Marie-Pierre est mariée et elle a trois enfants, deux filles, Marie, 18 ans, Amélie, 15 ans, et un garçon, Jean, 10 ans.

Anouk: Votre travail et votre vie familiale sont-ils conciliables?
Marie-Pierre: Conciliables, c'est un terme qui me plaît parce que les deux
5 facettes de ma vie sont *indispensables*. Mon travail, je l'aime, je le vis *intensément*, mais je ne peux le faire que si ma vie familiale est présente, et je jongle d'un à l'autre, et c'est indispensable pour moi, les deux sont indispensables. Donc pour moi, c'est conciliable. Je ne peux pas être bibliothécaire sans que ma famille me soutienne, de par les horaires, de par tout
10 ce que je fais autour. Si je n'ai pas leur *soutien*, pour moi ce n'est pas possible.
Anouk: Et vous, Monsieur, quel métier exercez-vous?
M. Cauvin: Eh bien moi, je suis infirmier. J'ai exercé le métier d'infirmier pendant dix ans, mais la nuit, parce que les enfants étaient petits, donc ça me permettait d'être là, présent toute la journée, tout au moins pour aller les
15 rechercher chez la *nourrice*, les récupérer à l'école de bonne heure. Maintenant qu'ils sont plus grands, j'ai opté pour un travail de jour parce que dix ans de nuit c'est difficile, et je rencontre ma femme de temps en temps …
Marie-Pierre: Plus souvent!
M. Cauvin: Parce que je travaille 12 heures de suite. Je travaille de 8 heures
20 du matin à 20 heures le soir. J'ai pas mal de jours de repos, pendant ce temps-là, je m'occupe des enfants, mais elle travaille, on se rencontre quand même beaucoup moins que quand je travaillais la nuit.
Anouk: Donc la vie quotidienne se passe bien.
M. Cauvin: Oui.
25 **Marie-Pierre:** Oui, sans problème.
Anouk: Justement, Marie, à quelle école allez-vous?
Marie: Je suis à la Providence, à Amiens, en terminale, économique et sociale.
Anouk: Donc c'est un lycée alors?
Marie: Oui.
30 **Anouk:** Et vous, Amélie, à quelle école allez-vous?
Amélie: Je suis aussi à la Providence, mais en collège. Je suis en classe de troisième.
Anouk: Et donc le troisième, Jean.
Jean: Je suis à l'école de Saint-Acheul, tout près d'ici.
35 Il y a beaucoup d'élèves. Je suis en *CM 2*.
Anouk: Qu'est-ce que vous faites dans vos temps de loisirs?

Marie: Amélie et moi *montons à cheval* le week-end. Nous faisons des concours grâce à notre niveau. En même temps, moi, je prépare mon baccalauréat et Amélie son brevet.
Anouk: Et toi?
Jean: Moi, je fais du vélo.
Anouk: Tout simplement. Et alors, les parents?
Marie-Pierre: Les parents, les parents, ils ont des loisirs en commun et je pense que les enfants oublient de dire qu'ils participent à nos loisirs. Alors on a, j'allais dire deux formes de loisirs, un temps très fort qui se *renouvelle* pratiquement tous les trois ans, qui est le montage d'un «Son et Lumière», dans l'école de Jean, qui est une ancienne abbaye, et avec des amis, le directeur, on monte ce «Son et Lumière», donc tous les trois ans, parce que c'est un travail très important. Mon mari s'occupe de tout ce qui est accessoires, décor, moi, de costumes, de recherches de musiques pour la bande-son, et on vit une semaine très intense, début juin, pour ce «Son et Lumière». Et le deuxième loisir, j'allais dire, je le laisse à mon mari, parce que c'est son dada, *entre guillemets*.
M. Cauvin: On fait tous un peu de cheval. Bon, Jean en fait aussi. Il fait du poney. Amélie et Marie ont un niveau tout à fait supérieur, donc elles font des concours. On est passionnés par les chevaux, on a nous-mêmes une *jument*. On a aussi des vieux poneys en retraite et ça, c'est ma passion, c'est de récupérer des vieux poneys pour les laisser finir leurs jours tranquillement, en travaillant peut-être un peu parfois avec des *handicapés* physiques, des autistes, des *aveugles*.
Anouk: Et plus généralement, lorsque vous partez en vacances, est-ce que vous partez encore ensemble?

Les Cauvin chez eux

Marie-Pierre: Toutes les vacances, les grandes vacances, les vacances d'été, jusqu'à présent nous partons tous ensemble. Nous prenons trois semaines vraiment familiales, en dehors de tout. En général, on descend vers le soleil parce qu'on en a besoin, après une année, et ça, ce sont des vacances communes à tous les cinq,
65 on fait vraiment un break et on se retrouve en famille, en Camargue. Bon, on n'est pas loin des chevaux, mais on se retrouve tous les cinq.

Résumé ⚪

Un *clin d'œil* d'*admiration* pour Marie-Pierre et son époux …
Leurs enfants *sont* encore tous *scolarisés*. L'*aînée*, Marie, est en classe de terminale, la dernière classe du lycée, elle va donc bientôt passer son bac. Amélie, la seconde, prépare son brevet. Le brevet est un examen que l'on peut passer, si on le désire, à
5 la fin de la troisième, la dernière classe du collège. Il constitue un premier diplôme. Marie et Amélie sont à la Providence, une école privée catholique. Et Jean? Il est encore à l'école primaire. L'année prochaine, il entrera au collège, en sixième.
Les loisirs des Cauvin? Monter à cheval et, pour Monsieur Cauvin, rapprocher des poneys en retraite de personnes autistes, handicapées, ou aveugles. Et pour toute la
10 famille, il y a tous les trois ans un «Son et Lumière», un spectacle historique accompagné de musique qui réunit près de 300 enfants.

indispensable	unerläßlich, unersetzlich	renouveler	erneuern
intensément, *adv.*	stark, heftig, lebhaft	entre guillemets, *m.pl.*	in Anführungsstrichen
le soutien	Unterstützung	la jument	Stute
la nourrice	Amme, *hier:* Tagesmutter	handicapé, e	behindert
		aveugle	blind
le CM 2 (Cours moyen de deuxième année)	*entspricht:* letzte Grundschulklasse	le clin d'œil	Augenzwinkern
		l'admiration, *f.*	Bewunderung
		être scolarisé, e	zur Schule gehen
monter à cheval	reiten	l'aîné, e	Älteste(r)

Questions

– Quelle est la profession de Monsieur Cauvin?
– Quelle classe fréquente Marie, l'aînée des enfants de Marie-Pierre?
– Où est-ce que la famille passe les vacances scolaires?
– Que font les Cauvin à l'école de Saint-Acheul?

Extrait de «Bel Ami»

Complétez le texte en mettant les verbes entre parenthèses au passé simple:

Lorsqu'il ... (être) sur le trottoir, il ... (demeurer) immobile, se demandant ce qu'il allait faire. On était au 28 juin, et il lui restait juste en poche trois francs quarante pour finir le mois. Cela représentait deux dîners sans déjeuners, ou deux déjeuners sans dîners, au choix. Il ... (réfléchir) que les repas du matin étant de vingt-deux sous, au lieu de trente que coûtaient ceux du soir, il lui resterait, en se contentant des déjeuners, un franc vingt centimes de boni, ce qui représentait encore deux collations au pain et au saucisson, plus deux bocks sur le boulevard. C'était là sa grande dépense et son grand plaisir des nuits; et il se ... (mettre) à descendre la rue Notre-Dame-de-Lorette ...
Quand Georges Duroy ... (parvenir) au boulevard, il ... (s'arrêter) encore, indécis sur ce qu'il allait faire. Il avait envie maintenant de gagner les Champs-Elysées et l'avenue du Bois-de-Boulogne pour trouver un peu d'air frais sous les arbres; mais un désir aussi le travaillait, celui d'une rencontre amoureuse.

la collation: Imbiß

22 F

Les alentours d'Amiens

La *baie* de la Somme - un *joyau* naturel de la Picardie. Des espaces infinis réservés aux *oiseaux*, et une *luminosité* unique y sont caractéristiques. Il n'y a pas de grandes villes dans ce coin de France, l'espace y est roi.
Une trace historique à Saint-Valéry-sur-Somme: En 1066, Guillaume le Conquérant
5 partit du petit port de Saint-Valéry pour *conquérir* l'Angleterre.
Avec quelque 60 kilomètres de côte, le littoral picard est le moins *urbanisé* du pays. On peut y respirer à pleins poumons un air *salin* et iodé que rien ne vient *polluer*.

la baie	Bucht, Bai	conquérir	erobern
le joyau	Kleinod	urbaniser	verstädtern
l'oiseau, *m.*	Vogel	salin, e	salzhaltig
(*pl.* -eaux)		polluer	verschmutzen
la luminosité	Licht, Helligkeit		

Traduisez le commentaire du film en allemand.

Marie-Bernadette, contredame

Unité 23

23 A

Commentaire du film sur Lille

Lille, chef-lieu de la région Nord-Pas-de-Calais, est située aux confins de la Belgique. La ville compte parmi les grandes métropoles industrielles avec plus d'un million d'habitants dans son agglomération. Lille s'est mise plus vite que bien d'autres villes à l'heure européenne. Un *mélange* de cultures se fait sentir dans l'architecture de la ville. Lille a vécu une période *flamande*, autrichienne, espagnole pour devenir enfin française. La Vieille Bourse avec ses façades décorées de guirlandes est un chef-d'œuvre de style Renaissance-flamande. Dans la cour intérieure, les fleuristes ont placé leurs *étals* colorés. Le Marché aux Fleurs se tient tous les samedis. Dans un autre coin de la cour, les *bouquinistes* ont installé leurs tables. Les Lillois aiment *fouiller* dans les vieilles cartes postales ou les vieux livres. A quelques pas de la Vieille Bourse, le Beffroi – de style flamand –, *érigé* au début du 20ᵉ siècle. Il fait partie de la Nouvelle Bourse, la Chambre de Commerce.

L'ancienne Grande Place porte le nom du Général de Gaulle qui naquit à Lille. La Place de la République est dominée par la Préfecture. Elle fut construite au 19ᵉ siècle en style classique.

Lille – la Vieille Bourse et le Beffroi

Dans le quartier Euralille

Dans la rue de la Monnaie se trouvait autrefois l'Hôtel de la Monnaie. Ses maisons parlent de la prospérité du 17ᵉ siècle. Aujourd'hui comme hier, le commerce y est roi. De nombreux antiquaires, *encadreurs*, galeristes et décorateurs *s'y côtoient*.

A côté du vieux Lille, un nouveau quartier a vu le jour: Euralille. D'après Pierre Mauroy, ancien Premier Ministre et maire de Lille, la construction d'Euralille est «un rendez-vous avec le *destin*». C'est ainsi qu'on veut développer un *secteur tertiaire* puissant, et créer de nouveaux emplois pour les Lillois qui ont été touchés fortement par la crise de leurs industries traditionnelles. Les tours de verre et d'acier abritent un centre d'affaires, des commerces et des bureaux.

L'Eurostar Bruxelles-Londres s'arrête à la gare de Lille-Europe et joint Londres en deux heures. Avec le TGV et l'ouverture des frontières, Lille se retrouve au centre de l'Union Européenne. Après la mise en service du tunnel sous la Manche, Lille est un carrefour important de *liaisons ferroviaires* internationales.

la contredame	Vorarbeiterin	l'encadreur, *m.*	Rahmenmacher, Rahmenglaser
le mélange	Mischung		
flamand, e	flämisch	se côtoyer	sich aneinander-
l'étal, *m.*	(Markt)Stand, Bude		reihen
		le destin	Schicksal
le bouquiniste	Antiquariatsbuchhändler	le secteur tertiaire	Dienstleistungssektor
fouiller	durchstöbern, -wühlen, -suchen	la liaison ferroviaire	Verbindung Eisenbahn-, Schienen-
ériger	errichten		

Questions

– Quel homme célèbre rappelle la Grande Place?
– Qui est le maire de Lille?
– Lille est un carrefour important de liaisons ferroviaires internationales. Pourquoi?

Vocabulaire

Trouvez dans le commentaire du film les mots qui correspondent aux expressions en caractères gras:

Lille est située **à la frontière** de la Belgique.
Les Lillois aiment **feuilleter** dans les vieux livres que les bouquinistes ont exposés.
L'Eurostar s'arrête à Lille. Il **atteint** Londres en deux heures.
A côté du vieux Lille, un nouveau quartier **est né**.
Après **l'ouverture** du tunnel sous la Manche, Lille est devenue un carrefour de lignes ferroviaires.

23 B

L'entreprise Doublet

C'est à Avelin, un village qui se situe à quelques kilomètres au sud de Lille, que nous avons découvert cette pyramide, et fait la connaissance de Marie-Bernadette Edouard. Elle travaille aux *établissements* Doublet, fabricant et leader mondial de drapeaux et de matériel de fête. Elle s'occupe de l'atelier et du commercial, un peu à tous les
5 niveaux.

Du drapeau de table à la *bannière* en passant par toutes les formes et couleurs imaginables, l'entreprise Doublet a su s'adapter aux difficultés du textile pour devenir le numéro un dans sa spécialité.

Marie-Bernadette est à un *poste-charnière*, puisque c'est à elle que s'adressent les
10 clients pour toute question d'ordre technique.

A l'atelier

L'atelier se trouve au rez-de-chaussée. C'est là que sont fabriqués les drapeaux, sur mesure, bien entendu, au moyen d'appareils laser, et en n'importe quelle quantité. Mais comment fait-on?

Un drapeau européen à la sortie de la presse

Les préparatrices confectionnent un drapeau européen. Elles *superposent* son *patron*
en papier et en polyester dans ses deux couleurs, le jaune et le bleu. Après le *collage*,
le drapeau passe sous presse. Et c'est à la sortie de la presse qu'*interviennent* les
couturières pour l'*ourlet* et les finitions du drapeau.

Résumé

Qu'est-ce qu'une contredame? Un peu une forme féminine du contremaître. C'est
en tout cas le métier de Marie-Bernadette qui dirige et *surveille* la production des
drapeaux dans son entreprise. La société Doublet est, pour reprendre un anglicisme,
le leader mondial du drapeau et du matériel de fête.
Comment se déroule la production d'un drapeau? Une fois la commande passée,
Marie-Bernadette fait réaliser un *bon à tirer*, c'est-à-dire un exemplaire du modèle
commandé. Si le client est satisfait de cet exemplaire, il *confirme sa commande* auprès
de la contredame qui la fait ensuite *exécuter*. Dans le cas contraire, il faut modifier,
rectifier le bon à tirer jusqu'au «feu vert» du client.
Le patron, le dessin du drapeau, est découpé au laser. Puis les couleurs sont super-
posées, mises les unes sur les autres. Après le passage sous presse, les couturières
font l'ourlet, elles *cousent* les bords du drapeau.

les établissements, *m.pl.*	Firma	le patron	*hier:* Schablone, (Schnitt)Muster
la bannière	Flagge		
un poste-charnière	Anlaufstelle	le collage	das Kleben
superposer	übereinanderlegen, aufeinanderlegen	intervenir	eingreifen, teilnehmen

l'ourlet, *m.*	Saum	exécuter une commande	einen Auftrag ausführen
surveiller	überwachen	rectifier	berichtigen, korrigieren
le bon à tirer	Probeabzug, Muster		
confirmer une commande	einen Auftrag bestätigen	coudre	nähen

Compréhension

Cochez la bonne réponse:

Les établissements Doublet se trouvent à Avelin, ... au sud de Lille.
a) une ville   b) un hameau   c) un village

Monsieur Doublet est fabricant ...
a) de drapeaux   b) de chocolat   c) d'ordinateurs

Marie-Bernadette s'occupe ...
a) du côté commercial   b) du côté atelier   c) un peu de tous les niveaux

Elle vient de téléphoner. Elle a reçu ...
a) une réclamation   b) une commande   c) une demande

Le passif

Complétez les phrases en utilisant «de» ou «par»:

Les façades sont décorées ... médaillons.
Les nuages sont chassés ... le vent.
Un drapeau lui a été livré ... l'entreprise Doublet.
Les rues étaient ornées ... drapeaux.
Elle ne se doutait pas qu'elle était suivie ... un détective privé.
La Grande Place était encombrée ... les manifestants.

23 C

Interview de Marie-Bernadette

Anouk: Marie-Bernadette, que faites-vous exactement dans l'entreprise?
Marie-Bernadette: Bon, eh bien au niveau de l'entreprise, c'est surtout au niveau de l'atelier, je m'occupe surtout de l'atelier, donc j'ai un peu à faire à l'atelier, beaucoup à faire avec l'atelier, avec les clients aussi au téléphone parce que plus
5 ou moins, quand il y a des bons à tirer, des réponses de bons à tirer, bon, bien,

c'est moi qui les prends au téléphone puisque j'ai accès directement après avec l'atelier. Comme ça, s'il y a un problème, mes filles viennent me voir, et puis, bon, bien, c'est moi qui essaie de voir entre le client et les filles de l'atelier pour voir ce qui va et ce qui ne va pas.

Anouk: Quels sont vos horaires *approximativement*?

Marie-Bernadette: Les horaires approximativement? Bon, eh bien je n'en ai pas puisque normalement les horaires, c'est de 8 heures – midi, 13 heures 15 –17 heures 15. Mais bon, la plupart du temps, le soir, je ne suis jamais partie avant 18 heures, 18 heures 30 et peut-être même parfois plus tard.

Anouk: Quel a été votre parcours? Est-ce que vous voulez me raconter un peu?

Marie-Bernadette: Le parcours dans l'entreprise, bon, eh bien j'ai parcouru pas mal de choses puisque je suis rentrée dans l'entreprise, j'étais au niveau de l'atelier, donc j'étais comme les filles de l'atelier maintenant, j'étais occupée à travailler. Par la force des choses, je pense que Monsieur Doublet a cru bien de me mettre au niveau des clients, de la clientèle puisque au bout d'un moment, j'avais souvent le client, l'atelier, en relation avec les deux, donc petit à petit, il a fallu que je m'installe, avoir mon bureau personnellement, mon téléphone, et puis c'est comme ça que je suis arrivée à ce stade-là.

Anouk: Vous avez toujours travaillé pour la même entreprise?

Marie-Bernadette: J'ai toujours travaillé pour la même entreprise. Ça fait quelques années que j'y suis, donc je connais bien l'entreprise. J'ai parcouru enfin l'ancien atelier, la pyramide où nous sommes maintenant, alors bon je peux vous expliquer, du début jusqu'à la fin, les drapeaux.

Anouk: Quelles sont les qualités d'une bonne ouvrière, selon vous?

Marie-Bernadette Edouard et une ouvrière de l'atelier

Marie-Bernadette: Eh bien les qualités d'une bonne ouvrière, ce qu'on leur demande, c'est qu'elles soient *consciencieuses* de leur travail et *minutieuses* aussi parce qu'il faut être très minutieux, faire très attention parce qu'il y a des couleurs, des choses comme ça, donc c'est à elles de faire attention, c'est tout ce qu'on leur demande.

Anouk: Quels sont les aspects de votre métier qui vous plaisent le plus et quels sont ceux qui vous plaisent le moins?

Marie-Bernadette: Bon, ce qui me plaît le moins, c'est quand un client téléphone et puis qu'il est *mécontent* de ce qu'on lui a fait, donc ça, ça ne me plaît pas beaucoup, je n'aime pas beaucoup en avoir souvent, bon, eh bien ça arrive, on ne peut pas faire autrement. Sinon dans le reste, j'aime mon métier. J'aime tout ce que je fais si bien au niveau du bureau qu'au niveau de l'atelier.

Résumé

Marie-Bernadette a un parcours classique dans l'industrie textile ou même l'industrie tout court: elle est entrée chez Doublet comme simple ouvrière, à l'atelier. Elle connaît donc bien le *déroulement de la production* ainsi que le métier de couturière. Puis, petit à petit, elle est devenue l'*interlocutrice* des clients. Bien sûr, elle connaît des moments plus ou moins agréables: lorsque les clients lui adressent une *réclamation*, qu'ils ne sont pas satisfaits d'une livraison, ou qu'il y a un retard. Mais en général, Marie-Bernadette dit aimer son métier.

Ce qu'elle demande à une bonne ouvrière, c'est d'être consciencieuse, c'est-à-dire d'avoir de la conscience professionnelle, du sérieux. Et aussi d'être minutieuse, *méticuleuse*, de travailler jusque dans le détail.

approximatif, ve	annähernd	le déroulement	Produktionsablauf
consciencieux, se	gewissenhaft, verantwortungsbewußt	de la production	
		l'interlocuteur, -trice,	Gesprächspartner(in)
minutieux, se	genau, sorgsam	la réclamation	Beanstandung
mécontent, e	unzufrieden	méticuleux, se	sorgfältig, genau

Questions

– Que fait Marie-Bernadette dans l'entreprise Doublet?
– Quels sont ses horaires?
– Quand a-t-elle commencé à travailler pour les établissements Doublet?
– Pensez-vous que le travail de Marie-Bernadette soit agréable?

23 D

Le service commercial

Le premier étage de la pyramide est le domaine du service commercial. C'est là que les clients potentiels peuvent obtenir les renseignements qu'ils désirent avant de passer leur commande. Quel que soit le modèle souhaité, ils ont le choix entre différentes dimensions, et toujours la possibilité d'exprimer un *vœu* particulier. A chaque bureau,
5 un ordinateur relié à un terminal, qui permet de faire le point à tout moment sur l'état des commandes ou de la production.

La pyramide Doublet à Avelin

Interview de Luc Doublet, le directeur de l'entreprise

Anouk: Monsieur Doublet, où trouve-t-on les produits Doublet?
M. Doublet: Alors on les trouve dans plusieurs *supports*. Il y a d'abord des catalogues qui sont des catalogues en français, en allemand, en espagnol, en flamand. On les trouve également aux USA puisque nous avons une usine aux
5 USA. On les trouve également en Pologne parce qu'on a une usine en Pologne. On les trouve sur Internet, parce qu'on peut acheter des drapeaux sur Internet. On les trouve sur le minitel français, vous savez, le contact des informations directes, et on le trouve un petit peu comme ça sur des représentants, et puis bien sûr directement à l'usine.
10 **Anouk:** Dans quel pays exportez-vous?

M. Doublet: On exporte dans 70 pays qui sont naturellement toute l'Europe, on exporte un peu en Russie. Nous produisons en Pologne, aux USA. Nous exportons à peu près dans toutes les parties du monde, aussi bien au Japon que des produits fabriqués ici, exportés aux USA que des produits en Finlande, dans des tas de pays.
Anouk: Comment se présente le marché globalement?
M. Doublet: Alors le marché, le marché des drapeaux est un marché un peu particulier parce que c'est le *marché de l'événement*. Alors la *demande* est *instantanée*. Alors vous avez le 14 juillet en France, eh bien il faut mettre des drapeaux pour le 14 juillet, alors bien sûr si vous les livrez le 15, plus personne n'en a besoin. Donc c'est un marché extrêmement tendu d'événements purs parce qu'il y a le marché de la publicité également. Donc c'est tout, tout de suite et au dernier moment. Alors nous sommes organisés de telle façon à pouvoir répondre aux clients dans l'instant. Par exemple, les Suisses nous ont commandé, il n'y a pas tellement longtemps des grandes, grandes bannières, et puis ils nous appellent la cour des miracles parce que nous pouvons tout livrer en 24 ou 48 heures, et des impressions spéciales. Nous avons des *brevets* et nous *détenons* ces brevets sur le monde entier.

Luc Doublet

Anouk: Alors justement, comment une moyenne entreprise comme la vôtre peut rester le premier mondial du drapeau?
M. Doublet: Eh bien parce qu'elle écoute ses clients, et puis que deuxièmement elle a un *raisonnement* qui n'est pas français, elle a un raisonnement complètement international. Nous sommes extrêmement français quelque part bien sûr, mais la France est le pays où la Révolution française a fait naître ce drapeau français. Eh bien, à l'export en fait, on est devenu complètement transnationaux, donc la *notion* européenne est une notion qui est *innée*.
Il est normal d'aller voyager partout. Ma mère m'avait dit «les hommes assis sont des hommes morts», eh bien elle avait raison. Elle n'a jamais pensé que j'aurais voyagé autant. Ça, c'est clair aussi. C'est tout.

40 **Anouk:** Et qu'est-ce qui vous *différencie* de vos concurrents?
M. Doublet: On est plus gentil. Et puis quand le téléphone sonne, on le *décroche*, d'accord, et on essaie toujours de dire «oui», toujours. En plus, on s'adapte à notre client. Nous savons que nous écoutons en fait les besoins des clients de nos clients.
45 **Anouk:** Une autre question, pourquoi cette construction pyramidale?
M. Doublet: Alors il y a plusieurs niveaux d'explication. D'abord un premier qui m'est tout à fait personnel, j'ai toujours voulu construire une pyramide, c'est un vieux rêve. Je l'ai eu à 12 ans. Je l'ai construit. La vie est faite pour réaliser ses rêves. La deuxième, c'est que je crois que les patrons ne doivent pas
50 *empiler* les gens les uns sur les autres.
Anouk: Merci.
M. Doublet: Je vous en prie.

Résumé ○○

L'entreprise Doublet est connue dans le monde entier: elle exporte dans 70 pays. Les supports et les moyens utilisés pour se faire connaître sont divers: sous forme de catalogues en plusieurs langues ou par voie électronique. Luc Doublet a cité le minitel, banque de données accessible par ligne téléphonique, ou encore Internet, qui est
5 un réseau informatique accessible par ordinateur.
Selon Monsieur Doublet, le marché du drapeau est le marché de l'événement. Il veut dire par là que les commandes arrivent généralement très tard, pour un événement particulier à une date particulière. Ainsi, le 14 juillet, date anniversaire de la *prise de la Bastille* en 1789, est un jour férié en France; et ce jour-là, le pays entier orne
10 ses villes et ses villages de drapeaux bleu-blanc-rouge. La société Doublet doit donc respecter à tout prix la date fixée. Mais pour être le numéro un mondial, il faut être aussi plus *fiable* que la concurrence, inspirer confiance à la clientèle, et ne pas la décevoir. En outre, Doublet possède des brevets, des techniques propres et protégées, qui permettent des impressions spéciales.
15 Et pour couronner le tout, Luc Doublet *invoque* un raisonnement, une façon de penser et d'analyser qui ne sont pas typiquement français. Se déplaçant beaucoup et souvent à l'étranger, il dit être devenu transnational. Alors que pour certains, la notion, l'idée européenne reste à l'état théorique, pour lui, elle est innée, spontanée, évidente.

le vœu	Wunsch	instantané, e	plötzlich
le support	Unterlage	le brevet	Patent
le marché de l'événement	nachfrageorientierter Markt	détenir	innehaben, im Besitz sein von
la demande	Nachfrage	le raisonnement	Denkweise

la notion	Begriff, Vorstellung, Kenntnis	empiler	aufeinanderschichten
inné, e	angeboren, ererbt	la prise de la Bastille	Sturm auf die Bastille
différencier	unterscheiden, abgrenzen	fiable	zuverlässig
décrocher	*(Telefonhörer)* abnehmen	invoquer	anrufen, ansprechen *(Gedanke)*

Une lettre

Complétez cette lettre:

> Monsieur,
>
> Suite à notre ... *(Gespräch)* téléphonique de ce matin, je vous ... *(die Bestellung bestätigen)* que vous venez de passer.
>
> Nous vous ... *(liefern, Futur)* comme convenu 10 ... *(Flaggen)* tricolores français, dimensions 50 cm x 40 cm ... *(bis)* le 31 août prochain. Le ... *(Preis)* par unité est de 186,00 francs, ... *(Mehrwertsteuer)* comprise, sans frais de transport.
>
> Nous vous ... *(danken für)* votre confiance et restons à votre ... *(Verfügung)* pour tout renseignement complémentaire.
>
> Stéphane Guillot

Indicatif ou subjonctif?

Complétez les phrases avec les verbes entre parenthèses:

Avant que je ne ... (partir), assurez-moi que vous ne m'en ... (vouloir) plus.
Après qu'elle ... (partir), le téléphone sonna.
Pourvu qu'il ... (faire) beau demain, je ferai de la planche à voile.
Au cas où vous ... (avoir) besoin de quelque chose, donnez-moi un coup de fil.
Qu'il me ... (recevoir) ou non, j'irai chez lui.
Voulez-vous que je ...? (revenir)
Vous permettez que je ... (prendre) votre stylo?
Il est temps que nous ... (finir) cet exercice.

23 E

Interview en privé

Dans un des nombreux cafés de Lille, «La Cloche», Marie-Bernadette nous a parlé de sa vie privée.

Anouk: Marie-Bernadette, vous travaillez à temps complet et votre mari aussi. Est-ce que vous vous partagez les tâches ménagères?
Marie-Bernadette: Oui, oui, on se partage les tâches ménagères, enfin tout ce qu'on peut, mais certaines choses, mon mari ne peut pas les faire bien sûr, mais il en fait déjà pas mal.

Marie-Bernadette Edouard

Anouk: Mais qu'est-ce qu'il fait justement?
Marie-Bernadette: La *vaisselle*. Oh, ce n'est pas difficile de mettre dans le *lave-vaisselle*. Après ça, il y a les tâches du jardin, donc je ne peux pas le faire, ça, c'est sûr. Les autres restent pour moi, tout le reste ménager reste quand même pour moi.
Anouk: Est-ce que vous avez des loisirs? Est-ce que vous avez le temps d'en avoir?
Marie-Bernadette: Eh bien c'est-à-dire que des loisirs, on n'a pas tellement le temps d'en avoir, mais on prend le temps d'en avoir, et si, des loisirs, j'en ai. On va régulièrement chez des amis bien entendu puisqu'on est bien reçu donc on y va régulièrement, et puis quand j'ai un peu plus de temps, j'aime la couture. Je pense que c'est les seuls loisirs que je puisse avoir, sinon après, j'aime bien être chez moi, tranquille, et rester dans mon petit coin de couture, c'est tout.
Anouk: Est-ce que vous venez souvent à Lille?
Marie-Bernadette: Souvent? Non, pas souvent, mais j'aime venir à Lille quand je peux faire du lèche-vitrine, c'est-à-dire du matin jusqu'au soir. En principe, je viens avec une de mes sœurs qui adore ça, donc à deux, oui, on aime bien venir

à Lille faire du lèche-vitrine, prendre notre petit repas sur Lille, le midi,
et puis flâner comme ça jusqu'au soir.
Anouk: Marie-Bernadette, est-ce que vous avez des enfants?
Marie-Bernadette: Oui, j'ai une fille, donc maintenant elle est déjà âgée
puisqu'elle a 25 ans, non, 24 ans, je vais la vieillir, et elle est actuellement à Lille,
sur Lille, à l'école Pigier, elle fait un BTS, secrétaire commerciale,
donc j'espère que c'est la dernière année. Peut-être après continuera-t-elle pour
autre chose parce que je pense qu'elle aimerait bien être, faire un BTS de
secrétariat, mais médical, alors je ne sais pas, on verra bien.
Anouk: Vous êtes vous-même originaire du Nord?
Marie-Bernadette: Ah oui, j'ai toujours vécu, je suis née à Avelin,
j'ai passé toute ma jeunesse à Avelin et j'ai continué à travailler,
je me suis mariée sur Avelin.
Anouk: Qu'est-ce qui vous plaît particulièrement à Lille ou dans ses environs?
Marie-Bernadette: Je pense que moi, j'aurais plutôt tendance,
si je pouvais, à m'éloigner de Lille, parce que je n'aime pas vraiment le Sud,
mais je dis toujours «le demi-sud», oui.
Anouk: Le demi-sud, parlez-moi un petit peu du demi-sud.
Marie-Bernadette: Eh bien pour moi, le demi-sud, c'est la région de Champagne,
du côté de Reims, par là. J'estime que par là, il y a beaucoup de petits villages,
c'est très joli. Et puis de là, on a accès partout en France, on n'est pas loin de
certains coins de France. Alors que dans le Nord, quand on veut aller un peu plus
loin, c'est quand même 600 ou 700 kilomètres.
Anouk: Et puis avouez-le, il y a le champagne.
Marie-Bernadette: Ah, il y a le champagne! Il y a le champagne.
D'ailleurs ce sont mes amis de l'Aube qui m'ont appris à aimer le champagne.

Résumé ⊙⊙

Le partage des tâches ménagères reste encore très traditionnel, même chez Marie-Bernadette qui travaille souvent tard. Son mari a la charge de ranger la vaisselle dans le lave-vaisselle et de s'occuper du jardin. Le reste est l'affaire de son épouse.
Marie-Bernadette a une fille adulte, étudiante en BTS de secrétaire commerciale à
l'école Pigier qui propose diverses formations dans ce domaine.
Pour l'avenir, Marie-Bernadette nous a confié un de ses rêves: partir dans ce qu'elle appelle le demi-sud, en Champagne.

la vaisselle	Geschirr
le lave-vaisselle	Geschirrspülmaschine

Questions

- Que savez-vous de la situation de Marie-Bernadette?
- Quels sont ses loisirs?
- Quelle région de France aime-t-elle?

23 F

Interview de Monsieur Delannoy, adjoint au maire de Lille

Anouk: Etre chargé du tourisme à Lille, une ville qui a été fortement touchée par la crise, qu'est-ce que cela représente?
M. Delannoy: Ecoutez, pour moi, je suis un Lillois d'origine, et j'étais *commerçant* lillois avant de rentrer ici en *municipalité*, donc le côté économique
5   m'intéresse au premier point, et nous avons une crise, une crise qui est très importante, mais qui n'est pas seulement économique. Lille a eu vraiment une crise culturelle. Et depuis plusieurs siècles, du fait que nous étions une ville-frontière, coupée un peu de son histoire, et cette crise s'est également faite au point de vue économique avec la récession de nos *industries lourdes*,
10 en particulier le textile, le *charbon*, la *métallurgie*, mais il y a depuis une vingtaine d'années une *reconversion* absolument extraordinaire de cette ville. Alors cette reconversion, elle a porté essentiellement au début sur le plan culturel, c'est-à-dire avec la création de l'Europe, nous avons retrouvé notre histoire, notre patrimoine, et en même temps nous avons eu une reconversion économique
15 très importante.
Anouk: Qui dit grande ville, dit aussi *pollution atmosphérique* ou autre. Que fait-on à Lille contre la pollution pour l'*environnement*?
M. Delannoy: Au point de vue pollution atmosphérique, Lille a un double avantage, l'avantage que l'industrie soit sortie de la ville, donc la pollution est
20 *réduite*, et d'un autre côté nous sommes une ville assez venteuse du fait de notre proximité avec la côte et ça nous aide aussi beaucoup. N'empêche que beaucoup de mesures ont été prises, en particulier sur la pollution due au chauffage par le fioul, c'est pour cela que sur Lille, nous avons bâti tout un réseau de chauffage urbain, et également nous avons toute une *lutte* au point de vue de la pollution
25 de l'eau et des *déchets industriels* ou ménagers avec toute une politique de développement qui est faite dans ce sens-là.
Anouk: Pourriez-vous nous donner quelques bonnes raisons de venir s'installer à Lille aujourd'hui?

M. Delannoy: Les raisons de s'installer à Lille ne manquent pas. C'est une situation géographique, et aussi une situation historique de la ville. Nous sommes le point de rencontre des trois cultures qui ont fait l'Europe, la culture latine, la culture germanique et la culture anglo-saxonne. D'un autre côté, c'est une situation géographique qui est aussi exceptionnelle avec les moyens de transport actuels, que ce soit le réseau autoroutier, mais surtout le TGV, si bien que Lille est au centre d'un *triangle* un peu magique avec Londres, Paris et Bruxelles. En plus de cela, un environnement économique extrêmement riche, donc énormément d'entreprises, énormément d'entreprises qui font de Lille le centre d'achat le plus important d'Europe, à cause de la *vente par correspondance*, à cause de la grande *distribution*. Egalement un environnement industriel, universitaire, scientifique, très important. Lille compte 100.000 étudiants dans les différentes universités et toutes les écoles d'ingénieurs que nous avons ici sur Lille.

Résumé

Lille était autrefois un centre d'industries lourdes: textile, charbon et métallurgie. Ces industries ont connu une sévère récession, un *recul*, une baisse qui les a fait quasiment disparaître. Il a donc fallu une reconversion, un renouveau, une transformation.

Lille est devenue un important centre d'achat. Monsieur Delannoy entend par là la vente par correspondance, par catalogue, et aussi la grande distribution.

Comme toute grande métropole, Lille est touchée par les questions de pollution. Les responsables de la ville se battent contre les problèmes de déchets industriels et ménagers ou encore contre ceux du *chauffage au fioul*.

l'adjoint au maire, *m.*	stellvertretender Bürgermeister	l'environnement, *m.*	Umwelt
le commerçant	Kaufmann	réduire	vermindern
la municipalité	Stadt(verwaltung), Gemeinde	la lutte	Kampf
		les déchets industriels, *m.pl.*	Industrieabfälle
l'industrie lourde, *f.*	Schwerindustrie	le triangle	Dreieck
le charbon	Kohle	la vente par correspondance	Versandverkauf, Versandhausgeschäft
la métallurgie	Metallindustrie		
la reconversion	Umwandlung, Umgestaltung	la distribution	Verteilung
la pollution	Verschmutzung	le recul	Rückgang
la pollution atmosphérique	Luftverschmutzung	le chauffage au fioul	Ölheizung

Questions

- Quelle profession exerçait Monsieur Delannoy avant de s'engager dans la politique?
- A part le textile, pour quelles autres industries Lille était-elle connue autrefois?
- Quelles entreprises se sont installées dans la ville?
- Quelle est votre contribution pour protéger l'environnement?

Traduisez la dernière réponse de Monsieur Delannoy:
«Les raisons ... » jusqu'à « ... sur Lille» (lignes 29–41).

Discussion

Il faut chasser totalement la voiture des centres urbains. Partagez-vous cette opinion?

Lille – l'Hôtel de Ville

Connaissance de la France

Remplissez la grille à l'aide des descriptions.
Les lettres de haut en bas vous indiqueront le nom du maire de Lille.

1. la capitale de la France
2. ville picarde
3. La ville principale de cette région est Rennes.
4. le plus long fleuve de France
5. Le calvados est un produit de la …
6. peintre impressionniste
7. Cette ville est connue pour sa porcelaine.
8. Ville dans la région Ile-de-France. Son château est célèbre.
9. région volcanique
10. île dans l'Atlantique
11. On y trouve les meilleurs vins bordelais.
12. ville champenoise

C'est . . . .

Jean-Louis, fonctionnaire Unité 24

24 A

Commentaire du film sur Bruxelles

Bruxelles est la capitale de la Belgique. Dès le Moyen-Age, la Grand-Place fut le centre du commerce et de l'*artisanat*. L'Hôtel de Ville est sans doute une des plus belles *bâtisses* de l'architecture gothique en Belgique. Les anciennes maisons Renaissance et Baroque, construites au lendemain du *bombardement ordonné* par Louis
5 XIV, *reflètent* la prospérité des *corporations*. Les *graissiers* par exemple eurent leur domicile dans la maison «La Brouette». Ces guildes ne regardaient pas à la *dépense*. Au milieu de cet ensemble harmonieux, la Maison des *Brasseurs*. Elle abrite le musée de la brasserie. La Maison des Ducs de Brabant *réunissait* autrefois les tanneurs, les meuniers, les *tailleurs de pierre* et les maçons. Depuis le 17e siècle, Bruxelles est
10 réputée pour ses *dentelles*. Même réalisés à la machine, ces ouvrages sont souvent des copies de modèles anciens.
La Place Royale a vu bien des souverains qui résidaient sur la colline de Coudenberg. C'est en 1830 que la Belgique acquit son indépendance des Pays-Bas pour devenir une monarchie constitutionnelle. Albert Ier, grand-père du roi actuel, jette un
15 coup d'œil sur la ville. Le Palais Royal est la résidence officielle du roi qui assume la fonction de chef d'Etat. Juste en face, le Parc Royal, qui nous offre une vue sur le Palais des Nations où siègent les Assemblées *législatives*. La cathédrale de Bruxelles, dont les origines remontent au 13e siècle. Elle est *dédiée à* Saint-Michel, *protecteur* de la ville.

l'artisanat, *m.*	Handwerk	le brasseur	Brauer
la bâtisse	Gebäude, Bauwerk	réunir	vereinigen
le bombardement	Bombardierung	le tailleur de pierre	Steinmetz
ordonner	anordnen		
refléter	widerspiegeln, andeuten	la dentelle	Spitze(narbeit)
		législatif, ve	gesetzgebend
la corporation	Zunft, Innung, Gilde	dédier à	weihen, widmen
le graissier	Fetthändler	le protecteur	Beschützer, Schutzpatron
la dépense	Ausgaben, Kosten		

Bruxelles – la Grand-Place

Questions

- Comment la dentelle de Bruxelles est-elle fabriquée aujourd'hui?
- Où se trouve le musée de la brasserie?
- Comment le pouvoir est-il partagé à la tête de la Belgique?
- A la suite de quel événement a-t-on construit les maisons Renaissance et Baroque de la Grand-Place?

Vocabulaire

Citez cinq métiers artisanaux et l'artisanat qui y correspond.

24 B

Jean-Louis Ville au bureau

Bruxelles est le siège d'institutions internationales comme par exemple l'*OTAN*, et de différents organismes européens, comme le Conseil des Ministres ou la Commission des Communautés Européennes. Grâce à eux, quelque 14.000 fonctionnaires appelés familièrement les «eurocrates» y ont trouvé un emploi. Parmi eux, Jean-Louis Ville. Il travaille à la Direction Générale des *Budgets*.

Interview de Jean-Louis Ville

Anouk: Au début de vos études, vous envisagiez déjà d'entrer à la Communauté Européenne?

Jean-Louis: Pas exactement. En fait, j'ai eu un cursus scolaire normal, et puis j'ai été à l'université dans un institut d'Etudes politiques qui était à Strasbourg et qui *dispensait un enseignement* général de caractère juridique, économique et politique. Bon, parmi les matières qui étaient enseignées dans cet institut figurait aussi le droit communautaire et les questions européennes donc. J'ai eu un certain intérêt à ce moment-là, mais disons que ce n'était pas la base, l'objectif unique de départ clairement.

Bon, j'ai eu à ce moment-là l'occasion d'approfondir, de regarder, je me suis intéressé particulièrement à une institution de la Communauté qui était la *Cour des comptes* sur laquelle j'ai rédigé un *mémoire de fin d'études*, et là évidemment ça m'a intéressé clairement et ça m'a poussé à regarder ce qui était possible à l'époque de trouver comme enseignement qui permette d'approfondir ces matières-là. Et c'est comme ça que j'ai *atterri*, enfin atterri c'est un grand mot, que j'ai découvert l'existence d'un collège qui s'appelait le Collège d'Europe, à Bruges, auquel j'ai posé ma candidature et qui m'a accepté après mon année, enfin après mes trois années à Strasbourg.

Anouk: Vous avez travaillé à l'*EDF*, je crois. Qu'est-ce qui vous a incité à quitter l'EDF pour les institutions européennes?

Jean-Louis: Alors EDF a été une première étape parce que, entrer dans le service des institutions communautaires n'est pas quelque chose que l'on fait de manière, je dirais, facile, à savoir, bon, il y a des concours, puisque le recrutement est un recrutement de fonction publique qui se fait par concours. Il faut donc qu'il y ait un concours qui soit organisé. Evidemment il faut réussir ce concours, ce qui n'est pas une chose évidente d'entrée de jeu. Et par conséquent, il a fallu faire le *lien* entre la fin des études et une éventuelle potentielle carrière qui pouvait commencer dans les institutions.

Alors, partant de là, bon, j'ai regardé ce que je pouvais faire d'autre et j'ai essayé de trouver un travail qui corresponde à mes capacités. En postulant à droite, à gauche, j'ai *abouti à* EDF. Alors à EDF, je me suis occupé en fait non pas d'électricité, bien que ce soit la matière première de l'entreprise, mais je me suis occupé de gestion du personnel et de questions administratives, donc relativement un petit peu en support de l'activité de l'entreprise elle-même, et c'est là que j'ai eu ma première expérience en matière de gestion du personnel. Donc j'ai fait trois ans dans cette entreprise, et pendant lesquels effectivement est arrivé ce qui pouvait arriver, à savoir qu'un concours a été publié, auquel j'ai postulé, et sur lequel j'ai eu la chance de réussir. Donc je me suis retrouvé dans une position où

je pouvais entrer dans une des institutions communautaires, à savoir la
Commission.
Anouk: Vous êtes désormais à la Direction Générale des Budgets. Alors quel est le rôle de cette direction et quel est votre rôle?
Jean-Louis: Alors, la Commission, qui est un organe administratif, qui est une des quatre institutions principales de la Communauté, pardon cinq institutions principales, parce que maintenant la Cour des comptes est aussi élevée à ce niveau d'institution, est l'organe qui est à la fois l'exécutif et le gardien du traité, et qui a, dans le triangle institutionnel de décision, le monopole de l'initiative, c'est-à-dire c'est elle qui propose. Alors c'est un organe politique, composé de 20 commissaires et qui est, comme toute administration, composé ensuite d'un certain nombre de services administratifs qui sont en gros des *portefeuilles* qui sont attribués aux commissaires. Donc chaque commissaire a des attributions, des compétences particulières, des domaines de responsabilité, et pour chacun de ces domaines, il a un service administratif complet qui travaille, prépare, élabore, réfléchit, propose.

Alors le service lui-même est une direction générale qui est dirigée par un fonctionnaire de très haut niveau, qui est le directeur général logiquement. Ce service est découpé ensuite en différentes grandes unités, donc en directions qui elles-mêmes sont *subdivisées* en unités, avec à chaque fois un responsable à leur tête. Le rôle de l'assistant du directeur général, donc mon rôle, avec mon collègue, puisque nous sommes deux à assumer cette tâche, est un rôle à la fois de gestion du personnel et de coordination. Donc nous avons un double rôle, à savoir nous occuper de ce qu'est la gestion du personnel, les *mutations*, les gens qui arrivent, les gens qui partent, toutes les situations, les positions administratives des gens, en matière de carrière, d'*avancement*, de mutation, et d'autre part la coordination interne et l'*interface*, je n'aime pas beaucoup le terme, mais c'est celui qui est le plus commode, avec le niveau politique, c'est-à-dire avec notre commissaire et notre cabinet.

Anouk: D'où vient votre passion européenne?
Jean-Louis: Jeune, très jeune, eh bien parce que j'ai eu la chance de vivre dans un milieu international, c'est-à-dire j'ai habité à Luxembourg pendant très longtemps, et puis cela développe un petit peu le sentiment qu'il y a autre chose que le cadre strictement français, partant de là, on commence à regarder à l'extérieur, et je ne sais pas, j'ai trouvé cela très *attrayant* et donc cela a un peu *conditionné* ensuite mes études universitaires et puis la filière dans laquelle je me suis engagé.

Résumé ⚪⚪

A côté d'organes internationaux comme l'*OTAN*, l'*Organisation du traité de l'Atlantique Nord*, diverses institutions européennes siègent à Bruxelles. *Réparties* entre la Belgique, la France et le Luxembourg, on compte cinq institutions principales:
le Conseil de l'Union Européenne, souvent appelé Conseil des Ministres, qui réunit, selon les sujets à traiter - agriculture, transports, économie etc. ... - les ministres des Etats membres. Avec le Parlement européen, élu directement par les *ressortissants* des pays de l'Union, le Conseil a une fonction décisionnelle et législative: ce sont ces deux organes qui font les lois.
L'exécutif, l'application ainsi que l'initiative de ces lois sont confiés à la Commission européenne qui a à sa tête 20 commissaires, 20 représentants politiques des Etats membres.
Le *pouvoir* judiciaire, le contrôle du bon fonctionnement des trois premiers organes *relève de* la Cour de justice et de la Cour des comptes. Ces cours sont chargées d'assurer le respect du droit et d'examiner l'état financier de la Communauté.
Et Jean-Louis Ville, dans tout cela? A l'issue d'études à l'institut d'Etudes politiques de Strasbourg, il a écrit un mémoire, un travail de recherches sur la Cour des comptes. Puis il est entré au Collège d'Europe, à Bruges, afin d'y *compléter* sa formation, particulièrement en droit communautaire, en droit européen.
Une expérience professionnelle de trois ans a EDF, Electricité de France, et Jean-Louis a été recruté sur concours par la Commission européenne. La Commission est assistée d'un important service administratif. Chaque commissaire traite un domaine particulier - le budget par exemple - en *collaboration* avec son administration, son portefeuille, sa direction générale.
Jean-Louis occupe le poste d'assistant du Directeur Général des Budgets. Il assume une double tâche, il a deux fonctions: d'une part, la gestion du personnel, c'est-à-dire tout ce qui concerne la carrière, l'avancement ou la mutation des fonctionnaires; d'autre part, ce qu'il appelle par anglicisme l'interface: assurer un lien constant et une bonne coordination entre son service et son commissaire.
Jean-Louis poursuit une carrière européenne qui l'amène à rencontrer bien des nationalités.

l'OTAN, *f.* (Organisation du traité de l'Atlantique Nord)	NATO *(Nordatlantikpakt)*	la Cour des comptes	Rechnungshof
		le mémoire de fin d'études	*entspricht in etwa einer Diplomarbeit*
		atterrir	landen
		l'EDF, *f.* (Electricité de France)	Französische Elektrizitätsgesellschaft
le budget	Etat, Staatshaushalt		
dispenser un enseignement	Unterricht geben, Wissen vermitteln	le lien	Verbindung, Bindeglied

aboutir à	führen nach, enden in	attrayant, e	anziehend, verlockend
le portefeuille	hier: Geschäftsbereich	conditionner	bedingen
subdiviser	auf-, unterteilen	répartir	verteilen
la mutation	Wechsel, Veränderung	le/la ressortissant, e	Staatsangehörige(r)
l'avancement, m.	Vorwärtskommen; Beförderung	le pouvoir	Macht
l'interface, f.	Schnittstelle	relever de	hier: ausgehen von
		compléter	vervollständigen
		la collaboration	Zusammenarbeit

Vocabulaire

Quelles expressions de l'interview correspondent aux mots en gras?

Je pouvais entrer dans une des institutions communautaires, **en particulier** la Commission.
Ce service est **divisé** en différentes grandes unités.
Ce n'est pas une chose évidente **dès le début**.
Parmi les matières, **il y avait** aussi le droit communautaire.
Je n'aime pas beaucoup ce **mot**.

24 C

La journée de Jean-Louis Ville

La Communauté Européenne est en train d'agrandir ce gigantesque complexe de bureaux. Quelque 100.000 personnes vivent directement ou indirectement des institutions européennes. Beaucoup d'étrangers y travaillent.

Conversation avec deux stagiaires

Jean-Louis: Bien, bonjour. Je suis donc Jean-Louis Ville. Je suis l'assistant du Directeur Général des Budgets, et j'ai le plaisir de vous accueillir aujourd'hui, comme vous allez *débuter* votre stage. Alors Madame Aakula, vous êtes Finlandaise, et vous allez donc être *affectée* à l'*unité* qui s'occupe de
5 l'établissement du budget et vous allez donc, en fonction de vos connaissances actuelles et de votre activité actuelle en Finlande, pouvoir examiner et regarder un petit peu quelles sont les procédures pour mettre en place et établir un budget. Vous, Madame Lauwens, vous êtes étudiante, sortant de l'université, donc vous n'avez pas encore d'activité professionnelle, et compte tenu de ce que vous

m'avez un petit peu expliqué dans votre acte de candidature, nous allons essayer de trouver un thème en liaison avec l'unité qui s'occupe de l'*évaluation* du *coût-efficacité* des dépenses communautaires. Vous avez peut-être une question ou l'autre?

Stagiaire finlandaise: En fait, j'ai déjà eu l'occasion en Finlande de voir l'*aperçu* général, et j'aimerais savoir, est-ce justement l'unité où je vais être attachée qui le produit, et quand est-ce qu'il va sortir cette année?

Après cette conversation avec les deux stagiaires, Jean-Louis Ville se rend à la caféteria, lieu de détente et de rencontre. La pause-café est pour chacun l'occasion de s'accorder quelques minutes de *bavardage* avant la prochaine réunion ou le prochain rendez-vous.

Réunion

Une fois par semaine, les assistants des directeurs généraux se réunissent pour échanger les informations qui sont nécessaires à la coordination de leurs efforts. Ces réunions permettent à ceux qui le désirent d'intervenir ou de présenter un court exposé.
Après le rapport de Monsieur Land sur les dernières décisions prises par la Commission, c'est à Jean-Louis de présenter le nouveau budget.

Jean-Louis: Donc, je vais vous redonner un petit peu l'aperçu général de ce qui a été décidé par la Commission, le 26 avril dernier. Bon, 86 milliards 280 millions d'écus pour être précis, c'est-à-dire une somme qui est quand même *considérable* et qui est en *augmentation* de 8% par rapport à ce qu'était le budget de l'année dernière, donc c'est quand même important.

Jean-Louis Ville à la réunion des assistants

Résumé

Jean-Louis a reçu deux stagiaires: Madame Aakula, Finlandaise, qui est affectée, donc envoyée au service chargé de l'élaboration, de l'établissement du budget. Madame Lauwens, Belge, sortant de l'université, a fait acte de candidature à la Commission pour un stage à l'unité d'évaluation du coût-efficacité des dépenses communautaires. Cette unité étudie la rentabilité des dépenses faites au niveau européen. A propos d'argent: vous souvenez-vous du montant du budget présenté par Jean-Louis? 86 milliards 280 millions d'écus, c'est-à-dire une augmentation, une *croissance* de 8% par rapport au dernier budget …

débuter	beginnen	l'aperçu, *m.*	Bericht, Übersicht
affecté, e	zugeteilt	le bavardage	Gerede, Unterhaltung
l'unité, *f.*	Einheit		
l'évaluation, *f.*	Veranschlagung, Einschätzung	considérable	beträchtlich
		l'augmentation, *f.*	Erhöhung
le coût-efficacité	Preis-Leistungs-Verhältnis	la croissance	Wachstum

Le régime des verbes

Traduisez:

– Mit wem haben Sie gesprochen?
– Wem hast du geholfen?
– Was brauchen sie?
– Wem seid ihr begegnet?
– Wofür hat er euch gedankt?

Les nombres

Ecrivez ces nombres en lettres:

– 4.829
– 580
– 1997
– 3.749.271
– 800

Discussion

A votre avis, faut-il suivre une formation professionnelle courte ou plutôt des études longues?

24 D

Dans les rues de Bruxelles

L'avenue Louise, une bonne adresse pour *faire ses emplettes*. Ses magasins attirent les yuppies belges, la clientèle *huppée* et les eurocrates.
Bruxelles est officiellement *bilingue* avec une majorité francophone. Près de 150.000 habitants vivent dans cette ville cosmopolite. La gastronomie y *jouit d'une bonne*
5 *réputation*. Le quartier de «l'îlot sacré» est bordé de restaurants. On le voit, il n'y a que l'*embarras du choix*. Bien sûr, les fruits de mer et plus spécialement les *moules* sont au menu.
La galerie du Roi fait partie d'un ensemble d'allées marchandes couvertes. Ces arcades, édifiées au milieu du 19ᵉ siècle, étaient les premières du genre en Europe. Elles
10 servent de cadre à des boutiques de luxe et des salons de thé. C'est là que Jean-Louis répond à quelques questions sur la ville.

Anouk: Jean-Louis, trouvez-vous la vie chère à Bruxelles?
Jean-Louis: A mon sens, la vie dans la capitale de la Belgique est plutôt moins chère que dans la plupart des capitales d'Europe *comparativement*, si je prends
15 Paris, si on prend Rome, si on prend de grandes villes allemandes, Berlin, Munich. Par contre, ce qu'il faut dire, c'est que la situation est variable selon ce à quoi l'on *s'attache*. Si on prend l'immobilier ou les loyers, par exemple, là, de toute évidence, la vie est moins chère à Bruxelles que dans la plupart des grandes villes européennes. Si l'on regarde par contre l'ensemble des coûts de la vie, à savoir
20 l'*essence*, les voitures, l'*alimentation*, l'*habillement*, on peut avoir des situations qui sont variables. On trouve des produits qui seront beaucoup plus chers ici, en Belgique, que par exemple en France ou en Italie, ou en Allemagne, sans doute. Par contre, je dirais, enfin globalement, de toute façon j'ai l'impression qu'un certain nombre de choses que j'ai eu l'occasion de comparer personnellement ont
25 un prix relativement *similaire* entre ce qu'on peut trouver en France et en Belgique.
Anouk: *Souffrez*-vous du bruit et de la pollution à Bruxelles?
Jean-Louis: Pas du tout. Bruxelles est une ville qui a des grandes *artères* et de très nombreux parcs, le bois de la Cambre, le parc du Cinquantenaire, pour citer
30 ces deux-là. Donc en fait, en matière de circulation automobile, bien sûr il y a beaucoup de voitures, mais ce n'est pas une chose aussi gênante que ce n'est dans d'autres villes. Bon, les aspects verdure, environnement et air pur sont plutôt favorables, je dirais, à Bruxelles que dans d'autre villes, très certainement.
Anouk: Pensez-vous que les étrangers soient bien intégrés?
35 **Jean-Louis:** Alors question intéressante et sur laquelle on doit apporter plusieurs réponses. Je dirais que de manière générale les Belges sont des gens extrêmement

sympathiques et très accueillants, lorsque l'on arrive. A mon arrivée ici, j'ai eu beaucoup de facilités d'accès, j'ai eu beaucoup d'*offres* de contacts avec les Belges en général et je dois dire que ça s'est très bien passé. Du fait de mon statut d'étranger évidemment, je ne suis pas destiné à m'installer ici sans doute définitivement, et par conséquent, il est évident que certaines parties de la société ou certains contacts ou groupes ne me sont pas accessibles aussi facilement que si j'étais Belge, c'est évident, mais disons que d'une manière générale je n'ai pas un *sentiment* d'être *rejeté*, bien au contraire. Je dois dire que la vie est très agréable en général.

Résumé

Jean-Louis semble se sentir à l'aise dans la capitale belge: il n'y trouve pas d'inconvénients. Selon lui, le coût de la vie, le niveau des dépenses n'y est pas plus élevé que dans d'autres grandes villes européennes, particulièrement pour l'essence, l'alimentation et l'habillement. L'immobilier et les loyers seraient même moins chers que ceux des voisins européens.

Jean-Louis apprécie tout particulièrement l'aspect verdure de Bruxelles. Cette ville aux grandes artères, aux grandes avenues, possède de nombreux espaces verts: le parc du Cinquantenaire ou encore le bois de la Cambre. Bruxelles jouit grâce à cela d'un environnement agréable.

Côté social, la capitale belge est également bien *équilibrée*: Jean-Louis parle de facilités d'accès lors de son arrivée, d'une intégration sans complications malgré son statut d'étranger. Il n'a jamais eu l'impression d'être rejeté, de ne pas être toléré.

Anouk et Jean-Louis dans la galerie du Roi

l'emplette, *f.*	Einkauf	l'essence, *f.*	Benzin
faire ses emplettes	einkaufen, Besor-	l'alimentation, *f.*	Ernährung
	gungen machen	l'habillement, *m.*	Kleidung,
huppé, e *(fam.)*	reich, vornehm		Einkleiden
bilingue	zweisprachig	similaire à	ähnlich
la réputation	Ruf	souffrir de	leiden an
jouir d'une bonne	einen guten Ruf	l'artère, *f.*	*hier:* Hauptverkehrs-
réputation	genießen		ader
avoir l'embarras	die Qual der Wahl	l'offre, *m.*	Angebot
du choix	haben	le sentiment	Gefühl
la moule	Miesmuschel	rejeter	zurückweisen
comparativement	vergleichsweise	équilibré, e	ausgeglichen,
s'attacher à qch.	etw. verfolgen		ausgewogen

Questions

- Qu'est-ce que Jean-Louis apprécie particulièrement dans la capitale belge?
- Est-ce qu'il a eu des problèmes d'intégration en Belgique?
- Quels produits compare-t-il pour dire si la vie est chère à Bruxelles?

Traduisez le résumé en allemand.

24 E

Jean-Louis en privé

Symbole du Bruxelles d'aujourd'hui: l'Atomium, souvenir de l'Exposition Universelle de 1958. Il représente une molécule de cristal de fer.
Bruxelles ne manque pas d'espaces verts. Bruparck – tout près de l'Atomium – est un centre d'attractions connu pour les maquettes de célèbres monuments européens.
5 C'est ici que nous rencontrons Jean-Louis, son épouse et leur petite fille, Laura.
Sur le parcours de Bruparck qui *reconstitue* une mini-Europe, la miniature de l'Arc de Triomphe évoque Paris, le Palais des Doges, Venise.
Ce parc est le cadre que nous avons choisi pour une promenade et un entretien personnel.

10 **Anouk:** Donc vous êtes Français, vous avez grandi au Luxembourg, travaillé en France, votre épouse est Italienne et vous vivez maintenant à Bruxelles. Alors qui êtes-vous et où vous sentez-vous chez vous?
Jean-Louis: C'est un morceau de complexité effectivement, tout ce mélange de nationalités et d'endroits. En fait, je suis né en France. Mes parents sont Français.

Jean-Louis et sa famille

15 Ma famille habite encore, en grande partie, là, et je me sens, disons, fondamentalement Français. J'ai habité, c'est vrai, à peu près partout, sauf en France, j'ai quand même passé quelques années d'étudiant à Strasbourg, j'ai habité à Lille, donc j'ai un petit peu d'expérience du territoire français et de l'ambiance française, mais la majorité de ce que j'ai vécu était plutôt à l'étranger.
20 Ça ne change rien au fond, je crois que, bon, je me sens Français, tout bien *pesé*, *compte tenu de* ma famille, de mes *racines* et de mes parents qui sont encore dans la région lyonnaise.
Anouk: Et où avez-vous rencontré votre épouse?
Jean-Louis: Alors paradoxalement à Bruxelles, mais pas récemment, il y a
25 quelques années, lorsque, après mes études universitaires, j'ai effectué un stage à la Commission, et dans le groupe de stagiaires qui était à l'époque là, j'ai rencontré pas mal de gens, qui sont encore beaucoup mes amis et puis parmi eux, il y avait celle qui aujourd'hui est ma femme.
Anouk: Quel métier exerce votre épouse?
30 **Jean-Louis:** Ma femme travaillait dans une banque, actuellement elle s'occupe de notre petite fille, mais elle était cadre dans une banque à Luxembourg, ce qui ajoute encore un élément de *croisement* au puzzle.
Anouk: Que faites-vous ensemble?
Est-ce que vous avez des *occupations* communes?
35 **Jean-Louis:** Oui, nous sortons, nous allons au théâtre, nous allons au cinéma, nous essayons de faire du sport de temps en temps, quand on se force un petit peu.

Nous voyons des amis. Enfin toutes nos activités, disons extra-professionnelles, et puis bon, bien sûr, nous passons nos vacances ensemble en France et en Italie. Nous essayons aussi parfois de jouer un petit peu du piano parce que nous
40 jouons tous les deux du piano, mais enfin ça, c'est plus difficile, c'est parfois un peu compliqué.

Résumé ⚪○

Jetons un coup d'œil sur ce que Jean-Louis nomme un «morceau de complexité». Il est né en France, a grandi au Luxembourg, fait ses études à Strasbourg puis à Bruges, et a travaillé en France puis à Bruxelles. Et pour en rajouter un peu plus au puzzle, son épouse, Italienne, travaillait autrefois à Luxembourg …
5 Jean-Louis, par ses attaches familiales, se sent fondamentalement Français. Il utilise une expression imagée: «Je me sens Français, tout bien pesé, de la tête aux pieds.» Laura, sa fille, sera peut-être fondamentalement franco-italo-belgo-européenne …

reconstituer	*hier:* darstellen	la racine	Wurzel
pesé, e	ausgewogen	le croisement	Kreuzung,
compte tenu de	unter Berücksichtigung von, im Hinblick auf	l'occupation, *f.*	(Ver)Mischung Beschäftigung

Le discours indirect

Mettez ces citations de Jean-Louis au style indirect:

- Je me sens Français, compte tenu de ma famille, de mes racines et de mes parents.
  Jean-Louis dit …

- Nous sortons, nous allons au théâtre, nous essayons de faire du sport.
  Il a dit …

- J'ai effectué un stage à la Commission, j'ai rencontré pas mal de gens, et puis parmi eux, il y avait celle qui est aujourd'hui ma femme.
  Il a raconté …

Prépositions

«En», «à», avec ou sans article? Complétez:

Au cours de leur voyage en Asie, les fonctionnaires européens sont allés … Chine, … Japon, … Viêt-Nam, … Inde et … Corée.
Ce groupe part en tournée … Havre, … Limoges, … Rochelle et … Montpellier.
Les agences vous proposent des voyages dans le monde entier: … Etats-Unis, … Sicile, … Martinique, … Islande, … Maroc ou tout simplement … Vienne ou … Corse.

24 F

Commentaire du film sur Waterloo

A 25 kilomètres au sud de Bruxelles se situe un haut lieu historique. Le monument de la *Butte* du Lion commémore la bataille qui s'y est déroulée. Napoléon Ier, de retour de son exil italien en France, réunit une nouvelle armée qu'il lance à la rencontre des alliés.
Le 18 juin 1815, la bataille de Waterloo *scelle* le sort de l'Europe. 25.000 hommes trouvent la mort sur l'un des plus grands champs de bataille de l'époque. Les troupes Anglo-Hollandaises commandées par Wellington, et les Prussiens dirigés par

Waterloo – la Butte du Lion

Blücher, *s'opposent à* l'armée napoléonienne et mettent fin à son Empire. Napoléon *abdique* et se rend à son plus puissant ennemi: l'Angleterre qui le déclare *prisonnier* de guerre et l'exile à l'île Sainte-Hélène où il meurt six ans après.

la butte	Hügel	abdiquer	abdanken
sceller	besiegeln	le prisonnier	Gefangener
s'opposer à qch.	sich etw. widersetzen		

Coin des devinettes

Où l'épouse de Jean-Louis travaillait-elle avant d'avoir sa petite fille?
C'était à ....

1 Bruxelles en est la capitale.
2 prénom de la fille de Jean-Louis
3 instrument de musique souvent utilisé en jazz
4 travail de recherches de fin d'études
5 L'exécutif des lois européens est confié à la ...
6 général prussien
7 avant le lycée
8 somme d'argent à la disposition d'un ministère, d'une société
9 parcours professionnel
10 Madame Aakula est ...

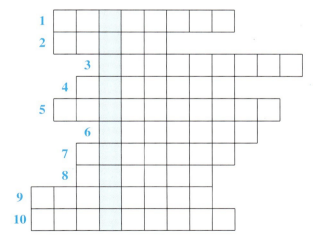

Christiane, attachée de presse   Unité 25

25 A

Commentaire du film sur Luxembourg

Luxembourg, la capitale du plus petit pays membre de l'Union Européenne, est située entre l'Allemagne, la Belgique et la France. La métropole du grand-duché de Luxembourg témoigne d'une histoire mouvementée. Le Luxembourg, et spécialement sa capitale a *parcouru* des siècles marqués par la *domination étrangère* et la présence d'une puissante *forteresse*.

Sigefroi, comte d'Ardenne, a fondé la ville. Il a érigé son château-fort sur le rocher du Bock. Dès le Moyen-Age, la ville a été considérée comme un bastion imprenable. Entre le 15e et le 19e siècle, Bourguignons, Français, Espagnols, Autrichiens et Prussiens y ont laissé de nombreuses traces. Vauban, l'ingénieur et bâtisseur de forteresses de Louis XIV, a entrepris les transformations les plus marquantes du site et en livra un chef-d'œuvre d'architecture militaire. *Murailles*, *tourelles* et *fortins* dominent la silhouette de la ville.

Après la *défaite* napoléonienne, le congrès de Vienne a *proclamé* la souveraineté du grand-duché; mais appartenant à la maison d'Orange-Nassau, il a été *gouverné* par Guillaume Ier, roi des Pays-Bas. En 1867, le grand-duché est devenu un Etat indépendant sous forme d'une *monarchie* constitutionnelle *héréditaire*. Le palais sert de résidence à la famille grande-ducale.

La *chambre des députés* exerce le pouvoir législatif. L'administration communale a son siège dans l'Hôtel de Ville, un bâtiment achevé au 19e siècle. Le cœur de la ville *bat* sur la place d'Armes. C'est ici que les jeunes Luxembourgeois se donnent rendez-vous. La ville compte environ 77.000 habitants et la presque totalité de la population est *trilingue*: on y parle le luxembourgeois, un dialecte germanique, le français et l'allemand.

Le Pont Grande-Duchesse Charlotte nous mène au Centre Européen du plateau de Kirchberg où se sont installées les institutions européennes. La capitale luxembourgeoise joue un rôle important dans l'*unification* de l'Europe. Robert Schuman en était le *promoteur*. Il était né à Luxembourg. Ce vaste ensemble qui compte le secrétariat du Parlement européen, la Cour européenne de justice, la Cour des comptes et le *Centre de calcul* font que l'on parle maintenant de Luxembourg comme de Bruxelles ou de Strasbourg.

Au début du 20e siècle, les ressources économiques étaient la *sidérurgie* et la métallurgie. L'ARBED, les *aciéries* réunies du pays, ont leur siège administratif à Luxembourg. De nos jours, la structure économique *repose* pour une grande partie *sur* le secteur bancaire et celui des assurances.

parcourir	durchlaufen	la chambre des députés	Abgeordnetenkammer
la domination étrangère	Fremdherrschaft	battre	schlagen
la forteresse	Festung	trilingue	dreisprachig
la muraille	Mauer(werk)	l'unification, f.	Vereinigung, Einigung
la tourelle	Türmchen		
le fortin	kleines Fort	le promoteur	Urheber, Initiator
la défaite	Niederlage	le Centre de calcul	Rechenzentrum
proclamer	verkünden, ausrufen	la sidérurgie	Eisenhüttenindustrie
gouverner	regieren	l'aciérie, f.	Stahlwerk
la monarchie héréditaire	Erbmonarchie	reposer sur	beruhen auf

Vocabulaire

Dites-le autrement:

Le grand-duché est devenu un Etat **indépendant**. (lignes 15–16)
La presque totalité de la population **est trilingue**. (lignes 21–22)
Il a été **gouverné** par Guillaume Ier. (lignes 14–15)
Luxembourg joue un rôle **important** dans l'**unification** de l'Europe. (lignes 25–26)
Le congrès de Vienne a **proclamé** la souveraineté du grand-duché. (lignes 13–14)

25 B

La Banque Internationale à Luxembourg

Depuis les années 60, le marché bancaire a connu un véritable essor. Grâce à un *régime fiscal souple*, la métropole de ce petit pays a su accueillir quelque 200 *succursales* de banques du monde entier. Elles emploient plus de 5% de la population active.

5 Parmi elles, la Banque Internationale où Christiane Schmit travaille comme *attachée de presse* depuis un peu plus de trois ans. Responsable des publications internes et externes à la banque, elle passe une partie de sa journée devant son ordinateur. C'est dans ces moments-là que, souvent, elle reçoit des *appels* de journalistes à la recherche de renseignements.

10 **Christiane** *(au téléphone)*: Christiane Schmit. Oui, bonjour. Ah, oui, un instant, je vais prendre le bilan, un instant. Oui, alors le total de la *somme bilantaire* est de 819 milliards de francs belges.
Oui, évidemment. Oui. Vous pouvez passer également pour avoir plus de détails.

Luxembourg – la vieille ville

Caisse d'Epargne de l'Etat

Il n'y a pas de problème. Okay. Ça va bien. Je vais essayer de me renseigner chez le président pour voir s'il est libre le matin mardi prochain. D'accord, merci bien. Au revoir.

A la salle des marchés

Jean-Charles: Bonjour Christiane.

Christiane: Dis-moi, pour mon émission à la radio de vendredi prochain, est-ce que tu peux me raconter en quelques mots comment est l'évolution du dollar, s'il te plaît?

Jean-Charles: Eh bien, regarde ce graphique, depuis le début de l'année, le dollar a subi une forte chute sur le marché des changes, qui est la conséquence d'une grave crise économique sur le système financier, toutefois ces dernières semaines, l'évolution des *indicateurs économiques* américains a rassuré les opérateurs financiers, et actuellement ils sont en train de racheter les dollars qu'ils avaient vendus lourdement les semaines précédentes. Donc, en résumé, je crois qu'*à court terme*, on peut espérer que le dollar remonte encore un tout petit peu et être assez optimiste, mais la *prudence* reste de mise à long terme car les opérateurs ont prouvé par le passé qu'ils étaient *friands de* Deutsche Mark ces derniers temps.

Résumé

Le Luxembourg a complété en un siècle ses activités industrielles - sidérurgie, industrie du fer et de l'acier, et métallurgie - par des activités bancaires, tout en instaurant un système fiscal, un système d'impôts souple.

Christiane Schmit est attachée de presse dans une des nombreuses banques de la capitale. Nous l'avons vue communiquer par téléphone le bilan, ou plus exactement la somme bilantaire de son établissement.

Christiane Schmit à la salle des marchés

Puis nous l'avons suivie à la salle des marchés: c'est le cœur de la banque d'où les *cambistes* participent aux événements boursiers.

Christiane avait besoin de renseignements sur le dollar pour une émission qu'elle
10 présente chaque semaine à la radio. Jean-Charles, son collègue, lui a dit que le dollar avait subi une chute, qu'il avait fortement baissé sur le marché des changes.

Cependant, les indicateurs économiques étaient optimistes à court terme, pour un avenir proche. A long terme la prudence restait de mise, car les opérateurs étaient friands, très demandeurs de Deutsche Mark.

le régime fiscal souple	flexibles Steuer-system	la salle des marchés	Börse(nsaal)
la succursale	Filiale, Zweigstelle	l'indicateur économique, *m.*	Wirtschafts-indikator
l'attaché(e) de presse *m./f.*	Pressereferent(in)	à court terme	kurzfristig
		la prudence	Vorsicht
l'appel, *m.*	Anruf	friand, e de	begierig auf
la somme bilantaire	Bilanzsumme	le cambiste	Börsenmakler

Questions

– Qu'est-ce que la salle des marchés?
– Qu'est-ce que Chistiane y est allée faire?
– Qui lui téléphone fréquemment et pourquoi?

Traduisez l'entretien de Christiane et Jean-Charles à la salle des marchés.

Propositions conditionnelles

Cochez la forme correcte:

Si elle ... cela, elle se trompe.
a) dise   b) dira   c) disait   d) a dit

Si j'... su, je ne ... pas venu.
1er verbe: a) aurais   b) avais   c) étais   d) aurai
2e verbe: a) étais   b) aurais   c) serais   d) avais

Si tu ... sympa, tu ... prendre un verre avec moi.
1er verbe: a) seras   b) serais   c) étais   d) aurais
2e verbe: a) viendrais   b) viens   c) venais   d) étais venu

Si nous gagnons, nous ... loin d'ici.
a) sommes partis   b) partirions   c) partirons   d) partions

25 C

Interview de Christiane sur sa profession

Tous les jours, Christiane *procède à* une revue de presse. Pas un journal, national ou international, qui n'échappe à son attention. De «l'Echo» au «Financial Times», du «Figaro» au «Monde», elle conserve tout ce qui *se rapporte* aux activités du monde bancaire. Ces articles lui serviront de base pour la rédaction de communiqués de presse, d'*éditoriaux* ou du journal d'entreprise.

Christiane procède à sa revue de presse

Anouk: Vous avez deux minutes?
Christiane: Oui, volontiers.
Anouk: Je vais donc vous poser quelques questions.
Christiane: Prenez place, allez-y.
Anouk: Vous êtes donc née au Luxembourg où l'on parle le luxembourgeois et le français. Avez-vous grandi dans une famille bilingue?
Christiane: Non, pas du tout. J'ai été élevée uniquement en luxembourgeois, donc dès que j'ai été née, j'ai appris le luxembourgeois jusqu'à l'âge de six ans. Quand je suis allée à l'école, tout le monde au Luxembourg apprend le français et l'allemand en même temps, ce qui fait en fait qu'on est parfaitement bilingue lorsque l'on sort du système scolaire. On apprend le français et l'allemand en même temps, dès l'âge de six ans jusqu'à l'âge de 19 ans, lorsqu'on fait le baccalauréat. L'anglais s'ajoute à l'âge de 13 ans également jusqu'à 19 ans. Donc lorsqu'on part à l'université ou lorsqu'on termine les études secondaires, on est parfaitement bilingue, français-allemand; l'anglais, on le maîtrise bien, mais sans pouvoir parler de bilingue ou de trilingue.

Anouk: Comment en êtes-vous arrivée à la banque? Est-ce que vous pourriez me résumer les quelques étapes de votre formation?
Christiane: Après le baccalauréat que j'ai fait au Luxembourg, je suis partie à l'université à l'étranger. Au Luxembourg, il n'y a pas d'université, donc chaque Luxembourgeois qui veut faire des études universitaires est obligé de partir dans un pays voisin, soit la France, l'Allemagne, la Suisse, la Belgique, l'Angleterre etc. Moi, j'ai choisi la Belgique. J'étais à Bruxelles pendant quatre ans et j'ai fait une licence en journalisme et communication. Voilà pour le premier cycle des études universitaires, donc après les études de journalisme et de communication à Bruxelles, j'ai fait une maîtrise à Londres, et donc après cette année de Londres, là malheureusement, le temps des études était fini, et il fallait bien chercher un boulot.
Alors j'ai un peu réfléchi si j'allais entrer dans le journalisme ou bien dans la communication d'entreprise, et finalement j'ai opté pour la communication d'entreprise. J'ai envoyé des CV un peu dans les grandes entreprises luxembourgeoises parce que je voulais retourner au Luxembourg, après avoir vécu cinq années à l'étranger, je me suis dit «je vais quand même tenter de retourner au Luxembourg, voir si la vie au Luxembourg me plaît», et c'est la Banque Internationale qui a cherché un employé pour faire le poste d'attaché de presse qui m'a engagée donc après les études et après avoir fait quelques stages de huit mois environ après ma maîtrise à Londres.
Anouk: Donc vous êtes maintenant attachée de presse? Votre fonction est-elle de rapprocher la banque du monde extérieur?
Christiane: Ma fonction a deux *volets*, c'est rapprocher la banque du monde extérieur, donc vendre l'image de la banque, vendre les idées de la banque, notre politique au monde extérieur, aux journalistes, aux clients, à tout le monde qu'on rencontre aux différents vernissages, cocktails, réceptions, aux différentes réunions auxquelles nous assistons, donc vendre en fait l'identité de la banque vers l'extérieur, mais vendre également l'identité de la banque vers l'intérieur, donc vers les employés de la banque.
Anouk: Quels sont les avantages et les inconvénients de votre profession, de votre métier?
Christiane: Avantages, il y en a beaucoup parce que j'adore mon métier. Je dirais tout d'abord que c'est un métier très varié. Chaque jour, j'ai d'autres travaux à faire, et chaque année, je fais le métier maintenant depuis trois ans et quelques mois, et chaque année, j'ai de nouveaux projets. Un autre avantage, je dirais, du métier d'attachée de presse, est en fait: je participe, j'écoute *au fil* des jours la stratégie de la banque, il y a le directeur qui m'explique vers où on va, vers où la banque veut aller, la stratégie, la politique de la banque, pour que je puisse mieux situer les différents problèmes, les différentes questions que me

posent les journalistes au fil des semaines. Donc sans faire partie de la direction, je dirais que j'ai une bonne notion de la politique de la banque.

Bon, venons-en aux points négatifs du métier; comme dans tout métier, il y a des
65 *désavantages*, malheureusement, très souvent, les journées sont longues. Les vernissages et les conférences de presse, les cocktails, tout a lieu à 6 heures du soir, et vous imaginez bien que ça ne se termine pas très souvent à 7 heures, mais le plus souvent à 8 heures, 8 heures et demie, 9 heures. Donc c'est un travail qui commence le matin parce qu'il faut être présent le matin à 8 heures,
70 8 heures et quart, et qui très souvent se termine le soir à 8 heures, 8 heures et quart également. Ce qui fait de longues journées. Un dernier désavantage que je n'aimerais quand même pas oublier, c'est un métier très exposé, donc toutes les fautes qu'on fait, sont remarquées tout de suite par le public.

Résumé ○○

Grâce à un système scolaire qui initie les enfants à pratiquer deux langues dès l'âge de six ans, Christiane a la chance d'être bilingue français-allemand. Si l'on ajoute à ce capital l'anglais dont l'apprentissage se fait pendant les études secondaires au lycée, on peut la considérer comme quasiment trilingue ou même quadrilingue en
5 comptant en plus le luxembourgeois.

Comme tous les Luxembourgeois qui souhaitent poursuivre des études, Christiane a dû partir à l'étranger; d'abord en Belgique, pour un premier cycle universitaire et y passer une licence en journalisme et communication. Ensuite, elle a choisi la Grande-Bretagne et Londres pour un second cycle, une maîtrise.
10 A la recherche d'un boulot, terme familier pour «travail», elle s'est lancée dans la communication d'entreprise. Quels en sont les avantages? C'est un domaine très varié grâce auquel Christiane peut côtoyer divers groupes - journalistes, clients, direction. Et les inconvénients: les journées parfois longues qui se terminent par des vernissages ou des cocktails; et surtout, le danger de ne pas dire ce qu'il faut au bon
15 moment ... Comme le remarque Christiane, «c'est un métier très exposé», très observé et sans cesse jugé.

procéder à	vorgehen, vornehmen	le volet	*hier:* Aspekt
se rapporter à	sich auf etwas beziehen	au fil de	im Laufe von
		le désavantage	Nachteil
l'éditorial, *m.* (*pl.* -aux)	Leitartikel		

Vocabulaire

Quel substantif correspond à:

- terminer
- partir
- choisir
- chercher
- envoyer
- rapprocher
- écouter
- oublier

Vrai ou faux?

	vrai	faux
Christiane fait partie de la direction.	☐	☐
Elle a commencé ses études à Luxembourg.	☐	☐
Elle parle allemand.	☐	☐
Elle est responsable des relations extérieures à la banque.	☐	☐
Elle assiste souvent à des cocktails.	☐	☐

25 D

A la galerie

Il n'y a pas que les relevés de compte qui intéressent les banques. En effet, de plus en plus, elles deviennent des mécènes d'art.
Nous nous sommes rendus en ville, Avenue Monterey. Au premier étage d'une maison à l'aspect *anodin* se trouve la Galerie du Luxembourg qui expose actuellement
5 les œuvres d'un peintre local, Jean Leyder. Ses tableaux, dans leurs tons de bleu, *expriment* à la fois la *douceur* et la *rigueur*.
C'est dans ce cadre que nous avons rencontré Madame Fourmann, responsable des relations publiques à la Banque Internationale à Luxembourg.

Anouk: Nous sommes ici dans une galerie de peinture, or vous représentez
10 la Banque Internationale à Luxembourg, alors où est le rapport entre les deux?
Mme Fourmann: Le rapport est celui que la Banque Internationale à Luxembourg est mécène de beaucoup d'activités culturelles au Luxembourg, notamment concernant des concerts, des expositions, des publications.
Et depuis les derniers temps, on organise nous-même des expositions dans notre
15 propre galerie d'art, mais on sponsorise bien sûr beaucoup d'expositions

à l'extérieur. La banque, *à l'instar de* ce que les autres sociétés et banques à Luxembourg et à l'étranger, ce qu'elles font, elle veut soutenir l'art et la vie des artistes luxembourgeois.

Anouk: Qui choisit tel ou tel peintre, tel ou tel sculpteur, tel ou tel artiste?

20 **Mme Fourmann:** La banque a constitué un comité depuis des années. Ce comité est composé de membres de la direction et de membres de la communication. Ce comité se voit régulièrement, à savoir toutes les six semaines, tous les deux mois, et on décide premièrement des offres que des artistes font parvenir à la banque et deuxièmement on discute de ce que la banque elle-même veut choisir
25 à l'extérieur donc, quelle exposition elle veut soutenir elle-même.

Anouk: Est-ce que la banque a le droit de censure, est-ce qu'elle peut refuser d'exposer un artiste particulier, et si oui, pourquoi?

Mme Fourmann: Bon, je n'aime pas beaucoup le mot de censure parce que ça n'entre pas dans la politique de communication de notre banque.
30 On veut être présents au Luxembourg et on ne veut pas *détériorer* les liens qui existent avec les artistes. Donc on prend en considération toutes les demandes, on consulte des experts en la matière, et à partir de ces avis, on décide, mais on reste en contact avec les demandeurs, avec la partie artistique.

Résumé ⊙⊙

Madame Fourmann, responsable des relations publiques, nous a expliqué le pourquoi et le comment du mécénat. Ces actions consistent à organiser, à financer et à réaliser différentes activités culturelles sur place. Qu'il s'agisse des concerts, des publications ou des expositions, la banque sponsorise, soutient, à l'exemple, à
5 l'instar d'autres établissements, des artistes luxembourgeois.

Anouk et Madame Fourmann à la galerie

La sélection de ces derniers a lieu au sein d'un comité qui prend en considération, c'est-à-dire qui étudie la candidature de chaque demandeur - peintre, auteur, sculpteur.

Bien sûr, la banque choisit celui ou celle qui correspond le mieux à l'image qu'elle
10 désire donner d'elle-même; mais elle consulte également des experts pour ne pas détériorer ou abîmer les liens avec le milieu artistique.

anodin, e	unbedeutend, nichtssagend	à l'instar de	in der Art von, so wie
exprimer	ausdrücken	détériorer	verschlechtern,
la douceur	Sanftheit, Milde		verderben,
la rigueur	Strenge		beschädigen

Le futur simple

Mettez la deuxième question et la deuxième réponse de l'interview de Madame Fourmann au futur simple. (lignes 19 et 20–25)

Discussion

Que pensez-vous du mécénat bancaire?

25 E

Christiane en privé

Robe, veste, chaussures à *talons*, au *placard*! Christiane a revêtu sa tenue de sport pour pratiquer une de ses activités favorites, le tennis. Aujourd'hui, il faut rester à l'intérieur. Dehors, les terrains sont fermés pour mauvais temps. A l'abri de la pluie, nous avons parlé de la vie privée de l'attachée de presse.

5 **Anouk:** Quel est votre niveau en tennis?
Christiane: J'ai commencé à jouer au tennis à l'âge de six ans, et entre 12 et 19 ans, j'ai beaucoup joué, je dirais même que j'ai joué une fois par jour ou même deux fois par jour. Donc je participais également à des *compétitions* nationales, à des compétitions internationales, je représentais parfois le Luxembourg à
10 l'étranger. Donc, quand je suis allée à l'université à l'âge de 19 ans, j'ai joué un peu moins, je faisais encore partie de l'équipe universitaire de tennis de l'université de Bruxelles et également quand j'étais à Londres, également je participais au championnat universitaire. Et depuis que je travaille,

malheureusement, je n'ai plus le même temps libre que quand j'étais à l'école, je joue moins. Je joue encore deux fois par semaine.
Anouk: Et à part le tennis, comment passez-vous votre temps libre?
Christiane: J'aime beaucoup les activités sportives. Puisque je travaille tard le soir, souvent jusqu'à 7 heures, 7 heures et demie, je n'ai plus tellement envie de lire ou bien de m'occuper de façon intellectuelle parce que toute la journée je réfléchis, je parle, je dois être concentrée, alors j'aime bien le *défoulement* sportif. Je joue au golf. J'ai commencé le golf il y a deux ans, donc je commence à m'améliorer, mais ce n'est pas encore le grand niveau. Par ailleurs, comme je skie en hiver, en été je *fais de la voile*, et *de la planche à voile*.
Anouk: Vous travaillez toute la journée. Quand faites-vous vos courses?

Christiane Schmit
en privé

Christiane: Bonne question. Très souvent entre midi et deux, un peu *au pas de course*, entre deux rendez-vous, ou bien j'essaie, après un rendez-vous dans la matinée en ville, j'essaie encore vite d'aller acheter une salade ou un steak. Le soir, très souvent, il est trop tard parce que j'arrête de travailler vers 18 heures 30, 19, 19 heures 30 et les magasins malheureusement, sont fermés.
Et il arrive également que le soir nous n'ayons rien à la maison pour manger, alors c'est le dîner au restaurant, ce qui n'arrive pas trop souvent. Cela arrive, mais en fait je n'aime pas trop le soir encore sortir au restaurant, j'aime bien, après une journée concentrée de travail, j'aime bien me reposer le soir à la maison.
Anouk: Une question personnelle, vous êtes mariée?
Christiane: Non, je ne suis pas mariée. Je compte me marier un jour, je compte également avoir des enfants, mais pour l'instant, je ne suis pas encore mariée.
Anouk: Vous avez fait vos études dans divers pays européens, pourquoi êtes-vous finalement revenue au Luxembourg?
Christiane: Pendant mes études universitaires, je me disais toujours que je n'allais jamais revenir au Luxembourg. Mais au fil des quatre ans, ou cinq ans que j'ai passés à l'étranger, je me suis rendue compte que le Luxembourg présentait

pas mal d'avantages, et disons vers la fin de mon cycle universitaire, j'ai décidé de retourner parce que le Luxembourg est un pays très intime. C'est un pays, qui, lorsque vous avez des problèmes, vos *copains* ou vos connaissances, essaient de vous remonter le moral, ils se trouvent partout, vous les rencontrez de jour en jour. Donc j'ai pris la décision de rentrer au Luxembourg, je dirais, vers la fin de mon cycle universitaire.

Anouk: Et si on vous disait de partir d'ici, où iriez-vous vous installer?

Christiane: J'avais déjà réfléchi à la possibilité de partir dans une *implantation* de notre banque à l'étranger, j'aime bien les grandes villes, mais je n'aimerais pas vivre dans une grande ville. J'aimerais bien vivre à la périphérie d'une grande ville, comme par exemple Paris ou Bruxelles, ou Londres, ou même Munich, mais je n'aimerais pas vivre au centre ville, mais toujours dans les petits quartiers qui sont près de la forêt, qui sont un peu verts.

Résumé

Christiane ne fait pas seulement ses emplettes au pas de course, rapidement entre midi et deux, c'est aussi une vraie sportive. Pratiquant le golf, le ski, la voile et la planche à voile, elle est surtout, et depuis l'enfance, une passionnée de tennis. Elle a souvent participé à des rencontres, à des compétitions nationales et internationales. Membre des équipes universitaires de Bruxelles et de Londres, Christiane a régulièrement joué pour le championnat.

Elle ne pense pas quitter son pays, si ce n'est pour aller dans une implantation, une filiale de la banque dans une capitale européenne.

le talon	Absatz	faire de la planche	surfen
le placard	Schrank	à voile	
la compétition	Wettbewerb	au pas de course	im Laufschritt
le défoulement	Ausgleich	le copain	Freund, Kumpel
faire de la voile	segeln	l'implantation, *f.*	Filiale, Zweigstelle

«très» ou «beaucoup» pour traduire »sehr«?

Complétez:

Ils aiment … la mer.
Vous avez été … aimable.
Nous vous remercions …
Je pense … à toi.
Ça fait … mal.

25 F

Les environs de Luxembourg

Luxembourg, la ville *millénaire*, cache encore d'autres attraits. Faisons une balade au faubourg du «Grund», au bord de l'Alzette. Autrefois, le fleuve offrait aux habitants l'eau nécessaire à l'exercice de leur métier. Au Moyen-Age, on y rencontrait avant tout des tanneurs, des teinturiers et des meuniers.

5 Le petit train parcourt les espaces verts tant appréciés par les Luxembourgeois. Il fait bon y cheminer à vélo. Un bon nombre de *pistes cyclables* entourent la ville. Au centre d'un quartier résidentiel, le parc de Merl. En effet, un quart de la surface totale de la ville est composé de parcs qui offrent de *multiples* possibilités de détente et de loisirs. Les enfants y trouvent un grand espace de jeux.

10 Nous quittons le pays par la vallée de la Moselle. Cette région est *parsemée de villages viticoles*. Les cépages comme le Riesling, le pinot blanc et gris ou l'Auxerrois ont acquis une bonne réputation.

Finissons notre séjour au Luxembourg à Schengen, village frontière sur la Moselle. C'est ici que la *Convention de Schengen* a été signée par la France, les trois Etats
15 du Benelux, l'Allemagne, l'Espagne et le Portugal. Cet accord *entré en vigueur* le 26 mars 1995 prévoit l'*abolition* des frontières intérieures entre les sept Etats signataires.

millénaire	tausendjährig	la Convention de Schengen	Schengener Abkommen
la piste cyclable	Radweg		
multiple	vielfältig, mehrfach	entrer en vigueur	in Kraft treten
parsemé, e de	übersät von	l'abolition, *f.*	Abschaffung
le village viticole	Weindorf		

Questions

- Qu'est-ce qui attirait autrefois les artisans dans le quartier du «Grund»?
- Quel âge a Luxembourg?
- Qu'est-ce qu'un «Etat signataire»?
- Quels Etats composent le Benelux?

Au bord de l'Alzette

Schengen

Anne Reiser, avocate Unité 26

26 A

Commentaire du film sur Genève

Genève – le jet d'eau

Genève, ville internationale au bord du lac Léman, se situe en Suisse romande. La Suisse compte 23 cantons dont 4 sont entièrement francophones.

Genève a 2000 ans. Après la domination romaine, les annales *mentionnent* l'intégration au Royaume de Bourgogne. Ensuite, elle fait partie du Saint Empire
5 romain germanique. Dès le 12e siècle, Genève est gouvernée par ses *évêques*, devenus *seigneurs* de la ville. Au 13e siècle, l'essor économique s'impose. A l'époque, ses foires lui *confèrent* un statut international.

La cathédrale Saint-Pierre où Jean Calvin *promulguait* ses idées réformatrices. Par ses *prédications* et ses écrits, Calvin a fait de Genève un centre de la pensée réfor-
10 mée. Le monument de la Réformation nous rappelle Calvin et ses trois principaux collaborateurs. Au 16e siècle, Genève est devenue le principal *foyer* du calvinisme, puis la capitale du protestantisme. Calvin, le théologien français, *instaure* un régime de rigueur et d'austérité.

Tout près d'ici, la Grande Rue. Au numéro 40, la maison natale de Jean-Jacques
15 Rousseau. L'auteur d'«Emile», de «La Nouvelle Héloïse» et du «Contrat Social»

y a vu le jour en 1712. Ce grand rénovateur du système politique et social de son époque était un des *précurseurs* des droits de l'homme. Parmi les célèbres habitants de la ville compte également le philosophe Voltaire, rival de Rousseau.

Poursuivons notre parcours dans la vieille ville: La place du Bourg-de-Four – site de l'ancien forum romain – est l'un des centres animés de la vie genevoise actuelle. Autour de la place se côtoient les galeries d'art et les magasins d'antiquités. Le pont du Mont Blanc relie les deux rives de la ville en franchissant le Rhône.

Genève est le siège d'organisations internationales. Le Genevois Henri Dunant y a fondé le Comité International de la Croix Rouge. Cet espace abrite le musée de la Croix Rouge et du Croissant Rouge dédié aux *victimes* de guerres.

Au cœur du parc de l'Ariana, le Palais des Nations, *conçu* pour accueillir la Société des Nations. La sphère est un *don* du président américain Wilson qui avait choisi Genève pour capitale mondiale de la diplomatie. Après la Seconde Guerre mondiale, elle est devenue le siège européen des Nations Unies.

l'avocat, e	Anwalt, Anwältin	la prédication	Predigt
mentionner	erwähnen	le foyer	*hier:* Zentrum
l'évêque, *m.*	Bischof	instaurer	einführen; gründen, errichten
le seigneur	(Lehens-, Guts-)Herr	le précurseur	Wegbereiter
conférer à	übertragen, verleihen, gewähren	la victime	Opfer
		concevoir	konzipieren, entwerfen
promulguer	*(Gesetz)* verkünden	le don	Geschenk

Questions

– Qui est l'auteur de «La Nouvelle Héloïse»? Que savez-vous de lui?
– De quelle organisation le Palais des Nations est-il le siège?
– Quel fleuve traverse Genève?
– Qu'est-ce qui caractérise la pensée calviniste?

26 B

A l'étude de l'avocate

L'étude d'Anne se situe en plein centre-ville, à proximité de l'université qui, d'ailleurs, est célèbre pour sa faculté de droit.

Vers 8 heures et demie, Anne arrive au bureau. Pour se préparer à un entretien avec une cliente, elle consulte le *code pénal* suisse.

Une affaire reconstituée telle qu'elle pourrait se présenter dans la réalité

Anne: Madame, bonjour.
Cliente: Bonjour Maître.
Anne: Qu'est-ce qui vous amène?
Cliente: Ecoutez, voilà, je suis la responsable administrative de la société Baviera *SA*.
Anne: Oui.
Cliente: *Société* suisse *de bureautique.*
Anne: Oui.
Cliente: Et nous avons développé avec Outirama SA un *logiciel sophistiqué*, plus particulièrement destiné à la gestion de sociétés de bureautique.
Anne: Oui.
Cliente: Notre partenaire, donc la société Outirama, assure la *maintenance* du système informatique de Baviera, notamment au moyen d'un logiciel de communication, fonctionnant au moyen d'un modem.
Anne: Oui.
Cliente: Il y a deux semaines, notre partenaire a *licencié* l'un de ses informaticiens, Monsieur Cutugna, je crois en raison de multiples arrivées tardives. Cet ancien employé a si mal pris la chose que, ayant quitté son employeur hier, comme cela était convenu, il a *emporté* avec lui le logiciel que nous avons développé avec Outirama SA, et ce faisant, il a entre autre *argué* de ce qu'il était l'auteur de ce logiciel et qu'il comptait en continuer le développement, notamment pour le *diffuser à grande échelle* et le vendre à un prix bien évidemment *avantageux* pour les clients, plus avantageux que le prix que nous pourrions nous-mêmes pratiquer.
Anne: Et puis, vous, vous êtes donc co-auteur du logiciel avec Outirama?
Cliente: Avec Outirama, oui, tout à fait. D'ailleurs nous avons une *convention* qui nous lie avec la société Outirama. Je peux vous en remettre un exemplaire ici.
Anne: Merci. Et votre crainte, c'est quoi? C'est que Monsieur Cutugna *disparaisse dans la nature* avec ces disquettes, et puis commence à les *commercialiser,* et vous voulez éviter ça?
Cliente: Voilà, tout à fait, puisque pour nous, ce serait une catastrophe. Nous avons investi des centaines de milliers de francs dans ce projet. Nous sommes encore en train de les *amortir* et le fait que des concurrents puissent se procurer ce logiciel à un prix inférieur, pour nous, c'est une catastrophe.
Anne: Vous voudriez récupérer les disquettes le plus tôt possible.
Cliente: Voilà, tout à fait. En plus, nous avons quelques craintes parce qu'il semble, d'après les nouvelles qui nous ont été transmises par Outirama, que Monsieur Cutugna ait disparu effectivement dans la nature.

Anne: Oui, évidemment, là, il y a un petit problème.
Cliente: ... et il y a une chose encore qu'il faut que je vous précise, c'est que nous avons été un petit peu surpris que Monsieur Cutugna ait pu se procurer aussi facilement les disquettes originales portant le logiciel, puisque, selon la convention que je vous ai remise ici, qui règle également les problèmes, la question du droit d'auteur et de la *confidentialité*, il était précisé que ces disquettes devraient être mises dans le *coffre* du siège d'Outirama SA, coffre dont seuls les administrateurs de Baviera SA et d'Outirama SA possèdent la combinaison.
Anne: Que dit Outirama, vous l'avez interrogé sur le sujet?
Cliente: Ecoutez, je l'ai interrogé. Tout cela s'est passé extrêmement rapidement. Nous sommes très gênés parce que vous pensez bien qu'il y a des *implications* commerciales qui sont beaucoup plus vastes que le cas particulier de Monsieur Cutugna, et Outirama pour l'instant est *muet* sur ce sujet.
Anne: D'accord. Alors il faut maintenant, il faut que vous voyiez aussi comment vous voulez procéder. On peut agir *par la voie pénale*, mais c'est un petit peu l'artillerie lourde. Il y a aussi la possibilité de déposer des *mesures provisionnelles*, une *requête* de mesure provisionnelle tendant à faire saisir les disquettes et à faire interdiction à Monsieur Cutugna de faire concurrence à son employeur, bon ça, il faut voir si on peut le faire, il faudra peut-être *s'adjoindre les services de* son employeur, mais en tous les cas on pourrait faire saisir ces disquettes aussi *par la voie civile*, cela prend peut-être deux, trois jours de plus, mais c'est possible d'agir très, très rapidement, si on prend ce genre d'action. Maintenant il faut voir si vous voulez la voie pénale ou pas. La loi sur la *concurrence déloyale* contient également des dispositions pénales, donc on peut aussi *déposer une plainte* pénale, pas seulement pour l'*appropriation* du logiciel ou le vol, mais aussi pour *violation* par exemple de la loi sur la concurrence déloyale.

Anne Reiser reçoit
Madame Martin

Résumé

Un cas moderne de criminalité: Madame Martin, venue consulter l'avocate, représente une société de bureautique, c'est-à-dire de création de techniques informatiques. Cette société a investi de grosses sommes dans le développement d'un logiciel, d'un programme pour ordinateur, en collaboration avec un partenaire. Ce
5 partenaire a licencié Monsieur Cutugna, l'un de ses informaticiens. Monsieur Cutugna a donc quitté l'entreprise, mais il a emporté les disquettes contenant le logiciel que venaient de développer les deux sociétés. Madame Martin pense qu'il va le diffuser à grande échelle, le vendre partout sur le marché.
Selon Anne, l'avocate, on peut traiter ce cas par la voie civile ou par la voie pénale.
10 Madame Martin a choisi de déposer une plainte pénale. Que va-t-il se passer? L'avocate va se mettre à la recherche de Monsieur Cutugna, qui a momentanément disparu.
Puis elle va déposer une requête de mesure provisionnelle: elle va demander que les disquettes soient saisies, donc enlevées à Monsieur Cutugna. Anne pense faire valoir
15 la concurrence déloyale et bien sûr l'appropriation par Monsieur Cutugna d'un logiciel qui ne lui appartient pas.

l'étude, f.	Anwaltsbüro, Kanzlei	commercialiser	handelsfähig machen, auf den Markt bringen
le code pénal	Strafgesetz(buch)		
la SA (société anonyme)	AG (Aktiengesellschaft)	amortir	amortisieren, tilgen
la société de bureautique	Firma für Bürotechnik, Bürokommunikation	la confidentialité	Vertraulichkeit
		le coffre	Safe
		l'implication, f.	Verwickelung
le logiciel	Software, Programm	muet, te	stumm
sophistiqué, e	ausgeklügelt, hochentwickelt	par la voie pénale	strafrechtlich
		la mesure provisionnelle	einstweilige Verfügung
la maintenance	Aufrechterhaltung	la requête	Antrag
licencier	entlassen, ausstellen	s'adjoindre les services de qn.	jdn. um Unterstützung, Hilfe bitten
emporter	mitnehmen		
arguer	argumentieren	par la voie civile	zivilrechtlich
diffuser à grande échelle	großräumig verbreiten	la concurrence déloyale	unlauterer Wettbewerb
avantageux, se	vorteilhaft		
la convention	Vertrag, Vereinbarung, Abkommen	déposer une plainte	Klage einreichen
		l'appropriation, f.	Aneignung
disparaître dans la nature	sich aus dem Staub machen	la violation	Verletzung, Übertretung

Compréhension

Trouvez la bonne réponse:

Madame Martin vient consulter Anne
a) parce qu'un de ses employés a disparu avec un logiciel.
b) parce qu'un employé de son associé a disparu avec un logiciel.
c) parce que son associé a disparu avec un logiciel.

Elle a peur
a) que le logiciel soit commercialisé à bas prix.
b) que le logiciel soit vendu très cher.
c) que le logiciel ne se vende pas du tout.

Anne lui propose
a) d'aller trouver la police.
b) de faire saisir les disquettes.
c) d'aller discuter avec Monsieur Cutugna.

Monsieur Cutugna
a) est licencié en droit.
b) a une licence d'informatique.
c) a été licencié.

Vocabulaire

Définissez les termes suivants extraits de l'entretien:

- un logiciel sophistiqué (ligne 9)
- développer (ligne 9)
- amortir un investissement (lignes 32–33)
- la combinaison d'un coffre (lignes 45–47)
- l'artillerie lourde (ligne 55)

26 C

Entretien avec un inspecteur de police

L'avocate poursuit la trace de Monsieur Cutugna. Elle s'adresse au commissariat de police.

Anne: Oui, allô, oui, bonjour Monsieur. Anne Reiser à l'appareil. Je cherche à *joindre* l'inspecteur Dechavanne, s'il vous plaît. Oui. Oui, inspecteur? Bonjour. Oui, vous me savez chargée des intérêts de Baviera SA. Voilà. Je vous téléphone dans le cadre de la plainte pénale déposée par cette société à l'encontre de Monsieur Cutugna. Voilà. Nous recherchons l'adresse de Monsieur Cutugna de toute urgence. Auriez-vous la *gentillesse* d'activer les recherches?
Ce serait très gentil. Voilà. Je compte sur votre appel. Je vous remercie infiniment. Au revoir, Monsieur l'inspecteur. Merci.

Interview de l'avocate

Anouk: Maître, je vais vous interrompre quelques instants. Quelle formation avez-vous reçue?
Anne: J'ai passé évidemment une *maturité*, grec-latin, les langues classiques, une maturité américaine également, et ensuite j'ai obtenu une licence en droit. J'ai effectué un stage d'avocat et j'ai obtenu mon brevet en 84, mon brevet d'avocat.
Anouk: Avez-vous toujours souhaité être avocate? Est-ce qu'adolescente, vous vous destiniez déjà à faire du droit?
Anne: Oh, absolument pas. Non, non. Adolescente, mes *tentations* allaient plutôt du côté de l'ouverture d'une école de langues, avec organisation d'échanges, ou alors de faire de la chanson. J'aimais beaucoup la musique, j'avais fait beaucoup de guitare classique, et puis lorsque j'ai vécu aux Etats-Unis, j'ai découvert le blues, le country et puis le folk, et puis j'ai adoré ça, et je me suis dit «tiens …».
Mais bon, j'avais un père qui me disait que sans diplôme universitaire il est très difficile de réussir dans la vie, ce qui fait qu'effectivement j'ai choisi le droit, un petit peu *par élimination*, en me disant que c'était la formation qui me permettrait de me mettre à mon compte le plus rapidement possible.
C'est ce que je souhaitais.
Anouk: Quelles qualités sont indispensables pour réussir dans le métier d'avocate?
Anne: Il faut vraiment aimer le genre humain pour pouvoir le comprendre, le *conseiller judicieusement*, être vraiment à son écoute, sans quoi, on fait un très mauvais avocat. D'autre part, il faut vraiment avoir le cœur à l'ouvrage, il faut

Le parc de l'Ariana à Genève – la sphère

beaucoup aimer travailler, être un travailleur acharné, *tenace*. On n'a jamais fini.
Vous savez, c'est un domaine dans lequel la loi évolue tellement, la *jurisprudence*
est sans cesse nouvelle, on n'arrête pas d'étudier, donc il faut aimer ça.
Et d'autre part, je crois qu'il faut avoir beaucoup de courage, beaucoup de
courage pour encaisser et *détourner* avec le sourire tous les coups qui sont
destinés à nos clients et faire en sorte d'élever le débat à son juste niveau.

Anouk: Quelles affaires traitez-vous généralement?

Anne: Alors, avant d'avoir mes enfants, je faisais beaucoup de *droit pénal*.
J'adorais le combat judiciaire. Il faut dire que j'aime beaucoup plaider.
J'ai le sens de l'*immédiateté*, j'adore ça. Il se trouve qu'avec les enfants,
j'avais besoin aussi d'avoir un peu plus de temps parce que le pénal, c'est génial,
mais on ne sait jamais quand on finit. Et actuellement, j'ai recentré complètement
mes activités. Je fais énormément de contrats, contrats de licence, de partenariat,
de distribution, ce genre de choses. Je conseille beaucoup plus des entreprises,
et le fait que j'ai fait beaucoup de judiciaire, m'aide énormément parce que
les contrats sont bien meilleurs, je crois, lorsqu'on a à l'esprit «qu'est-ce qui ne
pourrait pas aller du tout et comment ça se passerait si on voulait
soumettre à un juge».

Anouk: Constatez-vous une *montée* de la criminalité ou de la violence dans
la société?

Anne: La violence, oui. La montée de la violence qui va de pair, je trouve, avec
la montée de l'*indifférence*. Nous sommes, je trouve, dans une société très *éclatée*.
Nous n'avons plus tellement le sens de la communauté. Les gens ne *s'entraident*

pas beaucoup et dans cette période de crise économique, les riches deviennent plus riches, les pauvres plus *miséreux*. Et il y a tellement peu d'entraide qu'à l'évidence la violence *surgit*.

50 **Anouk:** Faut-il, selon vous, *autoriser* la *retransmission télévisée* de procès comme c'est le cas aux Etats-Unis?
Anne: Otto von Bismarck, je crois, avait cette réflexion tout à fait intéressante, «il y a deux choses qu'il ne faut jamais montrer aux gens en train de se rendre ou de se faire, la justice et les saucisses». Je crois que si le citoyen allait en cour de
55 justice voir, écouter le droit se rendre, je crois vraiment qu'il y serait surpris.
Je pense que c'est une bonne chose que les gens aillent écouter la justice se rendre. La justice est l'*émanation* de notre démocratie, et c'est très important. Ceci dit, quand tout est diffusé, dans le public, il y a un autre principe qui m'apparaît être violé, là, de manière absolument *irrémédiable*, c'est le respect de la *présomption*
60 d'*innocence*.

Résumé

Anne a suivi les conseils de son père: elle a d'abord passé une maturité suisse et américaine, c'est-à-dire un baccalauréat. Puis, par élimination, en mettant de côté tout ce qui ne l'intéressait pas, elle a suivi des études de droit. Une licence de droit, obtenue au bout de trois ans, puis un stage d'avocat l'ont menée finalement à son
5 diplôme, le brevet d'avocat.
Avant la naissance de ses enfants, ses préférences allaient vers le droit pénal, vers les affaires criminelles par exemple. Aujourd'hui, Anne s'est spécialisée dans le *conseil d'entreprises* en matière de contrats, de conventions. Les qualités nécessaires à l'exercice de son métier? Selon Anne, il faut aimer le genre humain, les hommes,
10 pour les comprendre; il faut aussi être travailleur pour suivre les changements de la loi, de la jurisprudence, et il faut être courageux pour «encaisser», recevoir les coups portés aux clients. Nous pourrions y ajouter l'objectivité: Anne ne trouve pas raisonnable de retransmettre des procès à la télévision; car pour elle, ce serait violer, blesser le respect de la présomption d'innocence, c'est-à-dire que ce serait oublier
15 de rester objectif face à l'accusé.

joindre	*hier:* erreichen	conseiller	beraten
la gentillesse	Freundlichkeit	judicieux, se	klug; vernünftig,
la maturité	*(Schweiz)* Abitur	judicieusement, *adv.*	scharfsinnig
la tentation	Versuch, Neigung	tenace	zäh
par élimination	nach dem Aus-	la jurisprudence	Recht(sprechung)
	schlußverfahren,	détourner	abwenden, abhalten
	unter Auslassung von	le droit pénal	Strafrecht

l'immédiateté, f.	Unmittelbarkeit, Unverzüglichkeit	la retransmission télévisée	Fernsehübertragung
la montée	Anstieg	l'émanation, f.	Ausstrahlung, Hervorgehen
l'indifférence, f.	Gleichgültigkeit		
éclaté, e	zersplittert	irrémédiable	unheilbar, nicht wieder gutzumachen
s'entraider	sich gegenseitig helfen, beistehen	la présomption	Vermutung, Annahme
miséreux, se	elend, mittellos, bettelarm	l'innocence, f.	Unschuld
surgir	auftauchen, zum Vorschein kommen	le conseil d'entreprises	Unternehmensberatung
autoriser	genehmigen		

L'article

Faut-il l'article défini ou pas?

Je crois que … Dupont sont des voisins très agréables.
… Sophie et … client sont là.
Nous avons rencontré à cette réception … général Gautier, … docteur Anselme, … maître Guichard et … professeur Tiron.
Avez-vous déjà vu … Sartre?

Savoir écrire

Anne schildert in einem Brief an Herrn Dechavanne den Fall Baviera SA. Sie bittet den Inspektor, Herrn Cutugna möglichst schnell ausfindig zu machen, da er sonst die Disketten billig auf den Markt bringen könnte.

26 D

Au palais de justice

Le palais de justice, situé sur la Place du Bourg-de-Four, dans la vieille ville. L'édifice qui abrite les différentes cours et leurs *greffes* a été construit au 18ᵉ siècle. C'est là que sont jugées les affaires civiles et pénales.

Anne fait un résumé

Anne: Alors nous avons donc retrouvé la trace de Monsieur Cutugna à Genève, grâce à l'inspecteur Dechavanne, ce qui a permis à Baviera de déposer aussi bien une plainte pénale qu'une requête de mesure provisionnelle à Genève. Nous

nous sommes rendus à l'*audience* de mesure provisionnelle, malheureusement,
Monsieur Cutugna n'y était pas. Je pense qu'il a eu un petit peur de *comparaître devant ce juge*, ce qui est malheureux, car nous n'avons pas pu récupérer les disquettes à cette occasion, raison pour laquelle nous avons demandé au *juge d'instruction* d'ordonner un *séquestre pénal* des disquettes. Ceci a été fait, grâce à une *perquisition au domicile* de Monsieur Cutugna. L'*instruction de la cause* a eu lieu. Maintenant nous sortons de l'*audience du tribunal* de police, au cours de laquelle Monsieur Cutugna a été jugé du *chef d'infraction à la loi* sur la concurrence déloyale, la loi sur le droit d'auteur et le code pénal.

Maître Reiser

Interview sur l'issue du procès

Anouk: Maître, Madame, je me permets de vous interrompre pour vous poser une question. Comment s'est déroulé le procès? Avez-vous *obtenu gain de cause?*
Anne: Oui, tout à fait. Nous sortons donc de l'audience du tribunal de police au cours de laquelle Monsieur Cutugna a été jugé. Il a été condamné du chef des infractions qui lui étaient *reprochées*. Il a évidemment tenté, pour sa *défense*, de *prétendre* que c'était lui qui avait créé le logiciel, ce qui a fait *sursauter* ma cliente, qui a vraiment consacré tellement de *deniers* au développement de ce logiciel que ça a un petit peu mis de l'ambiance au tribunal. Le juge ne s'y est pas trompé. Il nous a donné gain de cause. Il a *condamné* Monsieur Cutugna à quatre mois de prison, *avec sursis* pendant trois ans, une *expulsion* du territoire suisse, également avec sursis pendant trois ans, et le juge a également, et surtout c'est ce que nous désirions, ordonné la *dévolution* ou la *restitution* à Baviera SA des disquettes qui lui avaient été *dérobées*, ce qui fait que ma cliente est véritablement très contente. Pour nous, l'affaire est terminée, et je crois qu'il faut souligner qu'elle s'est passée aussi bien, que ce résultat a été aussi bon parce qu'elle a décidé de consulter très rapidement un avocat. Si elle avait attendu, peut-être que le résultat n'aurait pas été aussi bon.

Résumé ⚪⚪

Tout est bien qui finit bien, du moins pour la société de Madame Martin qui est de nouveau en possession de ses disquettes. Jusqu'à ce jour, il y a eu plusieurs audiences; Monsieur Cutugna n'est pas venu à la première, il n'a pas comparu devant le juge des mesures provisionnelles. Alors l'avocat a demandé un séquestre pénal des
5 disquettes; la police a été chargée par le juge d'instruction d'aller chercher les disquettes chez Monsieur Cutugna. Les disquettes ont été récupérées lors d'une perquisition, d'une recherche minutieuse au domicile de Monsieur Cutugna.
A l'audience du tribunal de police, Monsieur Cutugna a été condamné à quatre mois de prison et, comme il est Italien et qu'il a des antécédents judiciaires, à une expul-
10 sion de Suisse, le tout avec un sursis de trois ans.

le greffe	Gerichtskanzlei	le chef d'infraction	Anklagepunkt der
l'audience, *f.*	Anhörung	à la loi	Gesetzesübertretung
comparaître devant le juge	vor dem Richter erscheinen	obtenir gain de cause	(*Prozeß*) gewinnen
le juge d'instruction	Untersuchungs- richter	reprocher à la défense	vorwerfen Verteidigung
le séquestre pénal	(*Schweiz*) Beschlag- nahme	prétendre sursauter	behaupten, vorgeben hochfahren,
la perquisition (au domicile)	Hausdurchsuchung	les deniers, *m.pl.*	aufspringen (*veraltet*) Geld
l'instruction de la cause, *f.*	gerichtliche Vor- untersuchung	condamner avec sursis	verurteilen mit Bewährung
l'audience du tribunal, *f.*	Gerichtsverhand- lung	l'expulsion, *f.* la dévolution la restitution dérober	Ausweisung Rechtsübertragung Rückgabe entwenden

Traduisez le résumé en allemand.

Discussion

La justice est-elle trop lente et parfois impuissante face à la criminalité?

Faites un bilan

Subjonctif ou indicatif?
Il faut que nous ... cette dame. (inviter)

Quelle est la bonne forme?
C'est moi qui ... le premier. (être arrivé)

Quelle question a été posée?
. . . . ?
C'est à la dernière lettre que je pense.

La concordance des temps. Mettez le second verbe au bon temps:
Je croyais que je me ... trompé.

«à» ou «de»?
Cet enfant est habitué ... ne manger que des bonbons.

26 E

La vie privée d'Anne

Nous avons fait la connaissance de l'époux d'Anne et de ses enfants: son fils Scott, qui a deux ans et sa fille Roxanne, qui a quatre ans. Etant donné que le couple joue de plusieurs instruments, Anne et Christian essaient d'initier leurs enfants à la musique.
5 Le dimanche, quand il fait beau, la famille aime se promener au bord du lac ou faire aussi parfois une petite excursion en bateau.
A Corsier, un petit village de la rive gauche, Anne nous a parlé de sa vie privée.

Anouk: Vous exercez, votre mari et vous, le même métier, vous travaillez dans la même étude.
10 **Anne:** Oui.
Anouk: Alors est-ce que votre vie professionnelle *empiète sur* votre vie privée?
Anne: Absolument. Notre étude est répartie sur quatre étages. Mon mari est au rez-de-chaussée et moi-même j'exerce au quatrième étage. Eh bien voyez-vous, depuis les quatre ans que nous sommes associés, mon mari n'a jamais pris le
15 temps de monter dans mon bureau pour me faire mon affaire, ce qui fait qu'à l'évidence il doit être très occupé. Ceci dit, bon, *plaisanterie mise à part*,

il est clair que le métier que j'exerce prend tellement de temps que, à l'évidence, je dois rapporter du travail à la maison, et mon mari aussi, de sorte que notre vie professionnelle empiète sur la vie personnelle que nous pourrions avoir,
20 c'est normal. Le fait que mon mari soit avocat également, en revanche lui donne peut-être plus de gentillesse pour accepter que je travaille encore un peu à la maison et vice-versa. Mais le fait que nous partagions la même étude n'a aucune *incidence*, puisque nous avons chacun nos dossiers, chacun nos clients, chacun notre organisation.

25 **Anouk:** Profitez-vous de votre famille comme vous le désirez? Est-ce que vous avez parfois mauvaise *conscience* de ne pas vous consacrer exclusivement à l'éducation de vos enfants?
Anne: Je profite de ma famille, oui, le plus possible, mais il est vrai que quand on aime, on n'a jamais assez. J'adore mes enfants, et c'est vrai que je pourrais être
30 tout le temps avec eux, de même que je suis passionnée par mon travail et je pourrais tout le temps travailler. Alors j'essaie de concilier le mieux possible ces deux activités. Cela dit, avoir mauvaise conscience de ne pas m'occuper exclusivement de mes enfants, pour avoir mauvaise conscience, il faudrait que je sois *persuadée* qu'ils y perdent, je n'en suis pas convaincue.

35 **Anouk:** Quels sont les avantages d'une profession libérale?
Anne: Enormes, *innombrables*. Si je n'exerçais pas une profession libérale, je pense qu'il me serait très difficile de m'occuper de mes enfants.
Je suis mon propre patron, ce qui veut dire que je suis maîtresse de l'organisation de mon temps. Ça me permet de consacrer quelques après-midi à mes enfants,
40 toutes les semaines, et ça me permet aussi de travailler le soir, respectivement le week-end si les enfants font la sieste. C'est vraiment très bien.

Anne et sa famille

Les Reiser chez eux

Anouk: Quels sont vos loisirs?
Anne: Mes enfants, mon mari sont mes véritables loisirs. Ensuite, lorsqu'ils me laissent un petit peu de temps, j'ai beaucoup de plaisir à faire de la musique, j'adore cuisiner, coudre, j'aime beaucoup faire du sport. Je pratique du tennis, je me mets au golf, mais ça il faut du temps, je n'en ai pas beaucoup, et beaucoup de lecture. Je suis passionnée par l'histoire, le Moyen-Age, je lis énormément.

Résumé

Anne a certainement plusieurs passions: son mari et ses enfants, la musique, le sport, la lecture. Mais à côté de tout cela, l'amour de la justice et de sa profession reste *omniprésent*.

empiéter sur	ein-, übergreifen auf	la conscience	Gewissen
plaisanterie mise à part	Spaß beiseite	persuader	überzeugen
l'incidence, *f.*	Ein-, Nachwirkung	innombrable	unzählig, zahllos
		omniprésent, e	allgegenwärtig

Prépositions

Ajoutez les prépositions manquantes:

Son travail est réparti ... plusieurs jours.
Elle a mauvaise conscience ... partir sans ses enfants.
Il s'est mis ... tennis depuis deux mois.
Vous consacrez peu de temps ... vos clients.
Nous avons beaucoup de plaisir ... vous recevoir.

26 F

Les environs de Genève

Une grande partie du canton de Genève est recouverte de vignobles. La douceur du climat favorise la *maturation* du raisin. Ce sont avant tout les cépages blancs qui poussent sur ces coteaux. Outre la vigne, l'hôtellerie et le tourisme sont des *sources de revenu* très importantes.

5 Faisons une petite *escale* au Coppet. Ce petit bourg et son château évoquent le souvenir de Madame de Staël qui, chassée de Paris par Napoléon, s'est entourée d'un cercle littéraire au Coppet.

Sur un îlot *rocheux* se présente le château de Chillon. Cette forteresse médiévale et ancienne résidence seigneuriale est, elle aussi, pleine de souvenirs *évocateurs*. Dans
10 ses murs a été emprisonné au 16e siècle le prieur et patriote genevois Bonivard. Ses malheurs ont inspiré à Lord Byron, le poète anglais, son célèbre poème «Le Prisonnier de Chillon».

la maturation	Reifen, Reifwerden	rocheux, se	felsig
la source de revenu	Einkommensquelle	évocateur, -trice	wachrufend, herauf-
l'escale, *f.*	Zwischenlandung, -stopp		beschwörend

Questions

– Qui a rendu Coppet célèbre?
– Qui était Bonivard?
– Fait-il très froid dans le canton de Genève?

Le château de Coppet

Le château de Chillon

Schlüssel

Die Versionsabschnitte bedürfen einer Erklärung:
1. Da manche von ihnen zugleich der Wortschatzerweiterung dienen, enthalten sie begriffliche Wiederholungen und Synonyme. Bei der Übersetzung wird man – wo es angebracht ist – auf diese Verlängerung des Satzes verzichten.
2. Einige Texte sind ausgesprochene Redevorlagen und würden für einen gedruckten Text redigiert werden. In der Übersetzung darf natürlich der improvisierte Redestil zum Ausdruck kommen.

Unité 14

14 A

Questions

- C'est la Loire. (ligne 3)
- C'était un acte qui mit fin aux guerres de Religion en donnant aux protestants la liberté de culte. Il fut signé par Henri IV. (lignes 9–10)
- La France (l'Europe), l'Afrique et l'Amérique. (lignes 11–12)
- Jules Verne est né à Nantes. Parmi ses romans scientifiques d'anticipation comptent «Le Tour du Monde en quatre-vingts Jours». (lignes 17–19)
- Du commerce, de l'industrie agro-alimentaire et des activités portuaires. (lignes 3–4 et 24–25)

Vocabulaire

duc – duchesse – ducal – capitale – duché – chef-lieu – cité – ville – antiquaire – Antiquité.

Révision des temps

est devenue – est née – se sont fait construire – a vécu – a été signé

14 B

Expression écrite

Lösungsvorschlag:

La journée d'Olivier commence par la lecture des journaux régionaux.
Vers 9 heures, il se rend à la conférence de rédaction qui réunit le rédacteur en chef et l'ensemble des journalistes. C'est là que, selon l'actualité politique, culturelle ou sportive, on fixe les sujets de reportage pour la journée. Olivier revient ensuite dans son bureau et prépare ses reportages avec un cameraman. Il prend des rendez-vous, demande des renseignements puis écoute les informations à la radio.
L'après-midi, Olivier fait le tour des salles de montage. Les journalistes l'informent sur ce qu'ils ont fait et qui doit passer au journal régional qu'il va présenter le soir. Olivier écrit son texte.

Unité 14 219

14 C

Questions

- Il s'adresse à tout le monde, à toutes les couches de la population. (voir le résumé, lignes 1–2)
- Cette chaîne est financée d'une part par la redevance et d'autre part par la publicité. (voir l'interview, lignes 21–22)
- C'est le nombre de téléspectateurs qui regardent une certaine émission. (voir le résumé, lignes 10–11)

Prépositions

aux – du – à – de

14 D

Savoir écrire

Lösungsvorschlag:

Monsieur,

Etant le président du club de basket de ..., je proteste contre la façon dont votre journaliste a rendu compte du match que nous avons perdu dimanche dernier.

1) Il n'est pas exact qu'après le match, nos joueurs se sont battus avec leurs adversaires. Ils ont uniquement échangé quelques mots.

2) Il n'est pas vrai non plus que certains d'entre nous avaient trop bu. Avant comme après le match, nous n'autorisons que les boissons non alcoolisées.

Je trouve regrettable que la télévision soit si mal informée et qu'elle nous fasse une si mauvaise réputation. J'espère donc que vous allez rectifier vos informations dès votre prochain journal.

Veuillez recevoir, Monsieur, mes salutations distinguées.

14 E

Discussion

Lösungsvorschlag:

Non, je ne pense pas que la télé détruise la vie de famille. Il faut simplement la regarder avec modération, choisir ses émissions, ne pas passer des heures devant elle sans savoir ce que l'on veut voir. La télévision fait partie de la vie moderne; elle a, si on l'utilise avec intelligence, une fonction d'information, d'éducation, de distraction. Comme pour toutes les bonnes choses, la devise est «restons-en aux petites quantités».

Oui, la télévision détruit la vie de famille à partir du moment où elle fonctionne dès que l'on rentre chez soi, et qu'au lieu de se parler, on s'installe devant elle. Si la télévision remplace le dialogue entre les membres d'une famille, il y aura certainement un manque de vie sociale, un jour ou l'autre.

14 F

Übersetzung

Lösungsvorschlag:

Olivier hat einen beruflichen Werdegang, den viele Journalisten kennen oder selber kennengelernt haben. Nachdem er nicht in eine Journalistenschule aufgenommen wurde, aber unbedingt diese Laufbahn einschlagen wollte, hat er seinen Beruf von der Pike auf gelernt. Er ging zu einem Lokalsender, und zwar nach Angers und hat dort Tag für Tag eine journalistische Lehre absolviert.

Dann wurde er Korrespondent bei FR3, der frühere Name von France 3, in Angers. Und von dort wechselte er nach Nantes.

Carole, die Lebensgefährtin von Olivier, arbeitet als Dokumentalistin ebenfalls für France3. Aber diese Aushilfstätigkeit dient nur der Finanzierung ihres Studiums. In ihrer Freizeit unternehmen Olivier und Carole wenig, teils aus Zeitmangel, teils aus Trägheit, aus Bequemlichkeit. Sie haben kein Hobby, dem sie regelmäßig nachgehen. Höchstens ein wenig Lektüre von Zeitschriften, die wöchentlich oder monatlich erscheinen.

Und die Zukunft? Keine Frage, sie wollen nicht in Paris Karriere machen. Es lebt sich so gut in der Provinz.

14 G

Connaissance de la France

Unité 15

15 A

Vrai ou faux?

– faux (ligne 5)
– vrai (ligne 1)
– vrai (lignes 12–13)
– faux (ligne 14)
– vrai (lignes 2–3)
– faux (lignes 18–19)

15 B

Vocabulaire

dépôt (ligne 1)* – énormément d'avantages (ligne 6) – adepte (ligne 9) – délasser (ligne 7) – la ligne ; au bout (ligne 3 et 12)

(* voir le résumé, pages 28–29)

Unité 15

15 C

Questions

- Il voulait devenir pilote. (lignes 3–4)*
- A la fin de ses études, il a fait une demande d'emploi à la SNCF qui l'a embauché. (lignes 25–26)
- Il a débuté à Paris. (lignes 26–27)
- Il conduit 8 heures par jour, mais normalement, il a 1 ou 2 heures de repos après 4 heures de conduite. (lignes 13–16)
- Une fois par trimestre pour assurer le train de la poste. (lignes 36–37)
- A partir de 50 ans. (ligne 31)
- Il est originaire de Bretagne. (lignes 27–29)

(* voir l'interview, pages 30–31)

Übersetzung

Lösungsvorschlag:

Ein Kindheitstraum, der sich nicht erfüllt hat, nämlich Pilot zu werden.
Das hat Jean-Paul aber nicht daran gehindert, einen anderen Traumberuf zu ergreifen, einen Zug zu lenken. Jean-Paul ist sich der Verantwortung bewußt, die er trägt. Aber daran denkt er nicht ständig, er sieht sich als »Profi«, der ganz normal seine Arbeit erledigt.
Und die Geschwindigkeit? Selbst, wenn man sich daran gewöhnt, wird man beim Vorbeirauschen der Leitungsmasten, die entlang der Zugstrecke aufgestellt sind und dem Zug die Elektrizität zuführen, mit der Wirklichkeit konfrontiert.
Jean-Paul ist von der SNCF (der Staatlichen Französischen Eisenbahn) aufgrund seines Stellengesuchs eingestellt worden. Wie das im öffentlichen Dienst oft der Fall ist, wurde er zuerst nach Paris berufen. Dann, nach (Ablauf von) 5 Jahren, konnte er den Großraum Paris verlassen und in die Bretagne zurückkehren.
Ein TGV-Fahrer muß den genauen Fahrplan einhalten und ebenso seine Arbeitsstunden: 4 Stunden Fahrt in Folge, 1 bis 2 Stunden Ruhe, und dann noch einmal 4 Stunden Fahrt. Und wenn alles gut geht, kann er mit 50 Jahren in den Ruhestand gehen.
Erinnern Sie sich noch an die Voraussetzungen, die hierfür erforderlich sind? Man muß mindestens 25 Jahre gearbeitet und davon mindestens 15 Jahre einen Zug gelenkt haben.
Jean-Paul wird manchmal eingeteilt, auch andere Züge als den TGV zu fahren; so zum Beispiel den Postzug, der nachts fährt und die Post befördert.

15 D

Adjectif ou adverbe?

régulièrement – vite, rapidement – énormément – rentable – rarement – difficile – correct, correctement – absolument – précisément

Une lettre

j'ai oublié – parti – contenait – a été remis

Discussion

Lösungsvorschlag:

Non, nous n'avons pas besoin des trains à grande vitesse. Il y a déjà assez de trains, de routes, d'autoroutes et d'avions pour pouvoir se déplacer d'un endroit à l'autre.
Oui, nous en avons besoin pour pouvoir remplacer en partie la voiture ou l'avion. C'est aussi rapide et bien plus agréable car on peut s'y détendre ou travailler.

15 E

Questions

Lösungsvorschlag:

– On entend par là une nourriture faite à base de produits naturels, non traités chimiquement.
– Ils y contribuent en parlant le breton et surtout en l'enseignant à leurs enfants qui pourront eux-mêmes l'apprendre à leurs propres enfants. (voir le résumé, page 37, lignes 9-19)
– Il est de plus en plus difficile de conserver ses traditions dans une société qui demande à chacun d'être mobile, de s'adapter, de «fonctionner». Mais c'est possible lorsqu'on est conscient de son identité culturelle, et ce, depuis l'enfance, et lorsqu'on y reste fidèle.

Question personnelle

Lösungsvorschlag:

J'approuve que l'on s'intéresse à la nourriture biologique; il est certainement bon de s'interroger sur ce que l'on mange et sur les produits chimiques que contiennent nos aliments. Cependant, je pense qu'il ne faut pas non plus exagérer cette pratique et devenir esclave d'une philosophie. A mon avis, chacun doit rester critique et objectif.

Vocabulaire

mensuel – quotidien – annuel – hebdomadaire

15 F

Discussion

Lösungsvorschlag:

La langue bretonne, comme toute langue, est porteuse d'une tradition. Elle sert de moyen de communication entre les membres d'une société qui la parlent, la chantent, l'écrivent. Si elle se perd, c'est un peu de cette communication et le fait d'appartenir à un groupe qui se perdent. L'obligation de parler français a déjà détruit une grande partie de cette tradition.

15 G

Questions

– Il est formé de l'Armor, au bord de la mer, et de l'Argoat, l'intérieur, l'arrière-pays. (lignes 2–3)
– Elle a une très grande importance puisqu'elle fournit à la France la moitié de son besoin en poissons et fruits de mer. (lignes 11–12)

Unité 16

16 A

Compréhension

b) de Guillaume le Conquérant (lignes 8–9)
a) du Calvados (ligne 1)
c) l'Hôtel de Ville (lignes 10–11)

16 B

Savoir écrire

Lösungsvorschlag:
Martine a convoqué M. Martin et M. Delay pour une confrontation. Elle demande à chacun de donner sa version des faits. M. Delay reproche à M. Martin de lui avoir donné un coup de poing, alors qu'il raccompagnait Mme Martin chez elle. M. Martin n'est pas du tout d'accord. Pour lui, M. Delay s'est heurté à la portière de sa voiture. La confrontation n'a aucun succès: les protagonistes ne veulent pas changer d'avis. Chacun signe sa déclaration, et M. Delay s'en va en colère.

Questions

- Ils sont tous les deux de mauvaise humeur. Aucun d'entre eux n'est prêt à changer d'avis ou à faire des concessions. Ils ne pensent qu'à se disputer. Cela ne règle pas leur problème.
- Non, Martine est restée objective. Elle a l'habitude des confrontations et elle sait poser les questions nécessaires au bon moment.

Übersetzung

Lösungsvorschlag:

Jean-Yves Delay: Ich bleibe bei den Angaben, die ich Ihnen gegenüber gemacht habe. Martin hat mir in dem Augenblick, in dem er in Höhe meiner Autotüre erschien, mit der Faust ins Gesicht geschlagen. Ich habe dazu weiter nichts zu erläutern. Die Dinge haben sich so zugetragen, wie ich sie geschildert habe.

Jacky Martin: Ich bleibe dabei, Herrn Delay nicht geschlagen zu haben. Er selbst hat nämlich die Wagentür brutal aufgerissen. Es gelang mir, sie mit dem Knie zu blockieren. Die Tür schlug mit Gewalt zu und da er sich vorgebeugt hatte, bekam er die Wagentüre mitten ins Gesicht. Geschlagen habe ich ihn nicht. Ich war überhaupt nicht erregt, nur ein wenig überrascht, sie im Auto dieses Kerls zu sehen.

16 C

Questions

- Martine a changé de métier à la suite d'un échec au CAPES qui lui aurait permis d'enseigner dans un lycée. (lignes 17–20)*
- Elle traite surtout des petits litiges, des conflits qui opposent les gens dans la vie de tous les jours, comme des vols ou des dégradations. (lignes 36–40)

(* voir l'interview, pages 50–51)

Situation

– Pourriez-vous m'aider, s'il vous plaît?
– Pourriez-vous me rendre un service, s'il vous plaît?
– Ça vous ferait plaisir de dîner avec moi?
– Veuillez m'appeler un taxi, s'il vous plaît.
– Pourrais-je avoir une copie du procès-verbal?
– Je vous serais reconnaissant(e) de ne pas fumer au salon.

Discussion

Lösungsvorschlag:

Elle concerne directement la police et la justice, puisqu'elles y sont confrontées tous les jours. Mais la criminalité, c'est aussi un problème de société. Les causes sont diverses et connues: alcoolisme, solitude, chômage, racisme. En combattant ces causes, nous combattons aussi la criminalité.

16 D

Question

Martine est mariée et a deux enfants. Elle habite dans un petit village. C'est une grande sportive: elle pratique la course à pied, la natation et le ski. Elle apprécie aussi le jardinage *(Gartenarbeit)*, la lecture et le cinéma. (voir «Martine chez elle», page 53)

Compte rendu d'un accident

résidant – avoir été – s'est produite – était – étaient – roulant – n'a pas respecté – est rentré – a été blessée – a saigné – a été enfoncée – j'ai couru – a été hospitalisée.

16 E

Indicatif ou subjonctif?

sorte – a raison – prenne – veut – soient – aidiez – puisse – j'aie trouvé

16 F

Savoir écrire

Le 6 juin 1944, les alliés ont débarqué sur les plages de Normandie. Ils étaient plus de 250.000, en grande partie Américains. Pendant les batailles qui ont eu lieu, beaucoup d'entre eux sont morts; le cimetière de Colleville, près d'Omaha, compte 9.000 croix. Grâce au débarquement, l'Europe a pu retrouver sa liberté.

Unité 17

17 A

Questions

– C'est François Ier. (lignes 13–14)
– C'est l'architecte et urbaniste Auguste Perret. (lignes 16–17)
– La maison de la culture porte le surnom de «pot de yaourt». (lignes 18–20)
– C'est le premier port français pour les marchandises et conteneurs. (lignes 7–9)
– Le port emploie environ 12.500 hommes et femmes. (lignes 11–12)

17 B

Vocabulaire

portuaire – navire – dessinateurs – armateur – sous-traitance – chantier

Tout, toute, tous, toutes

tout – tout – tous – tout – toute – tous – Toutes – tout – toute

17 C

Savoir écrire

Lösungsvorschlag:

Monsieur le Directeur du Personnel
Chantier naval de ...

Monsieur le Directeur du Personnel,

Titulaire d'un diplôme professionnel de soudeur passé en Allemagne, je dispose de plusieurs années d'expérience dans divers chantiers navals d'Europe du nord.

Désirant exercer mon métier également en France et connaissant la bonne réputation de votre entreprise, je souhaiterais pouvoir faire partie de votre équipe, même pour une durée déterminée.

L'allemand est ma langue maternelle, mais je possède de bonnes connaissances en français et en anglais.

Je serais très heureux de vous rencontrer pour plus de détails et dans cette attente, je vous prie de croire, Monsieur le Directeur du Personnel, à l'assurance de ma considération distinguée.

Questions

- Il travaille dans la construction navale. (lignes 1–2)*
- Il y est entré en 1955. (ligne 3)
- Je pense qu'il est content de son travail et de l'ambiance dans l'entreprise.
- Au début, il était traceur de coque, et plus tard, il est devenu agent de maîtrise puis chef de travaux. (lignes 5–7)
- D'après Jacques, son métier offre beaucoup de débouchés et il y a un bon avenir pour les jeunes gens motivés. (lignes 34–40)
- On entend par là le métier de soudeur, de chaudronnier, de monteur, d'oxycoupeur. (lignes 2–4)**
- C'est une personne qui travaille pour une durée limitée (déterminée). (lignes 14–15)
- Leur fonction est de représenter les intérêts sociaux et professionnels de la population active. (lignes 1–2)***

(* voir l'interview, pages 65–66; ** voir le résumé, page 66; *** voir «Les syndicats», page 67)

Übersetzung

Lösungsvorschlag:

An einem schönen Sommermorgen wurde die «Marion-Dufresne II» vom Stapel gelassen. Dabei waren - wie immer - die Angehörigen der Arbeiter, die Bewohner der Umgebung und eine Gruppe Schüler des Département La Manche. Um 10 Uhr 30 glitt die «Marion-Dufresne II» vom Stapel und nahm Kontakt mit dem Wasser auf.

Der Bau des Rumpfes für dieses Forschungs- und Versorgungsschiff für die Südpolarländer begann Ende letzten Jahres. Die «Marion-Dufresne II» ist für Forschungsaufträge im Bereich der Geologie,

Geophysik, Biologie und Ökologie bestimmt und soll französische Unternehmungen in den Südpolarländern versorgen. Sie wird den Transport von wissenschaftlichen Mitarbeitern übernehmen und hat eine Aufnahmekapazität von insgesamt 160 Personen.

Discussion

Lösungsvorschlag:

A mon avis, il serait préférable de travailler pour vivre, pour pouvoir prendre son temps, se consacrer à son environnement, aux autres et à soi-même. Mais le marché du travail sans cesse en difficulté, le chômage, le coût de la vie ne nous permettent plus de choisir vraiment entre les deux solutions. Bien des gens sont obligés de vivre pour travailler, de passer plus de temps qu'il est nécessaire au bureau ou à l'usine. La vie de famille et en société en souffre.

17 D

Questions

- Il habite dans un petit village normand qui s'appelle Notre-Dame-du-Bec à environ 15 kilomètres du Havre. (lignes 1–2)*
- Il est marié, il a trois enfants adultes déjà mariés et aussi une petite-fille. (lignes 10–13)**
- Il est fermier par passion, il s'occupe des animaux et du jardinage, et de plus, il fabrique du cidre. (lignes 28–37)

(* voir «Jacques en privé», page 69; ** voir l'interview, pages 69–70)

Vocabulaire

natif de (interview, ligne 3) – son épouse (résumé, ligne 2) / une quinzaine d'années (interview, ligne 5) – le dada (interview, ligne 28) – l'activité (résumé, ligne 1)

Le futur

passeras, aura lieu - arrivera, mettra - obtiendrai, m'installerai - partira, s'occupera - l'oubliera

17 E

Connaissance de la France

Unité 18

18 A

Compréhension

b) un foyer d'art contemporain (lignes 7–8)
b) chinois (lignes 16–17)
c) le grand marché parisien (lignes 4–6)
a) dans le quartier de La Défense (lignes 24–26)

Übersetzung

Lösungsvorschlag:

Paris, die Hauptstadt Frankreichs, ist eine junge, lebendige Stadt, die in der ganzen Welt bekannt ist. Im Laufe der letzten 25 Jahre sind umwälzende Veränderungen vorgenommen worden. Dort, wo sich früher der große Pariser Lebensmittelmarkt befand, der durch Emile Zolas Roman »Der Bauch von Paris« unsterblich wurde, hat man das Hallen-Forum mit seinen Boutiquen und Ladengalerien eröffnet. Im Herzen dieses alten Viertels befindet sich das Centre Pompidou, bekannt auch unter dem Namen «Beaubourg». Es sieht wie eine Fabrik aus, ist aber ein Museum für zeitgenössische Kunst. Die Besucher werden wie mit der Rohrpost von einer Ausstellung zur anderen befördert. Nicht wenige von ihnen wollen eigentlich bloß die Dächer von Paris sehen.
Zu Füßen des Centre Pompidou haben sich die Wasserspielfiguren von Niki de Saint-Phalle und Jean Tinguely zu einem Stelldichein gefunden. Dieser 1983 erbaute Brunnen heißt »Hommage an Stravinsky«. Die Kompositionen versinnbildlichen die Werke des russischen Musikers.
François Mitterrand hat die großen baulichen Veränderungen veranlaßt, die seine Amtszeit als Präsident der Republik kennzeichnen: Die Pyramide vor dem Louvre. Der chinesische Architekt Ieoh Ming Pei hat sie geschaffen und sich dabei von der großen Pyramide von Giseh in Unterägypten inspirieren lassen.

Vocabulaire

l'entreprise, *f.* – l'ouverture, *f.* – la construction – la création – le relogement – le bâtiment – l'administration, *f.* – la couleur – la jeunesse – la vie

18 B

Questions

Lösungsvorschlag:

– Philippe n'est pas toujours d'accord pour implanter des bâtiments contemporains au milieu de quartiers anciens. Cependant, en tant qu'homme moderne, il pense que selon la fonction de ces bâtiments, il faut adapter l'architecture, donc créer de nouvelles formes. Il cite en exemple le Centre Georges Pompidou. (voir l'interview, page 78, lignes 14–26)
– Non, ce n'est pas peine perdue car ces monuments sont notre patrimoine, notre tradition culturelle, historique, architecturale. Si nous ne les conservons pas, nous perdons une grande partie de notre identité.

Commentaire

Lösungsvorschlag:

Il s'agit de grands travaux de modernisation et d'urbanisme comme par exemple la construction du Forum des Halles, de Beaubourg ou de la Grande Arche à La Défense. Les avantages sont divers:

ces travaux permettent de remplacer certains quartiers en très mauvais état et également de donner une nouvelle physionomie à la ville. L'inconvénient majeur est que ces nouveaux ensembles ne sont pas toujours en harmonie avec l'architecture traditionnelle.

Question personnelle

Lösungsvorschlag:

– Oui, j'aimerais y vivre car elle a l'avantage des grandes capitales: activité économique et culturelle, population multiraciale, centre de la mode, de l'art et de la littérature.
– Non, je n'aimerais pas y vivre car Paris est une ville très fatigante. Comme dans toutes les capitales, on passe son temps dans les transports en commun et les trains de banlieue. Je préfère y aller en vacances pour plusieurs jours.

18 C

Questions

– C'est un des clients de Philippe. Il est éditeur. (lignes 4–5)*
– Il a lieu à Saint-Germain-des-Prés, à la maison d'édition de Monsieur Verret. (lignes 1 et 3–4)
– Elle se trouve dans l'île de Ré. (lignes 4–5)
– Oui, il l'a persuadé car il lui a proposé une solution de remplacement qui lui convient.

(* voir «Philippe a rendez-vous ...», page 80)

Savoir écrire

Lösungsvorschlag:

Cher Monsieur,

Donnant suite à notre entretien d'aujourd'hui, je vous confirme mon accord pour la modification des plans de ma propriété de l'île de Ré. Veuillez me faire parvenir les nouveaux plans lorsqu'ils seront prêts. Je vous téléphonerai pour un prochain rendez-vous.

Merci et cordialement,

18 D

Questions

– Il s'est installé dans le 6e arrondissement ou «Quartier latin». (ligne 1)*
– Il a passé deux baccalauréats, a commencé des études dans une école d'ingénieurs puis s'est inscrit aux Beaux-Arts pour apprendre l'architecture. (lignes 26–30)
– Etre polyvalent, c'est être en mesure de faire des choses très différentes les unes des autres dans le cadre d'une profession. Philippe veut dire par là qu'il ne réalise pas que des grands projets (HLM par exemple), mais qu'il travaille aussi pour des particuliers. (lignes 36–45)
– Il n'a pas vraiment de projet de rêve, mais il souhaite pouvoir réfléchir à la modification de la France, à l'équilibre entre la ville et la campagne d'ici l'année 2015. (lignes 47–51)

(* voir l'interview, pages 83–85)

Vocabulaire

est très attaché à (lignes 1–2)* – donné rendez-vous (ligne 3) – j'ai l'habitude de (ligne 15) – obtenu (ligne 1)** – rabattu (ligne 3) – le délai (ligne 11) – d'engendrer (ligne 12)

(* voir l'interview, pages 83–85; ** voir le résumé, page 85)

18 E

Compréhension

Philippe a d'abord été architecte-conseil pour l'Etat. Aujourd'hui, il est architecte indépendant et réalise autant des propriétés privées que publiques (mairie, école, bureau de poste, syndicat d'initiative).

Le pronom relatif

que – qui – que – qui – auxquels – auxquelles – où – ce que – à qui – dans laquelle

18 F

Questions

- Il dit que c'est compliqué car il lui est difficile de concilier ses activités professionnelles à Paris, dans l'île de Ré et dans la Vienne, avec tous les rendez-vous que cela comporte, et sa vie de famille. (lignes 3–11)*
- Philippe essaie de s'occuper le plus souvent possible de ses enfants. Il les amène à l'école, les voit le soir, sort avec eux le week-end. Mais c'est son épouse qui a la plus grande part de responsabilité. (lignes 14–21)

(* voir l'interview, pages 89–90)

18 G

Questions

- Son activité préférée est d'aller au marché aux puces de la porte de Vanves. (lignes 1–2)
- C'était autrefois une gare. (lignes 6–7)
- Monet qui a peint les «Nymphéas», et Renoir avec le «Bal au moulin de la Galette». (lignes 10–11)

Connaissance de la France

1 b – 2 e – 3 d – 4 c – 5 a

Unité 19

19 A

Questions

- C'était Louis XIV. (ligne 5)
- Le traité de Versailles mit fin à la Première Guerre mondiale. Il fut signé en 1919 dans la Galerie des Glaces, la partie la plus célèbre du château de Versailles. (lignes 11–13)
- En 1789, pendant la Révolution Française. (lignes 15–16)
- C'était André Le Nôtre. (lignes 16–17)

19 B

Questions

- Chantal a commencé à pratiquer la musique très tôt, vers huit ans. Elle a d'abord joué de l'accordéon, puis elle a découvert la percussion. Après de nombreuses années d'écoles de musique diverses, elle est arrivée il y a quatre ans au Conservatoire de Versailles où elle a obtenu

un prix d'honneur. Actuellement, Chantal espère trouver un poste de percussionniste dans un orchestre, mais elle prépare également un Certificat d'aptitude à l'enseignement de la musique.
- L'événement important a été la découverte de la percussion lors d'un concert, ce qui a poussé Chantal à abandonner l'accordéon.
- Je lui demanderais si ..., pourquoi ..., quand ...

19 C

Vocabulaire

transformations (ligne 2) – à part (ligne 4) – la réputation d'avoir manqué quelque chose (lignes 7– 8) – un emploi (ligne 12) – ne cache pas (ligne 16)

Übersetzung

Lösungsvorschlag:

Herr Gualda unterrichtet ein Fach, das vor 25 Jahren noch selten war. Seither hat es sehr viele Veränderungen gegeben. Einerseits ist die Musik für diejenigen zugänglich geworden, die den Wunsch verspüren, sie kennenzulernen. Andererseits hat diese Entwicklung es erlaubt, bestimmte Instrumente zu entdecken, die bislang eher als sonderbar, als unkonventionell beurteilt wurden. So haben Perkussion oder auch Orgel und Cembalo erst vor kurzem in der Musikerziehung ihren Platz gefunden. Die Musiker, die diese Instrumente wählten, hatten früher mehr den Ruf, bei etwas versagt, etwas verfehlt zu haben. Heute bestehen diese Unterschiede in den Fächern nicht mehr. Herr Gualda spricht sogar von einer Gesamtheit, welche die verschiedenen Instrumente bilden.
Und wie sieht die Zukunft aus? Was wird aus Chantal und ihren Kommilitonen vom Konservatorium? Nach dem Urteil ihres Professors haben sie Aussichten, eine Stelle zu finden. Aber mehr als früher unterliegen sie einer Auslese – zuerst auf dem Konservatorium, dann auf nationaler und sogar auf europäischer Ebene. Da das Niveau sehr hoch ist, wissen die Musiker, daß die Meßlatte sehr hoch anzusetzen ist, das heißt, daß sie hoch qualifiziert sein müssen.
Herr Gualda verschweigt nicht das Konkurrenzdenken, das manchmal unter den Musikern herrscht. Vielfach führt es zu einem Wetteifer, mit der Motivation, sich ständig zu verbessern.

Une demande d'emploi

cherche – violoniste – candidature – pratique – classe de perfectionnement – suivi – expériences – à l'étranger – décrire – disposition – complémentaire

19 D

Questions

- Elle prépare un certificat d'aptitude pour pouvoir enseigner la musique. (voir «Valentin à la batterie», page 101, ligne 1)
- Valentin est l'un de ses élèves. Il apprend la batterie. (voir titre, page 101)
- Il n'y a pas d'âge pour la découverte de la musique ou d'un instrument. Un enfant devrait commencer lorsqu'il le désire, et s'il le désire.

19 E

Compréhension

b) six à sept heures (ligne 8)* b) se déplace relativement souvent (lignes 15–17)
a) Béarnaise (lignes 25–26) b) les Pléiades (ligne 15)
  (* voir «La vie privée ...», pages 102–103)

Unité 19

Vocabulaire

plus fort – souvent – abandonné – raté

Traduction

– Elle a sorti les notes de son sac.
– Chantal a reçu un prix d'honneur. Nous l'avons félicitée.
– Monsieur Gualda l'a beaucoup aidée.
– Elle est montée dans le train de Paris.

Gérondif ou participe présent?

<u>En prenant</u> la deuxième rue à gauche, vous verrez le château.
Monsieur Gualda <u>donnant</u> un concert, il ne peut pas venir au vernissage ce soir.
Bien qu'<u>aimant</u> son pays natal, Chantal ne veut plus vivre là-bas.
<u>En lisant</u> le journal, il prend son petit déjeuner.

Discussion

Lösungsvorschlag:

Oui, la musique joue un grand rôle de détente. Il est agréable, dans un moment de fatigue, de pouvoir fermer les yeux et de s'échapper en musique. Il y a aussi des moments où l'on écoute de la musique par plaisir, parce qu'un morceau est particulièrement beau ou particulièrement bien joué.
Ce que je préfère, c'est la musique classique / le rock / le jazz / la musique folklorique …

19 F

Mots croisés

¹V	E	²R	S	A	I	L	L	E	S		³E	⁴T	⁵E
		A								⁶C	R	U	
⁷V		⁸V	A	⁹L	E	N	¹⁰T	I	N			O	
¹¹A	G	E		E			R			¹²P	A	I	¹³X
		L		S		¹⁴B	A	C		L		¹⁵S	E
¹⁶P						D				E			N
¹⁷A	U				¹⁸L	U	N	D	I				A
U		¹⁹P			C				A				K
	²⁰C	O	L	²¹B	E	R	T		D				I
²²B	A	S	T	I	L	L	E		²³P	E	U		S
E		T		²⁴L	E	U	²⁵R		S				
A		E		²⁶H	E	U	R	E			²⁷T	O	N
R									²⁸A	O	U	T	
²⁹N	O	N		³⁰R	E	P	E	T	I	T	I	O	N

232　　　　　　　　　　　　　　　　　　　　　　　　　　　　　　　　　　　　　　Schlüssel

Unité 20

20 A

Compréhension

b) d'un bouchon (lignes 3–4)
a) son activité textile (lignes 10–11)
c) une collection d'outils anciens (lignes 15–16)
a) 65.000 (ligne 10)

20 B

Questions

- Il est question du menuisier, du charpentier, du zingueur, du maçon et du couvreur. (voir le résumé, lignes 1–6)
- Le menuisier produit des ouvrages en bois pour le bâtiment, par exemple le plancher. (voir le résumé, lignes 12–13)
  Le charpentier fait le colombage. (voir «Michel sur le chantier», ligne 5)
  Le zingueur travaille le zinc. (voir l'entretien, lignes 36–37)
  Le maçon réalise une construction en maçonnerie ou de légers ouvrages, par exemple les enduits. (voir l'entretien, lignes 20–25)
  Le couvreur assure la couverture d'un bâtiment. (voir l'entretien, lignes 31–32)
- La SARL est une entreprise sous forme de société à responsabilité limitée. (voir «Michel sur le chantier», ligne 2)

20 C

Vocabulaire

- un enfant qui a perdu ses parents
- monter une entreprise (et avoir des salariés)
- avoir du travail
- la durée pendant laquelle on apprend les bases d'un métier

Questions

- Il s'est installé en Champagne. (voir «Commentaire …», page 108, lignes 1–2)
- Très tôt, à l'âge de 13 ans. (voir l'interview, pages 113–115, lignes 1–3)
- Il a choisi ce métier après une orientation professionnelle et parce qu'il a aimé le bois dès le premier moment. (voir l'interview, pages 113–115, lignes 7–8)

Discussion

Lösungsvorschlag:

A mon avis, l'avenir des professions artisanales est en danger si l'industrie continue à produire en masse et bon marché. Comme le dit Michel, beaucoup de clients préfèrent déjà aller dans des grands magasins car les meubles y sont d'une relative bonne qualité et d'un prix raisonnable. Heureusement, certains aiment encore les «belles choses» faites sur mesure; ces clients-là sont prêts à payer davantage pour un travail de meilleure qualité.

Unité 20   233

20 D

Questions

- Il règne une ambiance agréable dans l'atelier de Michel. Chacun a la place dont il a besoin pour travailler.
- Deux ouvriers et Michel. (voir le résumé, pages 116–117, ligne 1)
- Le menuisier a beaucoup d'outils. Parmi les plus courants, il y a le marteau, le rabot, les tenailles. (voir «Michel au travail», page 118, lignes 1–2)
- Un devis est une description détaillée des travaux que doit effectuer l'artisan. Il en indique aussi le prix. Il sert de base à la commande définitive. (voir le résumé, pages 116–117, lignes 5–6)

Traduction

Lösungsvorschlag:

- Leider ist unser Kostenvoranschlag unbeantwortet geblieben …
- Einzelheiten können Sie dem beiliegenden Prospekt entnehmen.
- Sehr geehrter Herr …, ich bestätige den Empfang Ihrer Bestellung vom 20. Januar.
- Wir danken Ihnen für Ihr Angebot und bitten Sie, uns … zu liefern.

20 E

Questions

- C'est avant tout la marche à la campagne. (lignes 3–4)*
- Ils viennent tous les deux de Normandie. (lignes 7–8)

(* voir le résumé, page 120)

Vocabulaire

la gestion – l'exposition, *f.* – la décision – l'aménagement, *m.* – l'apprentissage, *m.* – le salaire

Pronoms possessifs

le mien – la vôtre – les tiennes – les leurs – la sienne

20 F

Übersetzung

Lösungsvorschlag:

Im Wirtschaftsleben der Champagne spielt der Weinanbau eine bedeutende Rolle. Die Bezeichnung «Champagne» ist auf eine Fläche von 30.000 Hektar beschränkt, die sich vom Marnetal und den Hügeln um Reims und Epernay bis zur Aisne und Aube erstreckt.
Der Kreideboden nährt die Weinstöcke. Um Champagner herzustellen, braucht man mindestens drei Rebsorten. Ein Drittel weiße Trauben, die Chardonnay-Traube, und zwei Drittel rote Trauben, die Pinot Noir- und die Pinot Meunier-Traube.
Auf dem Hügel, der das Marnetal beherrscht, liegt die ehemalige Abtei von Hautvillers, wo Dom Pérignon, ein Mönch, die Champagner-Herstellung »erfunden« haben soll. Diese besteht nämlich darin, einen stillen Wein durch eine zweite Gärung in einen schäumenden Wein zu verwandeln.
In den Kellergewölben, die oft in ehemaligen gallo-römischen Kreidestollen liegen, reift der Wein bei gleichmäßiger Temperatur. Alte Werkzeuge erinnern daran, wie man in früherer Zeit Champagner herstellte. Selbst das Rüttelpult – eine Erfindung der Witwe Cliquot – wird eines Tages ver-

schwinden, um von einer Maschine ersetzt zu werden. Aber noch gibt es den Rüttler, der drei Monate lang die Flaschen täglich um einen Achtelkreis dreht, damit man die Gärungsreste entfernen kann. Um einen Champagner von gleichmäßig guter Qualität und gutem Geschmack zu erzielen, verbinden die Winzer die einzelnen Rebsorten und Lagen. Das Ergebnis heißt »Verschnitt«.

Unité 21

21 A

Questions

- Ils s'appellent les Messins. (ligne 7)
- Ce sont la Moselle et la Seille. (lignes 1–2)
- A l'Allemagne. (ligne 12)
- Ils travaillent dans le commerce, l'informatique, la technologie de pointe, la communication. (lignes 2–3 et 18–19)

21 B

Questions

- De la farine, de l'eau, de la levure et du sel. (voir «Christian fait son pain», page 125, lignes 3–6)
- Le pain industriel n'est pas d'aussi bonne qualité que le pain artisanal: la farine est souvent différente, les temps de pointage sont plus courts. Le pain est meilleur marché, mais il a moins de goût. (lignes 10–15)*
- Il a appris le métier de pâtissier. (lignes 3–4)
- Les employés de Christian sont soit à la vente, à la boulangerie et aux dépôts de pain, soit au fournil où ils se chargent de la patisserie et de la boulangerie. (ligne 7)

(* voir le résumé, pages 127–128)

Vocabulaire

petit commerce – apparaître – la hausse du pouvoir d'achat – un pain exceptionnel – être salarié

21 C

Savoir dire

- Je voudrais commander trois pains de seigle et cinq tartes aux pommes pour samedi.
- Le pain aux céréales que je vous ai acheté ce matin n'était pas frais.
- Pourriez-vous me mettre de côté ces trois pains aux raisins?

Savoir écrire: un fax

Lösungsvorschlag:

Cher Monsieur,
M'auriez-vous oublié? Je vous ai commandé le mois dernier 20 sacs de farine biologique qui malheureusement ne sont toujours pas arrivés à la boulangerie. Mes réserves baissent … Je vous serais très reconnaissant de bien vouloir me faire livrer cette farine le plus rapidement possible. Merci!
Salutations distinguées, Christian Haberey

Le plus-que-parfait

n'avait pas vu   –   n'avais pas reçu   –   étaient sorties   –   était partie   –   j'avais su

21 D

Übersetzung

Lösungsvorschlag:

Die Arbeitsstunden eines Bäckers und Konditors machen das Familienleben nicht leicht. Da Christian bereits ab Mitternacht in der Backstube steht und Patricia praktisch den ganzen Tag im Laden ist, versuchen er und sie von Zeit zu Zeit sich in ihre Wohnung zurückzuziehen. Die Habereys haben im allgemeinen einen Ruhetag pro Woche; wenn jedoch ein Problem auftaucht, dann arbeiten sie 7 Tage, wie in dieser Woche, wo sich eine Verkäuferin den Knöchel verstaucht hat. Patricia widmet ihre freie Zeit der Organisation ihres Alltagslebens: Einkäufe, außerschulische Aktivitäten der Kinder. Trotzdem sehen Christian und Patricia manchmal ihre Freunde. Die Abende spielen sich mehr oder weniger vor dem Fernseher ab und sind nicht allzu lang ...
Urlaub? Ja, schon. Aber den unterbricht Christian regelmäßig, um nachzusehen, ob in den Geschäften, die geöffnet geblieben sind, alles in Ordnung ist. Vorhin haben wir Sébastien kennengelernt, der mit seinem Vater seine Erdkundelektion gelernt hat. Das Thema war die Lage Frankreichs in der Welt. Sébastien hat gelernt, daß der Globus in zwei Erdhälften geteilt ist und daß Frankreich in der nördlichen Hemisphäre liegt, in gleicher Entfernung von Nordpol und Äquator. Sébastien weiß auch schon, daß Frankreich in der gemäßigten Zone liegt, d. h. daß sein Klima nicht zu heiß und nicht zu kalt ist. Und wenn Sie eines Tages von einem Hexagon hören, sollten Sie wissen, daß es sich um Frankreich handelt. Schauen Sie sich eine Landkarte an und Sie werden feststellen, daß es wie eine geometrische Figur sechs Seiten hat ...

Révision des temps

était en grève   –   ferez part   –   seras arrivé   –   sont rencontrés   –   avaient   –   est arrivé

21 E

Discussion

Lösungsvorschlag:

Non, je ne la partage pas parce que, dans une société moderne, l'homme ne s'identifie pas qu'à son métier. Il a d'autres décisions importantes à prendre et ne s'oriente pas toujours selon sa profession. Oui, je suis d'accord car ce choix influence fortement la vie d'une personne, autant s'il est bon que s'il est mauvais.

21 F

Questions

- Cette mode remonte à l'empereur Napoléon III dont la santé était faible. (lignes 2–3)
- De la Lorraine. (ligne 1)
- Ces eaux jaillissent au milieu du massif des Vosges, dans le sud de la Lorraine. (lignes 3–4)
- Les raisons varient de la remise en forme jusqu'au traitement médical contre les douleurs. (voir «Entretien avec des curistes», lignes 10–39)
- Le premier curiste par exemple s'intéresse particulièrement au casino ... (voir «Entretien avec des curistes», ligne 16)

Unité 22

22 A

Questions

- C'est la Somme. (ligne 12)
- Ce sont des fruits et des légumes. (lignes 15–16)
- Le marché se tient tous les jeudis et samedis matin au bord de l'eau (ou: au bord de la Somme). (lignes 16–17)
- Il s'agit du quartier Saint-Leu. (lignes 8–9)

L'adjectif des villes

Amiénois – messine – parisien – nantaise – Montpelliérain – bordelaise

22 B

Questions

- La bibliothèque réserve une partie de ses locaux à un espace enfants, qui s'adresse autant aux tout-petits qu'aux jeunes adolescents. (voir le résumé, page 142, ligne 3)
- J'emprunte généralement ... / Je n'en emprunte pas.
- a) Georges Simenon – b) Guy de Maupassant – c) Molière – d) Gustave Flaubert – e) Victor Hugo – f) Jules Verne

Vocabulaire

rénové – l'ambiance – un endroit – ouvrages – passe-temps favori – se détendre

22 C

Questions

- Elle se destinait à l'enseignement, mais elle dit s'être trompée. (lignes 23–24)*
- Elle est responsable de l'animation de la bibliothèque. Elle organise donc des expositions, des spectacles pour enfants, des projections. (lignes 3–10)
- Marie-Pierre a tout d'abord passé un bac, puis un DEUG et enfin un concours d'aptitude aux fonctions de bibliothécaire. (lignes 18–20)
- C'est une sorte d'amour spontané et court pour un objet, un livre, un film... (lignes 15–16)**

(* voir l'interview, pages 144–145; ** voir le résumé, page 145)

Révision des temps

a eu – qu'elle ferait – avait redécouvert – que nous avons mis

22 D

Questions

- Le bibliobus apporte la lecture aux personnes qui n'en ont pas l'habitude ou encore qui n'ont pas la possibilité de se rendre à la bibliothèque. (lignes 30–37)*
- Elle s'adresse à tous les publics, de l'enfant au chercheur en passant par l'étudiant ou le simple usager. (lignes 2–3)**

- Les trésors de la bibliothèque sont regroupés dans le fonds d'étude; il s'agit en particulier d'incunables et de manuscrits anciens. (lignes 8–12)

(* voir l'interview, pages 147–148: ** voir le résumé, page 148)

Vocabulaire

la parution – la lecture – la consultation – écrivain – la publication – d'acquisitions

Discussion

Lösungsvorschlag:

Ce phénomème s'explique peut-être par le fait qu'il y a de plus en plus de publications, dans des domaines de plus en plus divers. Ainsi, chaque couche de la population est touchée par le marché du livre. Qu'il s'agisse de sport, d'informatique, de langues, de couture ou tout simplement de littérature, le public a un choix immense qui peut représenter une concurrence pour la télévision.

22 E

Questions

- Il est infirmier. (ligne 12)*
- Marie est en terminale, la dernière classe du lycée. (lignes 27–28)
- Les Cauvin passent leurs vacances dans le sud de la France, en Camargue. (lignes 63–65)
- Ils y préparent tous les trois ans un spectacle «Son et Lumière» qui réunit plus de 300 enfants. Ils se chargent des accessoires, des costumes, de la bande-son. (lignes 44–50)**

(* voir «Marie-Pierre en privé», pages 150–152; ** voir aussi le résumé, page 152, lignes 9–11)

Extrait de «Bel Ami»:
Le passé simple

fut – demeura – réfléchit – mit – parvint – s'arrêta

22 F

Übersetzung

Lösungsvorschlag:

Die Bucht der Somme – ein Kleinod der Natur in der Picardie. Unendliche Vogelschutzgebiete und ein einmaliges Licht sind hier charakteristisch. In dieser Ecke Frankreichs gibt es keine großen Städte. Die Natur ist hier »Königin«.
In Valéry-sur-Somme finden wir eine historische Fährte: 1066 brach Wilhelm der Eroberer von dem kleinen Hafen von Saint-Valéry aus auf, um England zu erobern.
Mit etwa 60 Kilometern Küste ist das pikardische Küstengebiet das am wenigsten verstädterte. Man kann hier in vollen Zügen eine salz- und jodhaltige Luft einatmen, die durch nichts verschmutzt wird.

Unité 23

23 A

Questions

- Elle rappelle le Général de Gaulle qui est né à Lille. (ligne 13)
- Il s'agit de Pierre Mauroy, ancien Premier Ministre. (lignes 19–20)
- Lille se trouve au point-charnière *(Knotenpunkt)* de l'Eurostar qui assure la liaison entre la Belgique, la France et la Grande-Bretagne. (lignes 25–28)

Vocabulaire

aux confins (ligne 1) – fouiller (ligne 10) – joint (ligne 25) – a vu le jour (ligne 19) – la mise en service (ligne 27)

23 B

Compréhension

c) un village
a) de drapeaux
c) un peu de tous les niveaux
b) une commande

Le passif

de – par – par – de – par – par

23 C

Questions

- Elle coordonne les commandes que les clients lui passent par téléphone et la production à l'atelier. Elle conseille souvent les couturières dans leur travail. (lignes 2–9)*
- Marie-Bernadette ne suit pas les horaires normaux. Elle travaille très souvent jusqu'à 18 ou 18 heures 30. (lignes 11–14)
- Elle a commencé il y a plusieurs années déjà. (lignes 25–26)
- Oui, car c'est un travail très varié. Il y a sans cesse de nouveaux clients, de nouvelles commandes, donc de nouveaux produits.

(* voir l'interview, pages 158–160)

23 D

Une lettre

entretien – confirme la commande – livrerons – drapeaux – d'ici – prix – T.V.A. (taxe sur la valeur ajoutée) – remercions de – disposition

Indicatif ou subjonctif?

parte – voulez – fut partie – fasse – auriez – reçoive – revienne – prenne – finissions

23 E

Questions

- Marie-Bernadette est mariée, elle a une fille de 24 ans encore étudiante. Elle a toujours vécu à Avelin. (lignes 3, 28–29 et 35)*
- La couture et aller voir des amis. (lignes 15–20)
- La Champagne qu'elle appelle aussi le demi-sud. (lignes 43–45)

(* voir l'interview, pages 165–166)

23 F

Questions

- Il était commerçant. (ligne 4)*
- Lille était le centre des industries lourdes: charbon, métallurgie. (lignes 6–11)
- Surtout des sociétés de vente par correspondance, de distribution. (lignes 37–39)
- Je récupère le papier, le verre, les métaux. J'essaie de ne pas utiliser ma voiture trop souvent, de ne pas gaspiller *(verschwenden, vergeuden)* l'eau. Je ne jette pas de déchets dans la nature.

(* voir l'interview, pages 167–168)

Übersetzung

Lösungsvorschlag:

An Gründen, sich in Lille niederzulassen, mangelt es nicht.
Einmal die geographische Lage, dann auch die historische Bedeutung der Stadt. Hier treffen drei Kulturen zusammen, die Europa geformt haben, die lateinische, die germanische und die angelsächsische. Andererseits ist die geographische Lage auch außergewöhnlich dank der neuen Verkehrsmittel, sei es das Autobahnnetz, vor allem aber der TGV durch den Lille im Mittelpunkt eines, sagen wir, fast magischen Dreiecks liegt, mit London, Paris und Brüssel. Hinzu kommt ein wirtschaftlich äußerst leistungsfähiges Umfeld, d. h. viele Unternehmen, die Lille zum bedeutendsten Einkaufszentrum Europas machen, aufgrund seines Versandhandels mit riesigen Verteilernetzen. Lille kommt auch auf dem Industrie-, Universitäts- und Wissenschaftssektor eine große Bedeutung zu. An den verschiedenen Universitäten und allen Ingenieurschulen, die wir hier in Lille haben, studieren 100.000 Studenten.

Discussion

Lösungsvorschlag:

Oui, je partage cette opinion à condition que les villes organisent un système de transports en commun (métro, bus) qui fonctionnent bien et à toute heure. Cependant que faire lorsqu'on effectue des courses importantes et qu'il faut porter des paquets peut-être lourds?

Connaissance de la France

		1	P	A	R	I	S		
	2	A	M	I	E	N	S		
		3	B	R	E	T	A	G	N	E
4	L	O	I	R	E				
		5	N	O	R	M	A	N	D	I	E
			6	R	E	N	O	I	R
		7	L	I	M	O	G	E	S
8	V	E	R	S	A	I	L	L	E	S
			9	A	U	V	E	R	G	N	E
				10	R	E			
	11	M	E	D	O	C			
	12	T	R	O	Y	E	S		

Unité 24

24 A

Questions

– Elle est fabriquée à la machine. (lignes 10–11)
– Il se situe dans la Maison des Brasseurs, sur la Grand-Place. (lignes 1 et 7–8)
– Il est partagé entre un roi et des Assemblées législatives. (lignes 15–19)
– A la suite du bombardement que Louis XIV avait ordonné. (lignes 4–5)

Vocabulaire

le tanneur, la tannerie – le maçon, la maçonnerie – le brasseur, la brasserie – le menuisier, la menuiserie – le boulanger, la boulangerie

24 B

Vocabulaire

à savoir (ligne 39)* – découpé (ligne 57) – d'entrée de jeu (ligne 26) – figurait (ligne 6) – terme (ligne 66)

(* voir l'interview, pages 173–174)

24 C

Le régime des verbes

A qui avez-vous parlé? – Qui as-tu aidé? – De quoi ont-ils besoin? – Qui avez-vous rencontré? – De quoi vous a-t-il remercié(e)s?

Les nombres en lettres

- 4.829 : quatre mille huit cent vingt-neuf
- 580 : cinq cent quatre-vingts
- 1997 : mille neuf cent quatre-vingt-dix-sept
- 3.749.271: trois millions sept cent quarante-neuf mille deux cent soixante et onze
- 800 : huit cents

Discussion

Lösungsvorschlag:

Je pense qu'actuellement, des études trop longues ou encore trop théoriques ne préparent pas très bien à la vie professionnelle. Partout, on demande aux candidats d'avoir une expérience pratique en plus de leur savoir théorique. Mieux vaut alors choisir une formation de deux à trois ans complétée par des stages, un apprentissage ou des périodes de travail.

24 D

Questions

- Il apprécie les nombreux parcs de la ville, la verdure (bois de la Cambre, parc du Cinquantenaire) (lignes 6–8)*
- Non, il n'en a pas eu. Il dit avoir eu beaucoup de facilité à entrer dans la vie belge. (lignes 10–12)
- Il compare le prix de l'habillement, de l'essence, des voitures, de l'immobilier ou encore de l'alimentation. (lignes 2–5)

(* voir le résumé, page 180)

Übersetzung

Lösungsvorschlag:

Jean-Louis fühlt sich offensichtlich wohl in der belgischen Hauptstadt. Er findet hier keine Nachteile. Seiner Meinung nach sind die Lebenshaltungskosten in dieser Stadt nicht höher als in anderen großen europäischen Städten, insbesondere für Benzin, Lebensmittel und Textilien. Immobilien und Mieten seien sogar niedriger als bei den europäischen Nachbarn.

Jean-Louis schätzt ganz besonders das viele Grün in Brüssel. Diese Stadt mit ihren großen Verkehrsadern besitzt zahlreiche Grünflächen: den «parc du Cinquantenaire» oder auch den «bois de la Cambre». Dieser Tatsache verdankt Brüssel eine angenehme Umwelt.

Was die soziale Seite angeht, so ist die belgische Hauptstadt ebenfalls ausgewogen: Jean-Louis erwähnt, wie leicht er schon bei seiner Ankunft in Brüssel Kontakt fand und problemlos integriert wurde trotz seines Ausländerstatus. Nie habe er das Gefühl gehabt, abgelehnt oder nicht geduldet zu werden.

24 E

Le discours indirect

- Jean-Louis dit qu'il se sent Français, compte tenu de sa famille, de ses racines et de ses parents.
- Il a dit qu'ils sortaient, qu'ils allaient au théâtre, qu'ils essayaient de faire du sport.
- Il a raconté qu'il avait effectué un stage à la Commission, qu'il avait rencontré pas mal de gens et que, parmi eux, il y avait celle qui est aujourd'hui sa femme.

Prépositions

en Chine – au Japon – au Viêt-Nam – en Inde – en Corée – au Havre – à Limoges – à La Rochelle – à Montpellier – aux Etats-Unis – en Sicile – à la Martinique – en Islande – au Maroc – à Vienne – en Corse.

24 F

Coin des devinettes

1	B	E	L	G	I	Q	U	E	
2	L	A	U	R	A				
3			X	Y	L	O	P	H	O	N	E
4		M	E	M	O	I	R	E	
5	C	O	M	M	I	S	S	I	O	N
6				B	L	Ü	C	H	E	R
7		C	O	L	L	E	G	E	
8		B	U	D	G	E	T		
9	C	A	R	R	I	E	R	E	
10	S	T	A	G	I	A	I	R	E

Unité 25

25 A

Vocabulaire

souverain – Presque l'ensemble, parle trois langues – dirigé – marquant, la construction – déclaré

25 B

Questions

- La salle des marchés est le lieu de travail des cambistes de la banque. Ils sont en relation avec les marchés financiers et placent ou déplacent les sommes qui leur sont confiées. (lignes 7–8)*
- Christiane est allée demander des renseignements sur le dollar à un cambiste pour une émission de radio. (lignes 9–10)
- Ce sont souvent des journalistes qui lui demandent soit un renseignement, soit un rendez-vous, soit un commentaire. (lignes 8–9 et 13–16)**

(* voir le résumé, pages 189–190; ** voir «La Banque Internationale …», page 187)

Übersetzung

Lösungsvorschlag:

Im Börsensaal

Jean-Charles: Guten Tag, Christiane.

Christiane: Kannst du mir bitte für meine Radiosendung am nächsten Freitag kurz schildern, wie sich der Dollar entwickelt hat?

Jean-Charles: Nun, sieh dir diese Graphik an. Seit Beginn des Jahres ist der Dollar auf dem Devisenmarkt stark gefallen, das ist die Folge einer schweren wirtschaftlichen Krise auf dem Finanzsektor. Immerhin hat die Entwicklung der amerikanischen Wirtschaftsindikatoren in den letzten Wochen die Börsenhändler beruhigt, und augenblicklich sind sie im Begriff die Dollars zurückzukaufen, die sie in den vergangenen Wochen nur schleppend abgesetzt haben. Also, insgesamt gesehen, glaube ich, kann man kurzfristig hoffen, daß der Dollar noch ein klein wenig steigt und man einigermaßen optimistisch sein kann. Bei langfristigen Anlagen ist Vorsicht am Platze, denn, wie die Entwicklung in der Vergangenheit zeigt, tendieren die Börsenmakler in jüngster Zeit zur Deutschen Mark.

Propositions conditionnelles

d : Si elle <u>a dit</u> cela, elle se trompe.
b/c : Si j'<u>avais</u> su, je ne <u>serais</u> pas venu.
c/a : Si tu <u>étais</u> sympa, tu <u>viendrais</u> prendre un verre avec moi.
c : Si nous gagnons, nous <u>partirons</u> loin d'ici.

25 C

Vocabulaire

le terme – le départ – le choix – la recherche – l'envoi, *m.* – le rapprochement – l'écoute, *f.* – l'oubli, *m.*

Vrai ou faux?

– faux (ligne 62)*
– faux (lignes 25–28)
– vrai (lignes 14–15)

– faux (lignes 45–46)
– vrai (lignes 48 et 65–66)

(* voir l'interview, pages 191–193)

25 D

Le futur simple

choisira – constituera – sera composé – se verra – décidera – feront parvenir – discutera – voudra choisir – voudra soutenir

Discussion

Lösungsvorschlag:

Je trouve que c'est très bien car cela permet à chacun de découvrir l'art sans devoir aller dans un musée.
Je n'y suis pas très favorable car les banques utilisent l'art pour se faire connaître, pour se faire de la publicité. Elles ne s'engagent pas pour un artiste, mais pour elles-mêmes.

25 E

«très» ou «beaucoup» pour traduire »sehr«?

Ils aiment <u>beaucoup</u> la mer.
Vous avez été <u>très</u> aimable.
Nous vous remercions <u>beaucoup</u>.
Je pense <u>beaucoup</u> à toi.
Ça fait <u>très</u> mal.

25 F

Questions

- La présence de l'Alzette, c'est-à-dire d'eau. (lignes 2–3)
- Luxembourg a mille ans. (ligne 1)
- C'est un Etat qui a signé un accord ou une convention. (lignes 14–17)
- La Belgique, les Pays-Bas et le Luxembourg.

Unité 26

26 A

Questions

- Il s'agit de Jean-Jacques Rousseau. Né à Genève en 1712, il passe pour avoir influencé la création des droits de l'homme. (lignes 14–17)
- C'est le siège de l'ONU, l'Organisation des Nations Unies. (lignes 26–29)
- Le Rhône. (lignes 21–22)
- La rigueur et l'austérité. (lignes 11–13)

26 B

Compréhension

b) parce qu'un employé de son associé a disparu avec un logiciel (lignes 16–20)*
a) que le logiciel soit commercialisé à bas prix (lignes 32–34)
b) de faire saisir les disquettes (lignes 50–52)
c) a été licencié (lignes 16–17)

(* voir «Une affaire reconstituée …», pages 203–204)

Vocabulaire

- un logiciel complexe, spécialisé, de très haut niveau technique
- concevoir et créer, élaborer
- commencer à compenser, à équilibrer son investissement
- les numéros de code qui permettent d'ouvrir le coffre
- des moyens très forts

26 C

L'article

les Dupont – Sophie, le client – le général, le docteur, maître, le professeur – Sartre

Savoir écrire

Monsieur,

Madame Martin, responsable administrative de la société Baviera SA, est à la recherche de Monsieur Cutugna, un ancien informaticien de son associé, Outirama SA. Ce personnage a emporté avec lui un logiciel sur disquettes, logiciel que venaient de développer les deux sociétés. Ce logiciel ne lui appartient pas. Malheureusement, Monsieur Cutugna a actuellement disparu.
Comme Madame Martin craint que Monsieur Cutugna ne mette en vente les disquettes à bon marché, je vous prie de faire tout votre possible pour le retrouver dans les délais les plus rapides.
Vous remerciant d'avance, je vous prie de croire à l'expression de mes sentiments distingués.

26 D

Übersetzung

Lösungsvorschlag:

Ende gut, alles gut, zumindest für die Firma von Madame Martin, die jetzt wieder im Besitz ihrer Disketten ist. Bis heute gab es mehrere Anhörungen. Herr Cutugna ist der ersten ferngeblieben; er ist vor dem Richter, der für die einstweiligen Verfügungen zuständig ist, nicht erschienen.
Daraufhin hat die Anwältin eine strafrechtliche Beschlagnahme der Disketten beantragt. Die Polizei wurde vom Untersuchungsrichter beauftragt, die Disketten bei Herrn Cutugna einzuziehen. Die Beschlagnahme erfolgte im Verlauf einer eingehenden Hausdurchsuchung bei Herrn Cutugna. Bei der Gerichtsverhandlung wurde Herr Cutugna zu vier Monaten Gefängnis und – weil er Italiener ist und bereits Vorstrafen hat – zur Ausweisung aus der Schweiz verurteilt, das alles mit dreijähriger Bewährung.

Discussion

Lösungsvorschlag:

Il est vrai que parfois, la justice parait très lente. Les raisons varient d'un cas à l'autre, mais généralement, comme la jurisprudence et les lois changent constamment, on n'arrive jamais au bout d'une affaire. La criminalité est de plus en plus compliquée, de plus en plus variée. De la criminalité «classique» à la criminalité économique, les cas que traite la justice moderne semblent toujours être nouveaux. Il faut alors presque improviser.

Faites un bilan

invitions – suis arrivé – A quoi penses-tu (pensez-vous)? – je m'étais trompé – à

26 E

Prépositions

sur – de – au – à – à

26 F

Questions

– L'écrivain Madame de Staël qui y avait fondé un cercle littéraire. (lignes 5–7)
– Bonivard était un prieur et patriote genevois. Il fut emprisonné au château de Chillon. (lignes 8–10)
– Non, puisqu'il y a de la vigne sur ses coteaux. Le climat y est doux. (lignes 1–3)

Alphabetisches Gesamt-Wörterverzeichnis

Die Zahlen verweisen auf die entsprechenden Abschnitte in den *unités*, in denen ein Wort oder Ausdruck erstmals vorkommt.

Abkürzungen: *adv.* = adverbe, *f.* = féminin, *m.* = masculin, *pl.* = pluriel, *fam.* = familier, *inv.* = invariable

A

à ce propos 20E	asəpʀɔpo	in diesem Zusammenhang
à ce titre-là 18B	asətitʀla	in dieser Hinsicht
à court terme 25B	akuʀtɛʀm	kurzfristig
à l'arrière de 20B	alaʀjɛʀ	hinter, hinten
à l'extérieur de 14C	aleksteʀjœʀ	außerhalb von
à l'instar de 25D	alɛ̃staʀ	in der Art von, so wie
à la suite de 15C; 16B	alasɥit	nach, auf ... hin; infolge von
à mi-parcours 14D	amipaʀkuʀ	auf halbem Weg
à mi-temps 18F	amitɑ̃	*hier:* die Hälfte der Zeit
à part 19C	apaʀ	*hier:* sonderbar, eigenartig
à part entière 19C	apaʀɑ̃tjɛʀ	ganz und gar
à pied d'œuvre 18F	apjedœvʀ	am Einsatzort, an Ort und Stelle
à plat 19C	apla	flach
à portée de la main 20D	apɔʀtedlamɛ̃	greifbar, zur Hand
a priori 14C	apʀijɔʀi	von vornherein
à terme 15D	atɛʀm	mit der Zeit, auf Zeit, auf Dauer
à titre privé 14F	atitʀ pʀive	privat
à titre professionnel 15B	atitʀ pʀɔfɛsjɔnɛl	in beruflicher Hinsicht
à tous crins 18B	atukʀɛ̃	unter allen Umständen, auf alle Fälle
abandonner 16C	abɑ̃dɔne	aufgeben
abbatiale *f.* 17E	abasjal	Abteikirche
abbaye *f.* 16A	abei	Abtei
abdiquer 24F	abdike	abdanken
abîmer 18B	abime	beschädigen, verderben, zugrunde richten
abolition *f.* 25F	abɔlisjɔ̃	Abschaffung
aboutir à 24B	abutiʀ	führen nach, enden in
s'abuser: si je ne m'abuse 22D	si ʒə nə mabyz	wenn ich mich nicht täusche
accessible à 19C	aksesibl	zugänglich, erreichbar
accessoires *m.pl.* 19B	akseswaʀ	Zubehör
accorder qch. à qn. 14A	akɔʀde	jdm. etw. gewähren, bewilligen
s'accoutumer à qch. 15C	sakutyme	sich gewöhnen an
acheminer 18A	aʃ(ə)mine	befördern, auf den Weg bringen
acier *m.* 18A	asje	Stahl
aciérie *f.* 25A	asjeʀi	Stahlwerk

Alphabetisches Gesamt-Wörterverzeichnis 247

ACO *m.* 14D	aseo	Automobile-Club de l'Ouest
acquisition *f.* 22D	akizisjõ	Anschaffung
adepte *m./f.* 15B	adɛpt	Anhänger(in)
s'adjoindre les services de qn. 26B	sadʒwẽdʀ le sɛʀvis	jdn. um Unterstützung, Hilfe bitten
adjoint au maire *m.* 23F	adʒwẽomɛʀ	stellvertretender Bürgermeister
administratif *m.* (-ve) *f.* 16B	administʀatif, iv	amtlich, Verwaltungs-
administration *f.* 18D	administʀasjõ	Verwaltung(sbehörde)
admiration *f.* 22E	admiʀasjõ	Bewunderung
adolescence *f.* 18D	adɔlesɑ̃s	Heranwachsen, Jugend
adolescent *m.* (-e) *f.* 18D	adɔlesɑ̃, ɑ̃t	Heranwachsende(r), Jugendliche(r)
adorable 17D	adɔʀabl	*hier:* entzückend
adorer 17D	adɔʀe	(abgöttisch) lieben
adulte *m./f.* 15F	adylt	Erwachsene(r)
aération *f.* 17B	aeʀasjõ	Be-, Entlüftung
aéropage *m.* 18D	aeʀopaʒ	Schwarm, Menge
affecté *m.* (-e) *f.* 24C; 17C	afɛkte	zugeteilt; bestimmt für
affiche *f.* 14D	afiʃ	Plakat, Ankündigung
d'affilée 15C	dafile	nacheinander, ohne Unterbrechung
affluence *f.* 15D	aflyɑ̃s	Andrang, Menschenstrom
s'affronter 16A	safʀõte	zusammenstoßen, aneinandergeraten
agencement *m.* 17B	aʒɑ̃smɑ̃	(Innen)Ausstattung
agent de maîtrise *m.* 17C	aʒɑ̃d(ə)mɛtʀiz	Meister, der für eine Gruppe Arbeiter verantwortlich ist
âges intermédiaires *m.pl.* 14C	aʒɛ̃tɛʀmedjɛʀ	mittleres Lebensalter
agir 17C	aʒiʀ	handeln
s'agir de 17C	saʒiʀ	sich handeln um
agitation *f.* 18F	aʒitasjõ	Unruhe
agité *m.* (-e) *f.* 16C	aʒite	aufgeregt, unruhig
agrandissement *m.* 18C	agʀɑ̃dismɑ̃	Vergrößerung
agro-alimentaire 14A	agʀoalimɑ̃tɛʀ	Nahrungsmittel-
aigu *m.* (-uë) *f.* 19C	egy	schrill, zugespitzt
aile *f.* 18A	ɛl	Flügel
ailleurs 16B	ajœʀ	anderswo
aîné *m.* (-e) *f.* 22E	ene	Älteste(r)
aise: se sentir à l'aise 19B	sə sɑ̃tiʀ alɛz	sich wohl fühlen
alentour *adv.* 17C	alɑ̃tuʀ	ringsumher, um … herum
alimentation *f.* 24D	alimɑ̃tasjõ	Ernährung
alimentation diététique *f.* 21F	alimɑ̃tasjõ djetetik	Diätkost, Schonkost
alimenter 15C	alimɑ̃te	versorgen, ernähren, zuführen
aliments *m.pl.* 15E	alimɑ̃	Lebensmittel, Nahrungsmittel
allègre 21F	alɛgʀ	frisch, munter, lebhaft
allure *f.* 18D	alyʀ	Verhalten, Wesen, Stil
allusion *f.* 19C	alyzjõ	Anspielung
ambassadeur *m.* 19A	ɑ̃basadœʀ	Botschafter

ambiance f. 18G	ɑ̃bjɑ̃s	Flair, Umgebung, Stimmung, Atmosphäre
s'améliorer 19C	sameljɔʀe	sich (ver)bessern
aménagement intérieur m. 17B	amenaʒmɑ̃ ɛ̃teʀjœʀ	Inneneinrichtung
aménager 19E	amenaʒe	anordnen, einrichten
amener 14D	amne	mitbringen
amortir 26B	amɔʀtiʀ	tilgen, amortisieren
à l'ancienneté f. 16C	alɑ̃sjente	mit Erreichen des Dienstalters
angle m. 18C	ɑ̃gl	Winkel, Ecke
animation f. 22A	animasjɔ̃	Lebendigkeit, Geschäftigkeit
animé m. (-e) f. 21B	anime	lebhaft, bewegt
s'animer 16C	sanime	sich aufregen, in Eifer geraten
annexe f. 22D	anɛks	Filiale
annexer à 21A	anɛkse	annektieren, einverleiben
annuel m. (-le) f. 17A	anɥɛl	jährlich
anodin m. (-e) f. 25D	anɔdɛ̃, anɔdin	unbedeutend, nichtssagend
antiquaire m. 14A	ɑ̃tikɛʀ	Antiquitätenhändler
apaiser 16A	apɛze	beruhigen, beschwichtigen, besänftigen
s'apercevoir de 18C	sapɛʀsəvwaʀ	gewahr werden, bemerken
aperçu m. 24C	apɛʀsy	Bericht, Übersicht
apparition f. 21D	apaʀisjɔ̃	kurzes Auftreten, Erscheinen
appartenir à qch. 14C	apaʀtəniʀ	gehören zu, angehören
appel m. 25B	apɛl	Anruf
apposer 19B	apoze	*hier:* ausliegen, -hängen
appropriation f. 26B	apʀɔpʀijasjɔ̃	Aneignung
approvisionnement m. 17C	apʀɔvizjɔnmɑ̃	Versorgung, Vorrat
approximatif m. (-ve) f. 23C	apʀɔksimatif, iv	annähernd
appui m. 20B	apɥi	Brüstung, Lehne
appuyer 16F	apɥije	*hier:* (unter)stützen
aquatique 18A	akwatik	Wasser-
arbre fruitier m. 17D	aʀbʀəfʀɥitje	Obstbaum
arguer 26 B	aʀgɥe	argumentieren
armateur m. 14A	aʀmatœʀ	Reeder
arrêter qn. 16C	aʀɛte	jdn. verhaften
arrivée f. 19D	aʀive	*(mus.)* Schlußakkord
artère f. 24D	aʀtɛʀ	*hier:* Hauptverkehrsader
artificiel m. (-le) f. 16C	aʀtifisjɛl	künstlich
artisan m. 20B	aʀtizɑ̃	Handwerker
artisanat m. 24A	aʀtizana	Handwerk
arts plastiques m.pl. 18D	aʀplastik	bildende Künste
assemblage m. 20C	asɑ̃blaʒ	Zusammenbau, Montage
assembler 14B	asɑ̃ble	*hier: (Film)* schneiden
assidu m. (-e) f. 22D	asidy	fleißig, eifrig
associer 20F	asɔsje	vereinen, vereinigen
assumer 15C	asyme	auf sich nehmen, übernehmen
assurer 15B; 15C	asyʀe	(zu)sichern, sorgen für; *hier:* gewährleisten

atelier de reliure *m.* 18C	atəlje d(ə)RəljyR	Buchbinderei
attaché *m.* (-e) *f.* 15E	ataʃe	verbunden, zugetan
attaché *m.* (-e) *f.* de presse 25B	ataʃe dəpRɛs	Pressereferent(in)
attache *f.* 19E	ataʃ	(Ver)Bindung, Beziehung
s'attacher à 18D; 24D	sataʃe	bestrebt sein, sich bemühen; etwas verfolgen
s'attaquer à 16C	satake	sich richten gegen; auf-, angreifen; sich befassen mit
atteindre 14D	atẽdR	erreichen, erlangen
atterrir 24B	atɛRiR	landen
attrayant *m.* (-e) *f.* 24B	atRɛjã, ãt	anziehend, verlockend
attribuer qch. à qn. 16D	atRibɥe	zueignen, zumessen
au départ 16B	odepaR	zu Beginn, am Anfang, zunächst
au fil de 25C	ofil	im Laufe von
au fin fond de 15B	ofẽfõ	ans äußerste, am äußersten Ende
au pas de course 25E	opad(ə)kuRs	im Laufschritt
au profit de 15E	opRɔfi	zugunsten von
au sein de 18D	osẽ	mitten in
aube *f.* 16F	ob	(Morgen)Dämmerung
audience *f.* 26D	odjãs	Anhörung
audience du tribunal *f.* 26D	odjãsdytRibynal	Gerichtsverhandlung
audimat *m.* 14C	odima	Einschaltquote
audition *f.* 16C	odisjõ	Anhörung, Vernehmung
augmentation *f.* 24C	ɔgmãtasjõ	Erhöhung
augmenter 15D	ɔgmãte	erhöhen, vergrößern
austérité *f.* 18A	ɔsteRite	Strenge, Nüchternheit, Kälte
d'autant ... que 18D	dotãkə	zumal, da
autoriser 26C	otɔRize	genehmigen
autrui *(inv.)* 16B	otRɥi	andere
avancement *m.* 24B	avãsmã	Vorwärtskommen, Beförderung
avancer 20B	avãse	voranbringen, vorantreiben
s'avancer 16B	savãse	näherkommen, *hier:* sich vorbeugen
avantage *m.* 15B	avãtaʒ	Vorteil
avantageux *m.* (-se) *f.* 26B	avãtaʒø, øz	vorteilhaft
aveugle 22E	avœgl	blind
avocat *m.* (-e) *f.* 26A	avɔka, at	Anwalt, Anwältin
avoir l'embarras du choix 24D	lãbaRa dyʃwa	die Qual der Wahl haben
avoir trait à qch. 14E	avwaR tRɛ	sich auf etwas beziehen
avoir une journée bien remplie 14F	ynʒuRne bjẽRãpli	einen ausgefüllten Tag haben
avouer 14F	avwe	gestehen, bekennen
axe *m.* 18A	aks	Achse

B

baie *f.* 22F	bɛ	Bucht
baisser 21B	bɛse	sinken

bannière f. 23B	banjɛʀ	Flagge
barre f. 19C	baʀ	Stange, Balken, Stab
mettre la barre très haut 19C	mɛtʀəlabaʀ tʀɛo	einen hohen Maßstab ansetzen
barrique m. 17D	baʀik	Faß
bassin m. 17A	basɛ̃	Becken
bataille f. 16F	bataj	Schlacht
bâtard m. 21C	batar	Art Baguette, dickes Stangenbrot
bâtisse f. 24A	batis	Gebäude, Bauwerk
batterie f. 19D	batʀi	Schlagzeug
battre 25A	batʀ	schlagen
se battre 15F	səbatʀ	kämpfen, streiten
bavardage m. 24C	bavaʀdaʒ	Gerede, Unterhaltung
belle-fille f. 17D	bɛlfij	Schwiegertochter
bénéficier de qch. 15G	benefisje	profitieren von
besoin m. 15G	bəzwɛ̃	Bedürfnis, Bedarf
beurre m. 17D	bœʀ	Butter
bibliobus m. 22D	biblijɔbys	Bücherbus
biens m.pl. 16C	bjɛ̃	Besitz
bilingue 24D	bilɛ̃g	zweisprachig
billetterie f. 14B	bijɛtʀi	Kartenvorverkauf
biscuiterie f. 14A	biskɥitʀi	Keksfabrik
blanche f. 19D	blɑ̃ʃ	halbe Note
blessé m. (-e) f. 16A	blɛse	verwundet
bois m. 17A	bwa	Holz
bois exotiques m.pl. 17A	bwaegzɔtik	Edelhölzer
bombardement m. 24A	bõbaʀdmɑ̃	Bombardierung
bon à tirer m. 23B	bõ atiʀe	Probeabzug, Muster
bord m. 14A	bɔʀ	Ufer
bouche-trou m. 21B	buʃtʀu	Lückenbüßer
boucher 17D	buʃe	verkorken
bouchon m. 20A	buʃõ	Korken
bouger 17D	buʒe	sich regen, sich rühren, sich bewegen
bouillonnant m. (-e) f. 21F	bujɔnɑ̃, ɑ̃t	sprudelnd
boulot m. (fam.) 20C	bulo	Arbeit
bouquiniste m. 23A	bukinist	Antiquariatsbuchhändler
brassage m. 17D	bʀasaʒ	Brauen
brasser 17D	bʀase	brauen
brasseur m. 24A	bʀasœʀ	Brauer
bref, brève: brièvement adv. 17B	bʀɛf, bʀɛv; bʀijɛvmɑ̃	kurz *(zeitlich)*
brevet m. 23D	bʀəvɛ	Patent
brillant m. (-e) f. 14A	bʀijɑ̃, ɑ̃t	glänzend
brosser 16E	bʀɔse	bürsten, striegeln
bucolique 17D	bykɔlik	ländlich
budget m. 24B	bydʒɛ	Etat, Staatshaushalt
buter dans, sur 18C	byte	anstoßen
butte f. 24F	byt	Hügel

C

cadre de vie *m.* 18D	kadʀ(ə)dəvi	Lebensumstände, Lebensbedingungen
cadreur *m.* 14B	kadʀœʀ	Kameramann
caisse, grosse *f.* 19B	kɛs, gʀoskɛs	große Trommel
caisson *m.* 20B	kɛsõ	Kassette
cambiste *m.* 25B	kãbist	Börsenmakler
canne à sucre *f.* 14A	kanasykʀ	Zuckerrohr
capable 20C	kapabl	fähig
captivant *m.* (-e) *f.* 17C	kaptivã, ãt	fesselnd, packend, spannend
carrément 21E	kaʀemã	*hier:* entschlossen
cas *m.* 15C	ka	Fall
cassissier *m.* 17D	kasisje	Johannisbeerstrauch
caténaire *f.* 15C	katenɛʀ	Oberleitung, Leitungsdraht
ceinture à enrouleur *m.* 16B	sɛ̃tyʀaãʀulœʀ	Sicherheitsgurt
ceinture de sécurité *f.* 16B	sɛ̃tyʀdəsekyʀite	Sicherheitsgurt
celte 15C	sɛlt	keltisch
Centre *(m.)* de calcul 25A	sãtʀdəkalkyl	Rechenzentrum
cépage *m.* 20F	sepaʒ	Rebsorte
cercle *m.* 20F	sɛʀkl	Kreis
CFB *m.* (Certificat d'aptitude aux fonctions de bibliothécaire) 22C	seɛfbe	*entspricht etwa:* Diplombibliothekar(in)
chaîne *f.* 14B	ʃɛn	*hier:* Programm
chambre des députés *f.* 25A	ʃãbʀ dedepyte	Abgeordnetenkammer
chantier *m.* 17B	ʃãtje	Baustelle
chantier naval *m.* 17B	ʃãtjenaval	Werft
charbon *m.* 23F	ʃaʀbõ	Kohle
chargé *m.* (-e) *f.* de 16B	ʃaʀʒe	beauftragt, berufen
charnière *f.* 17C	ʃaʀnjɛʀ	Verbindung, Bindeglied
charpente métallique *f.* 17B	ʃaʀpãtmetalik	Metallgerüst
charpentier *m.* 20B	ʃaʀpãtje	Zimmermann, Bauschreiner
chasse *f.* 19A	ʃas	Jagd
châtelet *m.* 21A	ʃatlɛ	kleine Burg, Schlößchen
chaudronnier *m.* 17C	ʃodʀɔnje	Kesselschmied
chauffage au fioul *m.* 23F	ʃofaʒofjul	Ölheizung
chef de file *m.* 14B	ʃɛfdəfil	Ressortchef; Listenführer
chef de travaux *m.* 17B	ʃɛfdətʀavo	Werksmeister, Vorarbeiter
chef d'infraction à la loi *m.* 26D	ʃɛfdɛ̃fʀaksjõ a la lwa	Anklagepunkt der Gesetzesübertretung
cheminée *f.* 20B	ʃ(ə)mine	Kamin
chien *m.* 18F	ʃjɛ̃	Hund
chute *f.* 14B	ʃyt	Sturz, Fall
ciel *m.* 17E	sjɛl	Himmel
cigale *f.* 14F	sigal	Zikade
ciment *m.* 20B	simã	Zement
cimetière *m.* 16F	simtjɛʀ	Friedhof
circonstance *f.* 20C	siʀkõstãs	Umstand

circonstancié *m.* (-e) *f.* 18B	siʀkõstɑ̃sje	ausführlich, eingehend, genau
citer 16A	site	erwähnen, hervorheben
citoyenneté *f.* 18D	sitwajɛnte	Staatsbürgerschaft; *hier:* die Bürger
clair *m.* (-e) *f.* 16B	klɛʀ	klar
classe de perfectionnement *f.* 19C	klas də pɛʀfɛksjɔnmɑ̃	*etwa:* Meisterklasse
clavecin *m.* 19C	klavsɛ̃	Cembalo
clin d'œil *m.* 22E	klɛ̃dœj	Augenzwinkern
cloison *f.* 17B	klwazõ	Zwischenwand
code pénal *m.* 26B	kɔdpenal	Strafgesetz(buch)
cœur *m.* 16A	kœʀ	Herz
coffre *m.* 26B	kɔfʀ	Safe
cogner 16B	kɔɲe	schlagen, stoßen
coin *m.* 18C	kwɛ̃	Ecke
coléreux *m.* (-se) *f.* 16B	kɔleʀø, øz	jähzornig, hitzig, aufbrausend
collaboration *f.* 24B	kɔlabɔʀasjõ	Zusammenarbeit
collage *m.* 23B	kɔlaʒ	das Kleben
coller 19C	kɔle	anschmiegen, dranbleiben
colline *f.* 20F	kɔlin	Hügel
colombage *m.* 20A	kɔlõbaʒ	Balkenwerk, Fachwerkbau
combattant *m.* 14D	kõbatɑ̃	Kämpfer
commerçant *m.* 23F	kɔmɛʀsɑ̃	Kaufmann
commerce extérieur *m.* 17A	kɔmɛʀs ɛ̃ksteʀjœʀ	Außenhandel
commercialiser 26B	kɔmɛʀsjalize	handelsfähig machen, auf den Markt bringen
Communauté européenne *f.* 19C	kɔmynote øʀɔpeɛn	Europäische Gemeinschaft
compagne *f.* 14F	kõpaɲ	Lebensgefährtin
comparaison *f.* 18B	kõpaʀɛzõ	Vergleich
comparaître devant le juge 26D	kõpaʀɛtʀ dəvɑ̃ləʒyʒ	vor dem Richter erscheinen
comparativement 24D	kõpaʀativmɑ̃	vergleichsweise
comparer à 18B	kõpaʀe	vergleichen
compenser 15D	kõpɑ̃se	wettmachen, ausgleichen
compétition *f.* 25E	kõpetisjõ	Wettbewerb
compléter 24B	kõplete	vervollständigen
compositeur *m.* 19B	kõpozitœʀ	Komponist
compositions aquatiques *f.pl.* 18A	kõpozisjõ akwatik	Wasserspielfiguren
comptabiliser 14D	kõtabilize	(ver)buchen
compte tenu de 24E	kõttəny	unter Berücksichtigung von, im Hinblick auf
compter 15A	kõte	zählen
concerner 16B	kõsɛʀne	betreffen
concertation *f.* 22C	kõsɛʀtasjõ	Meinungsaustausch, Absprache
se concerter 14B	səkõsɛʀte	sich abstimmen, besprechen
concevoir 26A	kõsəvwaʀ	konzipieren, entwerfen
concurrence (*f.*) déloyale 26B	kõkyʀɑ̃sdelwajal	unlauterer Wettbewerb
condamner 26D	kõdane	verurteilen
condition *f.* 17C	kõdisjõ	Bedingung
conditionné *m.* (-e) *f.* par 15C	kõdisjɔne	bedingt durch, gebunden an

conditionner 24B	kõdisjɔne	bedingen
conducteur *m.* 15A	kõdyktœʀ	Fahrer
conférer à 26A	kõfeʀe	übertragen, verleihen, gewähren
confiance *f.* 20C	kõfjãs	Vertrauen
confidentialité *f.* 26B	kõfidãsjalite	Vertraulichkeit
confier 18D	kõfje	anvertrauen
confirmer une commande 23B	kõfiʀme ynkɔmãd	einen Auftrag bestätigen
confisquer 22D	kõfiske	beschlagnahmen
conflit *m.* 15G	kõfli	Streit, Kampf
confrère *m.* 21B	kõfʀɛʀ	Kollege
confrontation *f.* 16B	kõfʀõtasjõ	Gegenüberstellung, Vergleich
confronter à 18B	kõfʀõte	gegenüberstellen, konfrontieren mit
congé *m.* 21D	kõʒe	Urlaub
connerie *f.* 16B	kɔnʀi	*(grob)* Dummheit, Schwachsinn
conquérant *m.* 16A	kõkeʀã	Eroberer
conquérir 22F	kõkeʀiʀ	erobern
consacrer à 14B	kõsakʀe	sich befassen, widmen
conscience *f.* 26E	kõsjãs	Gewissen
consciencieux *m.*(-se) *f.* 23C	kõsjãsjø, øz	gewissenhaft, verantwortungsbewußt
conscient *m.* (-e) *f.* 15C	kõsjã, ãt	bewußt
conseil d'entreprises *m.* 26C	kõsɛjdãtʀəpʀiz	Unternehmensberatung
conseiller 26C	kõsɛje	beraten
conservateur *m.* (-trice) *f.* 22D	kõsɛʀvatœʀ, tʀis	Konservator(in)
considérable 24C	kõsideʀabl	beträchtlich
considérer 19C	kõsideʀe	betrachten
se considérer comme 15C	sə kõsideʀe kɔm	sich betrachten als, halten für
consister à 15G	kõsiste	bestehen aus
constamment *adv.* 15C	kõstamã	ständig
constant *m.* (-e) *f.* 20F	kõstã	beständig
constater 21D	kõstate	feststellen
consulter 14B	kõsylte	nachschlagen
conteneur *m.* 17A	kõtənœʀ	Container(schiff)
contenu *m.* 14B	kõt(ə)ny	Inhalt
contredame *f.* 23A	kõtʀədam	Vorarbeiterin
contremaître *m.* 17C	kõtʀəmɛtʀ	Vorarbeiter, Polier
contretemps *m.* 21D	kõtʀətã	Ungelegenheit, (störender Zwischenfall)
convention *f.* 26B	kõvãsjõ	Vertrag, Vereinbarung, Abkommen
Convention (*f.*) de Schengen 25F	ʃɛŋɛn	Schengener Abkommen
convivial *m.* (-e) *f.* 18C	kõvivjal	benutzerfreundlich, gemütlich
convoquer 16B	kõvɔke	vorladen, zusammenrufen
coordonnées *f.pl.* 14B	koɔʀdɔne	Telefonnummer und Adresse
copain *m.* 25E	kɔpɛ̃	Freund, Kumpel

coque *f.* 17B	kɔk	Schiffsrumpf
corporation *f.* 24A	kɔrpɔrasjõ	Innung, Zunft, Gilde
coteau *m.* 20F	kɔto	Hügel, Abhang
coton *m.* 17A	kɔtõ	Baumwolle
côtoyer 20C	kotwaje	vertraut sein mit
se côtoyer 23A	səkotwaje	sich aneinanderreihen
coudre 23B	kudʀ	nähen
couler 21B	kule	fließen, laufen, strömen
coulisse *f.* 20D	kulis	Gleitleiste
coup de cœur *m.* 22C	kud(ə)kœʀ	Liebe auf den ersten Blick *(bei Sachen)*
coup de poing *m.* 16B	kud(ə)pwẽ	Faustschlag
cour *f.* 16A	kuʀ	(Innen)Hof
Cour *(f.)* des comptes 24B	kuʀdekõt	Rechnungshof
courbe *f.* 19C	kuʀb	*hier:* Melodie
courbe de la phrase 19C	kuʀbd(ə)lafʀaz	*hier:* Taktmelodie
coursive *f.* 20B	kuʀsiv	Flur, Gang
coût-efficacité *m.* 24C	ku efikasite	Preis-Leistungs-Verhältnis
couture *f.* 20A	kutyʀ	Näherei, Schneiderei
couturière *f.* 20A	kutyʀjɛʀ	Näherin, Schneiderin
couverture *f.* 20B	kuvɛʀtyʀ	*hier:* Bedachung
couvreur *m.* 20B	kuvʀœʀ	Dachdecker
couvrir 16F	kuvʀiʀ	bedecken
crayeux *m.* (-se) *f.* 20F	kʀejø, øz	Kreide-
créer 18A	kʀee	schaffen
crèmerie *f.* 21D	kʀɛmʀi	Milchgeschäft
critère *m.* 22D	kʀitɛʀ	Maßstab, Kriterium
croche *f.* 19D	kʀɔʃ	Achtelnote
croisement *m.* 24E	kʀwazmã	Kreuzung, (Ver)Mischung
croissance *f.* 24C	kʀwasãs	Wachstum
croix *f.* 16F	kʀwa	Kreuz
cross *m.* 16D	kʀɔs	Geländelauf
croustillant *m.* (-e) *f.* 21C	kʀustijã	knusprig
cuire 21B	kɥiʀ	backen, kochen
cultiver 15G	kyltive	anbauen
curer 16E	kyʀe	säubern, reinigen, putzen
curieux *m.* (-se) *f.* 20A	kyʀjø, øz	merkwürdig, sonderbar
curiosité *f.* 21B	kyʀjɔzite	Neugierde
curiste *m./f.* 21F	kyʀist	Kurgast
cuvée *f.* 20F	kyve	*hier:* Verschnitt
cymbales *f.pl.* 19B	sẽbal	Becken

D

dada *m. (fam.)* 17D	dada	Steckenpferd
débarquer 16F	debaʀke	landen, an Land gehen
débat *m.* 14E	deba	Diskussion
débouchés *m.pl.* 17C	debuʃe	Berufsaussichten
débuter 24C	debyte	beginnen

déchets industriels *m.pl.* 23F	deʃɛ(z)ɛ̃dystʀijɛl	Industrieabfälle
déchu *m.* (-e) *f.* 22C	deʃy	verkommen, heruntergekommen
découper 17C	dekupe	(zer)schneiden, stanzen
décrocher 23D	dekʀɔʃɛ	*(Telefonhörer)* abnehmen
dédier à 24A	dedje	weihen, widmen
défaite *f.* 25A	defɛt	Niederlage
défense *f.* 26D	defɑ̃s	Verteidigung
défi *m.* 14C	defi	Herausforderung
défilement *m.* 15C	defilmɑ̃	Vorbeiziehen
défoulement *m.* 25E	defulmɑ̃	Ausgleich
dégradation *f.* 16C	degʀadasjɔ̃	Beschädigung
délai *m.* 18D	delɛ	Frist, Termin
délaisser 18F	delɛse	vernachlässigen, aufgeben
se délasser 15B	sədelase	sich entspannen, ausruhen
délicat *m.* (-e) *f.* 18D	delika, at	heikel, schwierig
délice *m.* 14G	delis	Wonne, Lust, Freude
délinquance *f.* 16C	delɛ̃kɑ̃s	Kriminalität
demande *f.* 23D	dəmɑ̃d	Nachfrage
démarrer 17C	demaʀe	starten, anfangen
demeurer 19B	dəmœʀe	bleiben
démission *f.* 14B	demisjɔ̃	Rücktritt
démissionner 14B	demisjɔne	zurücktreten, seinen Rücktritt einreichen
deniers *m.pl.* 26D	dənje	*(veraltet)* Geld
dénigrer 20C	denigʀe	herabsetzen, schmälern
dentelle *f.* 24A	dɑ̃tɛl	Spitze(narbeit)
dépanner 21D	depane	aus der Patsche helfen
dépendre de 14C	depɑ̃dʀ	abhängen von
dépense *f.* 24A	depɑ̃s	Ausgaben, Kosten
se déplacer 14F	sədeplase	seinen Aufenthalt verändern, (herum)reisen
être en déplacement 15E	ɛtʀɑ̃deplasmɑ̃	unterwegs sein
déplaire 16C	deplɛʀ	mißfallen, nicht gefallen
déposer plainte contre qn. 16B	depoze plɛ̃t	eine Anzeige gegen jdn. erstatten, eine Klage anstrengen,
déposer une plainte 26B	depoze ynplɛ̃t	Klage einreichen
dépôt *m.* 15B	depo	Heimatstation
dérober 26D	deʀɔbe	entwenden
déroulement *(m.)* de la production 23C	deʀulmɑ̃ d(ə)lapʀɔdyksjɔ̃	Produktionsablauf
désavantage *m.* 25C	dezavɑ̃taʒ	Nachteil
descriptif *m.* 15B	deskʀiptif	Beschreibung
description *f.* 20D	deskʀipsjɔ̃	Beschreibung
désert *m.* 19C	dezɛʀ	Einsamkeit, Verlassenheit; Wüste
désigner 14B	deziɲe	benennen, bezeichnen
désir *m.* 18D	deziʀ	Wunsch
desservir 22B	desɛʀviʀ	versorgen

dessin *m.* 16B	desɛ̃	Zeichnung
dessinateur *m.* 17B	desinatœʀ	Zeichner
destin *m.* 23A	dɛstɛ̃	Schicksal
se détendre 15B	sədetɑ̃dʀ	sich entspannen
détenir 23D	det(ə)niʀ	innehaben, im Besitz sein von
détériorer 25D	deteʀjɔʀe	verschlechtern, verderben, beschädigen
déterminé *m.* (-e) *f.* 14D; 17C	detɛʀmine	entschlossen; festgesetzt, festgelegt, befristet
déterminer 20C	detɛʀmine	bestimmen
détourner 26C	detuʀne	abwenden, abhalten
détruire 16A	detʀɥiʀ	zerstören
DEUST *m.* 22C	dœst	diplôme d'études universitaires scientifiques et techniques
devis *m.* 20D	d(ə)vi	Kostenvoranschlag
devoir *m.* 14C	dəvwaʀ	Pflicht, Verpflichtung, Aufgabe
dévolution *f.* 26D	devɔlysjɔ̃	Rechtsübertragung
différencier 23D	difeʀɑ̃sje	unterscheiden, abgrenzen
diffuser 14B	difyze	senden, ausstrahlen
diffuser à grande échelle 26B	difyze agʀɑ̃deʃɛl	großräumig verbreiten
diriger 16B	diʀiʒe	leiten
disparaître dans la nature 26B	dispaʀɛtʀ dɑ̃ la natyʀ	sich aus dem Staub machen
dispatcher 17C	dispatʃe	verteilen *(Aufgaben)*
dispenser un enseignement 24B	dispɑ̃se œ̃nɑ̃sɛɲmɑ̃	Unterricht geben, Wissen vermitteln
dispute *f.* 16B	dispyt	Streit
se disputer 16C	sədispyte	streiten, sich zanken
se distinguer 20A	sədistɛ̃ge	sich auszeichnen, hervorstechen, sich unterscheiden
distribution *f.* 23F	distʀibysjɔ̃	Verteilung
diversité *f.* 20C	divɛʀsite	Verschiedenartigkeit, Mannigfaltigkeit
diviser 15G	divize	teilen
documentaliste *m./f.* 14F	dɔkymɑ̃talist	Dokumentalist(in)
domination étrangère *f.* 25A	dɔminasjɔ̃etʀɑ̃ʒɛʀ	Fremdherrschaft
dominer 16A	dɔmine	beherrschen
don *m.* 26A	dɔ̃	Geschenk
donner suite à une plainte 16C	dɔnesɥitaynplɛ̃t	einer Klage stattgeben
doublage *m.* 20B	dublaʒ	Verkleidung
double croche 19C	dubləkʀɔʃ	Sechzehntelnote
douceur *f.* 25D	dusœʀ	Sanftheit, Milde
douleur *f.* 21F	dulœʀ	Schmerz
droit pénal *m.* 26C	dʀwapenal	Strafrecht
duc *m.* 14A	dyk	Herzog
ducal *m.* (-e) *f.* 14A	dykal	herzoglich
duché *m.* 14A	dyʃe	Herzogtum
duchesse *f.* 14A	dyʃɛs	Herzogin
durée *f.* 17C	dyʀe	Dauer

E

s'ébaucher 18C	səboʃe	entstehen, heranreifen
ébéniste *m.* 17B	ebenist	Möbel-, Kunstschreiner
ébénisterie *f.* 17B	ebenistʀi	Möbel-, Kunstschreinerei
échapper à 15A	eʃape	entkommen, entgehen
s'échauffer 16C	seʃofe	sich erhitzen
échec *m.* 14B	eʃɛk	Mißerfolg, Fehlschlag, Wahlschlappe
échecs *m.pl.* 14F	eʃɛk	Schach(spiel)
échouer 14F	eʃwe	durchfallen, nicht angenommen werden
éclaté *m.* (-e) *f.* 26C	eklate	zersplittert
écœuré *m.* (-e) *f.* 14B	ekœʀe	angewidert
écolier *m.* (-ère) *f.* 17C	ekɔlje, jɛʀ	Schüler(in)
écraser 16B	ekʀaze	zerdrücken, zerschmettern, zu Boden schlagen
EDF, *f.* (Electricité de France) 24B	edeɛf	Französische Elektrizitätsgesellschaft
éditeur *m.* (-trice) *f.* 18C	editœʀ, tʀis	Herausgeber(in), Verleger(in)
édition *f.* 14D	edisjõ	Ausgabe, Auflage
éditorial (*pl.* -aux) 25C	editɔʀjal, jo	Leitartikel
éducatif *m.* (-ve) *f.* 14E	edykatif, iv	bildend, Lehr-
éducation *f.* 15E	edykasjõ	Erziehung, (Aus)Bildung
effectif *m.* 17C	efɛktif	Stärke, Zahl
effectuer 19E	efɛktɥe	durchführen, erledigen
effervescence *f.* 14D	efɛʀvesɑ̃s	Aufruhr, Entrüstung
effet *m.* 21F	efɛ	(Aus)Wirkung
s'efforcer de 17C	sefɔʀse	sich bemühen
effort *m.* 17C	efɔʀ	Anstrengung, Mühe
élaborer 14B	elabɔʀe	ausarbeiten
élections européennes *f.pl.* 14B	elɛ(ə)ksjõ øʀɔpeɛn	Europawahlen
élevé *m.* (-e) *f.* 15C	elve	erhöht
élever 16A	elve	errichten, bauen
par élimination 26C	paʀeliminasjõ	nach dem Ausschlußverfahren, unter Auslassung von
éloigner (qn.) 14C	elwaɲe	(jdn.) entfernen
émanation *f.* 26C	emanasjõ	Ausstrahlung, Hervorgehen
embarquer 17C	ɑ̃baʀke	ein-, verschiffen, verladen
embouchure *f.* 17A	ɑ̃buʃyʀ	Mündung
émission *f.* 14B	emisjõ	(Fernseh)Sendung
emmener 15E	ɑ̃mne	hinführen, mitnehmen
s'emparer de qch. 16F	sɑ̃paʀe	von etwas Besitz ergreifen, sich einer Sache bemächtigen
empêcher 14B	ɑ̃peʃe	(ver)hindern, abhalten von
empiéter sur 26E	ɑ̃pjɛte	ein-, übergreifen auf
empiler 23D	ɑ̃pile	aufeinanderschichten
emplacement *m.* 18C	ɑ̃plasmɑ̃	Stelle, Lage, Standort

emplette f. 24D	ãplɛt	Einkauf
emporter 26B	ãpɔʀte	mitnehmen
emprunter 15B	ãpʀœ̃(ɛ̃)te	benutzen, in Anspruch nehmen
émulation f. 19C	emylasjõ	Wetteifer, -streit, Strebsamkeit
en commun 18F	ãkɔmɛ̃	gemeinsam
en compagnie de 21D	ãkõpaɲi	in Gesellschaft von, in Begleitung von
en marge de 22D	ãmaʀʒ	außerhalb von
en permanence 15C	ãpɛʀmanãs	ständig, andauernd
en pleine figure 16B	ãplɛnfigyʀ	mitten ins Gesicht
en tant que 15C	ãtãkə	*(in der Eigenschaft)* als
encadreur m. 23A	ãkadʀœʀ	Rahmenmacher, -glaser
enchaînement m. 19D	ãʃɛnmã	Melodie, Notenfolge
endive f. 22A	ãdiv	Chicorée
endommager 22A	ãdɔmaʒe	beschädigen
endroit m. 14B	ãdʀwa	Ort, Platz
enduit m. 20B	ãdɥi	Verputz
énergumène m. 16B	enɛʀgymɛn	Rasender
s'énerver 16B	senɛʀve	sich aufregen, nervös werden
enfourner 21B	ãfuʀne	in den Ofen schieben
engager 19A	ãgaʒe	einstellen, verpflichten
engendrer 18D	ãʒãdʀe	hervorbringen, schaffen, entstehen lassen
enjamber 17E	ãʒãbe	*hier:* überspannen
enlever 18A	ãlve	wegnehmen
enquête f. 16B	ãkɛt	Untersuchung, Ermittlung
enregistrer 14E	ãʀəʒistʀe	aufzeichnen
enrichir 20A	ãʀiʃiʀ	bereichern
enseignant m. (-e) f. 15F	ãsɛɲã, ãt	Lehrer(in)
enseignement m. 16C	ãsɛɲmã	Unterrichten, Lehrtätigkeit
entité f. 19C	ãtite	Gesamtheit, Einheit
entouré m. (-e) f. de 15G	ãtuʀe	umgeben von
entracte m. 15C	ãtʀakt	Zwischenakt, -spiel, Unterbrechung
s'entraider 26C	sãtʀede	sich gegenseitig helfen, beistehen
s'entrainer 16E	sãtʀene	trainieren, üben
entre guillemets m.pl. 22E	ãtʀgijmɛ	in Anführungsstrichen
entrecouper 21D	ãtʀəkupe	unterbrechen
entrepôt m. 17A	ãtʀəpo	(Waren)Lager
entreprendre 18A	ãtʀəpʀãdʀ	unternehmen, in Angriff nehmen
entrepreneur m. 14A	ãtʀəpʀənœʀ	Unternehmer
entrer en ligne de compte 21B	ãtʀe ã liɲ dəkõt	in Betracht kommen, eine Rolle spielen
entrer en vigueur 25F	ãtʀe ãvigœʀ	in Kraft treten
entretenir 16D	ãtʀətniʀ	instandhalten, versorgen, unterhalten
envers 14C	ãvɛʀ	gegenüber

environnement *m.* 23F	ɑ̃viʀɔnmɑ̃	Umwelt
envisageable 16D	ɑ̃vizaʒabl	betrachtenswert
envisager 14F	ɑ̃vizaʒe	ins Auge fassen, erwägen
épais *m.* (-se) *f.* 21C	epɛ, ɛs	dick, stark
épouser 16A	epuze	heiraten
éprouver 20E	epʀuve	empfinden, fühlen
épuisant *m.* (-e) *f.* 15G	epɥizɑ̃, ɑ̃t	aufreibend, erschöpfend
équilibré *m.* (-e) *f.* 24D	ekilibʀe	ausgeglichen, ausgewogen
équilibre *m.* 18D	ekilibʀ	Gleichgewicht
équiper 17A	ekipe	ausrüsten, ausstatten
ère *f.* 18A	ɛʀ	Zeitalter, Ära
ériger 23A	eʀiʒe	errichten
erreur *f.* 20B	eʀœʀ	Irrtum, Fehler
érudit *m.* (-e) *f.* 22D	eʀydi, it	gelehrt, gebildet
escale *f.* 26F	ɛskal	Zwischenlandung, -stopp
esclave *m./f.* 14A	ɛsklav	Sklave, Sklavin
espace *m.* 18C	ɛspas	Raum, Fläche
espèce *f.* 14C	espɛs	Art, Sorte, Gattung
esprit *m.* 16C	espʀi	Geist, Gemüt
essence *f.* 24D	esɑ̃s	Benzin
essence de bois *f.* 20C	esɑ̃sdəbwa	Holzart
essor *m.* 21A	esɔʀ	Aufschwung
estimer 14F	estime	(ein)schätzen, glauben
estival *m.* (-e) *f.* 17C	estival	(hoch)sommerlich, Sommer-
estuaire *m.* 14G	estɥɛʀ	(Fluß)Mündung
établir 16B	etabliʀ	ausstellen
établissements *m.pl.* 23B	etablismɑ̃	Firma
étal *m.* 23A	etal	(Markt)Stand, Bude
état de commandes *m.* 20C	etad(ə)kɔmɑ̃d	Auftragslage, -stand
s'étirer 15G	setiʀe	sich erstrecken
être en déplacement	ɛtʀɑ̃deplasmɑ̃	unterwegs sein
être en jeu 16C	ɛtʀɑ̃ʒø	auf dem Spiel stehen, im Spiel sein
être en mesure de 15B	ɛtʀɑ̃məzyʀ	imstande sein
être scolarisé(e) 22E	ɛtʀ skɔlaʀize	zur Schule gehen
étude *f.* 17B; 26B	etyd	Entwurf; Anwaltsbüro, Kanzlei
évaluation *f.* 24C	evalɥasjɔ̃	Veranschlagung, Einschätzung
évêché *m.* 21B	eveʃe	Bistum
événement *m.* 21D	evɛnmɑ̃	Ereignis
évêque *m.* 26A	evɛk	Bischof
évident *m.* (-e) *f.* 18D	evidɑ̃, ɑ̃t	offensichtlich, klar, deutlich, naheliegend
évocateur *m.* (-trice) *f.* 26F	evɔkatœʀ, tʀis	wachrufend, heraufbeschwörend
évoluer 14C	evɔlɥe	sich entwickeln
évolution *f.* 16C	evɔlysjɔ̃	Entwicklung, Werdegang
exagérer 16C	egzaʒeʀe	übertreiben
exclure 14C	ɛkskly ʀ	ausschließen
exécuter une commande 23B	egzekyte ynkɔmɑ̃d	einen Auftrag ausführen

exercer 17C	egzɛʀse	ausüben
exigence f. 21D	egziʒɑ̃s	Erfordernis, Herausforderung
exiger 20B	egziʒe	erfordern
exploiter 21B	ɛksplwate	betreiben, bewirtschaften
expression familière f. 20E	ɛkspʀɛsjõ familjɛʀ	umgangssprachlicher Ausdruck
exprimer 25D	ɛkspʀime	ausdrücken
expulsion f. 26D	ɛkspylsjõ	Ausweisung
extension f. 18C	ɛkstɑ̃sjõ	Erweiterung, Ausdehnung, Anbau
extérieur m. (-e) f. 20B	ɛksterjœʀ	äußere/r
s'extérioriser 17C	sɛksterjɔʀize	sich selbst verwirklichen, sich weiterentwickeln
extirper 16B	ekstiʀpe	herausreißen, herauszerren
Extrême-Orient m. 17A	ɛkstʀɛmɔʀjɑ̃	Ferner Osten

F

fabrication f. 20B	fabʀikasjõ	Herstellung, Fertigung
façon f. 18B	fasõ	Art, Weise, Form
faible 21F	fɛbl	schwach
fainéantise f. 14F	feneɑ̃tiz	Nichtstun, Faulenzerei
faire appel à 17B	fɛʀapel	sich wenden an
faire de la planche à voile 25E	fɛʀd(ə)laplɑ̃ʃavwal	surfen
faire de la voile 25E	fɛʀd(ə)la vwal	segeln
faire des images 14B	fɛʀdezimaʒ	filmen, Bilder aufnehmen
faire le point 14B	fɛʀ lə pwɛ̃	einen Lageplan erstellen, den Stand der Dinge ermitteln
faire ses emplettes 24D	fɛʀsezɑ̃plɛt	einkaufen, Besorgungen machen
faire table rase 17A	fɛʀ tabl(ə)ʀaz	reinen Tisch machen, *hier:* dem Erdboden gleichmachen
faits m.pl. 16B	fɛ	Tatsachen, Fakten
se familiariser avec 19D	səfamiljaʀize	sich gewöhnen an, vertraut machen mit
farine f. 21B	faʀin	Mehl
fatigue f. 14D	fatig	Müdigkeit
faubourg m. 22D	fobuʀ	Vorort, Vorstadt
fenouil m. 15A	fənuj	Fenchel
fermentation f. 20F	fɛʀmɑ̃tasjõ	Gärung
ferroviaire 23A	feʀɔvjɛʀ	Eisenbahn-, Schienen-
feuilleter 22B	fœjte	(durch)blättern
fiable 23D	fjabl	zuverlässig
fier m. (fière) f. 14D	fjɛʀ	stolz
fier comme Artaban 16E	fjɛʀ kɔm artabɑ̃	stolz wie ein Spanier
file d'attente f. 14D	fildatɑ̃t	Warteschlange
filet m. 15G	filɛ	(Fischer)Netz
finalement 19A	finalmɑ̃	schließlich, letztendlich
finition f. 17B	finisjõ	Fertigstellung
fla m. 19D	fla	Doppelschlag auf der Trommel
flamand m. (-e) f. 23A	flamɑ̃, ɑ̃d	flämisch

flâner 15C	flane	bummeln
flatteur *m.* (-euse) *f.* 21A	flatœʀ, øz	schmeichelhaft
flûte *f.* 15E	flyt	Flöte
flux *m.* 15D	fly	*(fig.)* Flut
foire *f.* 20A	fwaʀ	Messe, Markt
foncé *m.* (-e) *f.* 15D	fõse	dunkel *(Farbe)*
foncer dans qch. 19E	fõse	sich ganz einer Sache hingeben
fonctionnaire *m./f.* 18A	fõksjɔnɛʀ	Beamter, Beamtin
fonds *m.* 21B	fõ	Geschäft, Laden, Unternehmen
fonds d'étude *m.* 22D	fõdetyd	Archiv
fontaine *f.* 18A	fõtɛn	Brunnen
forcément *adv.* 20E	fɔʀsemã	notgedrungen, zwangsläufig
se forger 17B	səfɔʀʒe	Gestalt annehmen
forteresse *f.* 25A	fɔʀtʀɛs	Festung
fortin *m.* 25A	fɔʀtẽ	kleines Fort
fouiller 23A	fuje	durchstöbern, -wühlen, -suchen
foule *f.* 17C	ful	(Menschen)Menge, Volk, Leute
se fouler la cheville 21D	səfulelaʃəvij	sich den Knöchel verstauchen
fourmiller 16A	fuʀmije	wimmeln
fournée *f.* 21B	fuʀne	voller Backofen
fournil *m.* 21B	fuʀnil	Backstube
fournir 14C	fuʀniʀ	liefern, beisteuern
foyer *m.* 26A	fwaje	*hier:* Zentrum
frappe *f.* 20E	frap	das Tippen, das Aufsetzen
frapper 16B	frape	schlagen
frénétique 18F	fʀenetik	hektisch, wild
fréquent *m.* (-e) *f.* 16C	fʀekã	häufig
fréquentation *f.* 14D	fʀekãtasjõ	Besucherzahl
fréquenter 18D	fʀekãte	häufig besuchen, verkehren mit
friand *m.* (-e) *f.* de 25B	fʀijã, ãd	begierig auf

G

galette *f.* 17D	galɛt	Hefekuchen
gamme *f.* 19D	gam	Tonleiter
gamme majeure *f.* 19D	gam maʒœʀ	Durtonleiter
gamme mineure *f.* 19D	gam minœʀ	Molltonleiter
garde à vue *f.* 16C	gaʀdavy	vorläufige Festnahme
gendre *m.* 17D	ʒãdʀ	Schwiegersohn
généreux *m.* (-se) *f.* 18C	ʒeneʀø, øz	großzügig
genou *m. (pl.* -x) 16B	ʒ(ə)nou	Knie
genre *m.* 14A	ʒãʀ	Gattung
gentillesse *f.* 26C	ʒãtijɛs	Freundlichkeit
gestion *f.* 20E	ʒɛstjõ	Geschäftsführung
glisser 17C	glise	(dahin)gleiten
glisser sur son ber 17C	glise syʀsõbɛʀ	*(Schiff)* auslaufen, vom Stapel laufen
globe terrestre *m.* 21D	glɔbtɛʀɛstʀ	Erdkugel
gloire *f.* 19A	glwaʀ	Ruhm, Glanz

glorieux *m.* (- se) *f.* 14A	glɔʀjø, øz	ruhmreich, ruhmvoll
glorificateur 19A	glɔʀifikatœʀ	ruhmreich, prahlerisch
godasses de marche *f.pl. (fam.)* 20E	gɔdasdəmaʀʃ	alte Latschen
goût *m.* 18G	gu	Geschmack
gouverner 25A	guvɛʀne	regieren
graine *f.* 17D	gʀɛn	Same(n)
grainetier *m.* (-ère) *f.* 20A	gʀɛntje, tjɛʀ	Samen-, Kornhändler
graissier *m.* 24A	gʀɛsje	Fetthändler
grande surface 21B	gʀɑ̃dsyʀfas	Einkaufszentrum
greffe *f.* 26D	gʀɛf	Gerichtskanzlei
grue *f.* 17C	gʀy	Kran
grutier *m.* (-ère) *f.* 17C	gʀytje, tjɛʀ	Kranführer(in)
guerre mondiale *f.* 16E	gɛʀmɔ̃djal	Weltkrieg

H

habillement *m.* 24D	abijmɑ̃	Kleidung, Einkleiden
s'habituer à 15C	sabitɥe	sich gewöhnen an
handicapé *m.* 22E	ɑ̃dikape	behindert
hasard *m.* 17C	azaʀ	Zufall
hauteur *f.* 17C	otœʀ	Höhe
hebdomadaire 14F	ɛbdomadɛʀ	wöchentlich
hématome *m.* 16B	ematom	Bluterguß
herbes *f.pl.* 17E	ɛʀb	Kräuter
hésiter 14D	ezite	zögern
heurter 16B	œʀte	stoßen, an-, aufprallen
se heurter à 18C	səœʀte	sich anstoßen
hommage *m.* 18A	ɔmaʒ	Ehrung, Huldigung, Geschenk
hostile à 19A	ɔstil	feindlich, ablehnend
huisserie *f.* 20B	ɥisʀi	Türeinfassung, Türrahmen
humide 15G	ymid	feucht
huppé *m.* (-e) *f.* 24D	ype	reich, vornehm

I

image *f.* 18C	imaʒ	Bild
imaginable 19B	imaʒinabl	denkbar, erdenklich
immédiateté *f.* 26C	immedjatte	Unverzüglichkeit, Unmittelbarkeit
immortaliser 18A	immɔʀtalize	unsterblich machen
implantation *f.* 18B	ɛ̃plɑ̃tasjɔ̃	Einpflanzung, Einrichtung, Eingliederung
implantation *f.* 25E	ɛ̃plɑ̃tasjɔ̃	Filiale, Zweigstelle
implication *f.* 26B	ɛ̃plikasjɔ̃	Verwickelung
impliquer 16D	ɛ̃plike	verwickeln, involvieren
cela implique que 16D	s(ə)la ɛ̃plikkə	das hat zur Folge, daß
s'imposer 14A	sɛ̃poze	sich aufdrängen, sich anbieten, zwingen
impression *f.* 18C	ɛ̃pʀesjɔ̃	Eindruck
impressionnant *m.* (-e) *f.* 19C	ɛ̃pʀesjɔnɑ̃, ɑ̃t	eindrucksvoll

imprimerie f. 22D	ɛ̃pʀimʀi	Buchdruck, Buchdruckerkunst
inactif m. (-ve) f. 14C	inaktif, iv	nicht berufstätig
incidence f. 26E	ɛ̃sidɑ̃s	Ein-, Nachwirkung
inciter à 18D	ɛ̃site	anregen, anreizen
incomber à qn. 15C	ɛ̃kɔ̃be	jdm. obliegen, zukommen
inconditionnels m.pl. 14D	ɛ̃kɔ̃disjɔnel	die treuen Anhänger
inconvénient m. 18B	ɛ̃kɔ̃venjɑ̃	Nachteil
incunable m. 22D	ɛ̃kynabl	Frühdruck, Inkunabel
indemniser 14F	ɛ̃dɛmnize	entlohnen, entschädigen
indépendance f. 14C	ɛ̃depɑ̃dɑ̃s	Unabhängigkeit
indicateur économique m. 25B	ɛ̃dikatœʀ ekɔnɔmik	Wirtschaftsindikator
indifférence f. 26C	ɛ̃difeʀɑ̃s	Gleichgültigkeit
indiquer 22D	ɛ̃dike	anzeigen, andeuten
indispensable 22E	ɛ̃dispɑ̃sabl	unerläßlich, unersetzlich
industrie lourde f. 23F	ɛ̃dystʀiluʀd	Schwerindustrie
inévitable 21C	inevitabl	unvermeidlich
inférieur m. (-e) f. à 17B	ɛ̃feʀjœʀ	unter, niedrig
influence f. 15E	ɛ̃flyɑ̃s	Einfluß
infraction à la loi f. 26D	ɛ̃fʀaksjɔ̃ alalwa	Gesetzesübertretung
infusion f. 15A	ɛ̃fyzjɔ̃	Kräutertee
ingrédients m.pl. 15E	ɛ̃gʀedjɑ̃	Zutaten
initier 18A	inisje	einführen, den Anstoß geben zu, veranlassen
inné m. (-e) f. 23D	inne	angeboren, ererbt
innocence f. 26C	inɔsɑ̃s	Unschuld
innombrable 26E	innɔ̃bʀabl	unzählig, zahllos
inscrire 18F	ɛ̃skʀiʀ	einschreiben
inséparable 22A	ɛ̃sepaʀabl	untrennbar
insertion f. 18D	ɛ̃sɛʀsjɔ̃	Eingliederung
inspecteur divisionnaire m./f.16C	ɛ̃spɛktœʀ divizjɔnɛʀ	Kreisinspektor(in)
inspecteur principal m. (-e) f. 16C	ɛ̃spɛktœʀ pʀɛ̃sipal	Hauptinspektor(in)
instantané m. (-e) f. 23D	ɛ̃stɑ̃tane	plötzlich
instaurer 26A	ɛ̃stɔʀe	einführen; gründen; errichten
instruction (f.) de la cause 26D	ɛ̃stʀyksjɔ̃ d(ə) la koz	gerichtliche Voruntersuchung
insulte f. 16B	ɛ̃sylt	Beleidigung, Beschimpfung
intégré m. (-e) f. 24D	ɛ̃tegʀe	eingegliedert
intensément adv. 22E	ɛ̃tɑ̃semɑ̃	stark, heftig, lebhaft
interface f. 24B	ɛ̃tɛʀfas	Schnittstelle
intérieur m. (-e) f. 15G	ɛ̃teʀjœʀ	Innere, Innen-
intérimaire m. 17C	ɛ̃teʀimɛʀ	Beschäftigter auf Zeit
interlocuteur m. (-trice) f. 23C	ɛ̃tɛʀlɔkytœʀ, tʀis	Gesprächspartner(in)
interpellation f. 16C	ɛ̃tɛʀpelasjɔ̃	Überprüfung der Personalien, Festnahme
interroger 15B	ɛ̃tɛʀɔʒe	befragen
interrompre 16C	ɛ̃tɛʀɔ̃pʀ	unterbrechen
intervenir 23B	ɛ̃tɛʀvəniʀ	eingreifen, teilnehmen
intervention f. 16C	ɛ̃tɛʀvɑ̃sjɔ̃	Einsatz, Eingreifen
inventer 20F	ɛ̃vɑ̃te	erfinden

inverser 18C	ɛ̃vɛrse	umkehren, umpolen
investissement *m.* 15D	ɛ̃vɛstismɑ̃	Investition, (Kapital)Anlage
invoquer 23D	ɛ̃vɔke	anrufen, ansprechen *(Gedanke)*
irrémédiable 26C	iʀemedjabl	unheilbar, nicht wieder gutzumachen
isolation phonique *f.* 20B	izɔlasjɔ̃fɔnik	Schallisolierung
issu *m.* (-ue) *f.* 19C	isy	ab-, entstammend, herkommend

J

jaillir 21F	ʒajiʀ	entspringen
jardinage *m.* 17D	ʒaʀdinaʒ	Gärtnerei, Gartenarbeit
joindre 14D; 26C	ʒwɛ̃dʀ	verbinden, aneinanderreihen; *hier:* erreichen
joue *f.* 16B	ʒu	Wange, Backe
jouir de 24D	ʒwiʀ	genießen
jour férié *m.* 16B	ʒuʀfeʀje	Feiertag
Jour J 16F	ʒuʀʒi	D-Day (Beginn der Invasion der Alliierten in der Normandie)
joyau *m.* 22F	ʒwajo	Kleinod
judiciaire 16B	ʒydisjɛʀ	gerichtlich, richterlich
judicieux *m.* (-se) *f.*	ʒydisjø, øz	klug; vernünftig, scharfsinnig
judiceusement *adv.* 26C	ʒydisjøzmɑ̃	
juge d'instruction *m.* 26D	ʒyʒ dɛ̃stʀyksjɔ̃	Untersuchungsrichter
juger 19C	ʒyʒe	(be)urteilen
jument *f.* 22E	ʒymɑ̃	Stute
jurisprudence *f.* 26C	ʒyʀispʀydɑ̃s	Recht(sprechung)
justice *f.* 16C	ʒystis	Gerichtswesen

L

laine de roche *f.* 20B	lɛndəʀɔʃ	Steinwolle
lancement *m.* 17C	lɑ̃smɑ̃	*hier:* Stapellauf
langue maternelle *f.* 15E	lɑ̃gmatɛʀnɛl	Muttersprache
largeur *f.* 17C	laʀʒœʀ	Breite
lave-vaisselle *m.* 23E	lavvɛsɛl	Geschirrspülmaschine
lecteur *m.* (-trice) *f.* 22B	lɛktœʀ, tʀis	Leser(in)
législatif *m.* (-ve) *f.* 24A	leʒislatif, iv	gesetzgebend
lettres *f.pl.* 22B	lɛtʀ	Literaturwissenschaft
se lever de bonne heure 14D	sə ləve də bɔnœʀ	früh aufstehen
levure *f.* 21B	l(ə)vyʀ	Hefe
liaison *f.* 23A	ljɛzɔ̃	Verbindung
libérer 16A	libeʀe	befreien
librairie *f.* 14A	libʀɛʀi	Buchhandlung
libre expression *f.* 14C	libʀɛkspʀɛsjɔ̃	freie Meinungsäußerung
licencier 26B	lisɑ̃sje	entlassen, ausstellen
lien *m.* 24B	ljɛ̃	Verbindung, Bindeglied
lier à 15E	lje	verbinden mit, zusammenhängen mit
litige *m.* 16C	litiʒ	Streit(fall)

livraison f. 17B	livʀɛzõ	Lieferung
livre de chevet m. 14F	livʀdəʃəvɛ	Lieblingsbuch
locaux habitables m.pl. 17B	lɔkozabitabl	Wohnraum
logiciel m. 26B	lɔʒisjɛl	Software, Programm
longueur f. 15B	lõgœʀ	Länge
lumière f. 17E	lymjɛʀ	Licht
luminosité f. 22F	lyminɔzite	Licht, Helligkeit
lunette f. 21B	lynɛt	*hier: Gebäck*
lutte f. 23F	lyt	Kampf

M

maçon m. 20B	masõ	Maurer, Bauarbeiter
magazine m. 14F	magazin	Illustrierte
magistrature f. 16C	maʒistʀatyʀ	Richterstand, Magistratsbehörde
magnétoscope m. 14E	maɲetɔskɔp	Videorecorder
main, sous la 21B	mɛ̃, sulamɛ̃	zur/bei der Hand
maint m. (-e) f. 18E	mɛ̃, mɛ̃t	manche(r/s), etliche
maintenance f. 26B	mɛ̃tnɑ̃s	Aufrechterhaltung
maintenir 16B	mɛ̃t(ə)niʀ	behaupten, versichern
maintes fois 18E	mɛ̃t(ə)fwa	manches Mal
maintien m. 15E	mɛ̃tjɛ̃	(Aufrecht)Erhaltung Fortbestand
maison d'édition f. 18C	mɛzõdedisjõ	Verlag(shaus)
maison particulière f. 18E	mɛzõ paʀtikyljɛʀ	Privathaus
maître d'ouvrage m. 18B	mɛtʀduvʀaʒ	Bauherr
maîtriser 16E	mɛtʀize	beherrschen, lenken
majorité f. 14C	maʒɔʀite	Mehrheit
malencontreux m. (-se) f. 16B	malɑ̃kõtʀø, øz	unglücklich, fatal, ärgerlich
maniement m. 19B	manimɑ̃	Handhabung
manière f. 18B	manjɛʀ	Art, Weise
manuel m. (-le) f. 20A	manɥɛl	Hand-, von Hand
maquette f. 20A	makɛt	Modell, Entwurf
se faire maquiller 14C	səfɛʀmakije	sich schminken lassen
maraîcher m. (-ère) f. 22A	maʀɛʃe, ʃɛʀ	Gemüse-; Gemüsegärtner(in)
marais m. 14G	maʀɛ	Sumpf, Moor
marbre m. 18A	maʀbʀ	Marmor
marchandise f. 17A	maʀʃɑ̃diz	Ware, Gut
marché de l'événement m. 23D	maʀʃe də levɛnmɑ̃	nachfrageorientierter Markt
marécageux m. (-se) f. 14G	maʀekaʒø, øz	sumpfig, moorig
marquer 15G	maʀke	kennzeichnen, charakteristisch sein
marteau m. 20D	maʀto	Hammer
maturation f. 26F	matyʀasjõ	Reifen, Reifwerden
maturité f. 26C	matyʀite	*(Schweiz)* Abitur
mécontent m. (-e) f. 23C	mekõtɑ̃, ɑ̃t	unzufrieden
mélange m. 23A	melɑ̃ʒ	Mischung
mémoire de fin d'études m. 24B	memwaʀ də fɛ̃detyd	*etwa:* Diplomarbeit
menace f. 21B	mənas	Drohung

ménager 16D	menaʒe	aufsparen, haushalten
mener de front 19E	mənedəfʀõ	gleichzeitig betreiben
menteur *m.* 16B	mãtœʀ	Lügner
mentionner 26A	mãsjɔne	erwähnen
menuiserie *f.* 17B	mənɥizʀi	Schreinerei
menuisier *m.* 17B	mənɥizje	Schreiner
mesure *f.* 17C; 19D	məzyʀ	Maßnahme; Maß; *hier:* Takt
mesure *(f.)* provisionnelle 26B	məzyʀ pʀɔvizjɔnɛl	einstweilige Verfügung
métallurgie *f.* 23F	metalyʀʒi	Metallindustrie
méticuleux *m.* (-se) *f.* 23C	metikylø, øz	sorgfältig, genau
se mettre à son compte 20C	səmɛtʀasõkõt	sich selbständig machen
se mettre d'accord 16B	səmɛtʀdakɔʀ	sich einigen
meunier *m.* 22A	mønje	Müller
micro-trottoir *m.* 14E	mikʀotʀɔtwaʀ	Straßenumfrage
millénaire 25F	milenɛʀ	tausendjährig
minime 20C	minim	winzig, geringfügig
minutieux *m.* (-se) *f.* 23C	minysjø, øz	genau, sorgsam
miracle *m.* 14E	miʀakl	Wunder
mise à l'eau *f.* 17C	mizalo	Stapellauf
mise en scène *f.* 14D	mizãsɛn	Regie
mise en valeur *f.* 22D	mizãvalœʀ	Bewertung; Wertschätzung
miser sur 21B	mize	setzen auf
misère *f.* 22C	mizɛʀ	Elend, Unglück
miséreux *m.* (-se) *f.* 26C	mizeʀø, øz	elend, mittellos, bettelarm
mobilier *m.* 17B	mɔbilje	Ausstattung, Einrichtung
modification *f.* 18C	mɔdifikasjõ	Änderung
modifier 15C	mɔdifje	(ab)ändern, umwandeln
mœurs *f.pl.* 16B	mœʀ(s)	Sitten, Gebräuche
monarchie héréditaire *f.* 25A	mɔnaʀʃi eʀeditɛʀ	Erbmonarchie
monde *m.* 18A	mõd	Welt
moniteur *m.* 16E	mɔnitœʀ	Sportlehrer
montage *m.* 22C	mõtaʒ	Organisation, Aufbau
montant de porte *m.* 16B	mõtãdəpɔʀt	Türrahmen, Türpfosten
montée *f.* 26C	mõte	Anstieg
monter 18B	mõte	*hier:* aufziehen
monter à cheval 22E	mõte aʃ(ə)val	reiten
monteur *m.* (-euse) *f.* 14B	mõtœʀ, øz	Cutter(in)
morphomètre 3 D *m.* 15A	mɔʀfɔmɛtʀ	Diagnosegerät für dreidimensionale Aufnahmen
mort *m.* (-e) *f.* 16A	mɔʀ, mɔʀt	tot
morue *f.* 17A	mɔʀy	Kabeljau
moule *f.* 24D	mul	Miesmuschel
mousseux *m.* (-se) *f.* 20F	musø, øz	perlend, schäumend, prickelnd
mouton *m.* 17D	mutõ	Schaf
muet *m.* (-te) *f.* 26B	mɥɛ, ɛt	stumm
multiple 25F	myltipl	vielfältig, mehrfach
municipalité *f.* 23F	mynisipalite	Stadt(verwaltung), Gemeinde
mur *m.* 20B	myʀ	Wand, Mauer

muraille *f.* 25A	myʀaj	Mauer(werk)
mûrir 20F	myʀiʀ	reifen
museau *m. (fam.)* 16B	myzo	Maul, Schnauze
mutation *f.* 24B	mytasjõ	Wechsel, Veränderung
muter 15C	myte	versetzen

N

n'importe quel thème 14C	nɛ̃pɔʀtəkɛltɛm	irgendein Thema
natal *m.* (-e) *f.* 14A	natal	Geburts-, Heimat-
natif *m.* (-ve) *f.* de17D	natif, iv	gebürtig (aus)
nature morte *f.* 18G	natyʀmɔʀt	Stilleben
naval *m.* (-e) *f.* 17C	naval	See-, Schiffs-
navire *m.* 17A	navir	Schiff
nécessité *f.* 20E	nesesite	Notwendigkeit
négliger 18F	negliʒe	vernachlässigen
négoce *m.* 14A	negɔs	Handel, Geschäft
négociant *m.* 16A	negɔsjã	Kaufmann, Händler
nerf *(m.)* de la guerre 14C	nɛʀdəlagɛʀ	der Nerv aller Dinge; *hier:* Geld
noire *f.* 19D	nwaʀ	Viertelnote
nommer 15C	nɔme	*(in ein Amt)* berufen
notion *f.* 23D	nɔsjõ	Begriff, Vorstellung, Kenntnis
nourrice *f.* 22E	nuʀis	Amme; *hier:* Tagesmutter
nourrir 20F	nuʀiʀ	(er)nähren
nourriture biologique *f.* 15E	nuʀityʀ bjolɔʒik	Vollwertkost
nouveauté *f.* 22D	nuvote	Neuerscheinung
nymphéa *m.* 17E	nɛ̃fea	Seerose

O

objectif *m.* 14D	ɔbʒɛktif	Ziel
obligé *m.* (-e) *f.* 15B	ɔbliʒe	verpflichtet
obstacle *m.* 22C	ɔpstakl	Hindernis
obtenir gain de cause 26D	ɔptəniʀ gɛ̃dəkoz	*(Prozeß)* gewinnen
occupation *f.* 24E	ɔkypasjõ	Beschäftigung
d'office 20B	dɔfis	von vornherein
office public *m.* 18D	ɔfis pyblik	öffentliche Dienststelle
offre *m.* 24D	ɔfʀ	Angebot
oie *f.* 17D	wa	Gans
oiseau *m. (pl.* -eaux) 22F	wazo	Vogel
omniprésent *m.* (-e) *f.* 26E	ɔmnipʀezã, ãt	allgegenwärtig
opération *f.* 20A	ɔpeʀasjõ	Arbeitsgang
s'opposer à qch. 24F	sɔpoze	sich etw. widersetzen
opter pour 20C	ɔpte	eine Wahl treffen, sich entscheiden für
oral *m.* 14D	ɔʀal	mündliche Prüfung
ordinaire 15D	ɔʀdinɛʀ	gewöhnlich
ordonner 24A	ɔʀdɔne	anordnen
orgue *m.* 19C	ɔʀg	Orgel
orientation professionnelle *f.* 20C	ɔʀjãtasjõ pʀɔfɛsjɔnɛl	Berufsberatung

orphelinat *m.* 20C	ɔʀfəlina	Waisenhaus
ossature *f.* 20B	ɔsatyʀ	Gerippe, Gerüst
OTAN *f.* (Organisation du traité de l'Atlantique Nord) 24B	otɑ̃	NATO (Nordatlantikpakt)
ourlet *m.* 23B	uʀlɛ	Saum
outil *m.* 20A	uti	Werkzeug
ouverture *f.* 18C	uvɛʀtyʀ	Öffnung; *hier:* Fenster
ouvrage *m.* 18B	uvʀaʒ	Werk, Arbeit
maître d'ouvrage *m.* 18B	mɛtʀduvʀaʒ	Bauherr
ouvrage de référence *m.* 22D	uvʀaʒdəʀefeʀɑ̃s	Nachschlagewerk
oxycoupeur *m.* 17C	ɔksikupœʀ	Metallschneider

P

pacotille *f.* 14A	pakɔtij	Schund, schlechte Ware
paddock *m.* 14D	padɔk	Rennbahn
pain aux céréales *m.* 21C	pɛ̃ oseʀeal	Mehrkornbrot
pain de seigle *m.* 21C	pɛ̃dəsɛgl	Roggenbrot
paix *f.* 16B	pɛ	Friede
par élimination 26C	paʀeliminasjɔ̃	nach dem Ausschlußverfahren, unter Auslassung von
par excellence 15C	paʀɛksɛlɑ̃s	eigentlich, schlechthin
par la voie civile 26B	paʀlavwasivil	zivilrechtlich
par la voie pénale 26B	paʀlavwapenal	strafrechtlich
par rapport à 15B	paʀʀapɔʀ	im Vergleich zu
parachutage *m.* 16F	paʀaʃytaʒ	Fallschirmabwurf
paraître 22B	paʀɛtʀ	erscheinen
parcourir 25A	paʀkuʀiʀ	durchlaufen
parcours *m.* 14A, 14F	paʀkuʀ	Rundgang, Durchgang; Weg, Strecke; Werdegang
pareil *m.* (-le) *f.* 15B	paʀɛj	ähnlich, gleich
parer au pire 19B	paʀe opiʀ	das Schlimmste abwenden, verhindern
paresse *f.* 14F	paʀɛs	Faulheit, Trägheit, Bequemlichkeit
parmi 16A	paʀmi	unter, darunter
Parquet *m.* 16C	paʀkɛ	Staatsanwaltschaft
parquet *m.* 20B	paʀkɛ	(Parkett)Fußboden
parsemé *m.* (-e) *f.* de 25F	paʀsəme	übersät von
participation *f.* 22C	paʀtisipasjɔ̃	Teilnahme
parvenir à 21D	paʀvəniʀ	gelingen, schaffen, erreichen
pas franchement 14E	pafʀɑ̃ʃmɑ̃	eigentlich nicht; ehrlich gesagt, nein
passage *m.* 14B	pasaʒ	*hier:* Vorbeikommen
passer à l'antenne 14C	pase alɑ̃tɛn	auf, in Sendung gehen
passer une commande 17B	pase ynkɔmɑ̃d	einen Auftrag erteilen
passerelle *f.* 17A	pasʀɛl	Verbindungssteg, Fußgängerbrücke
passion *f.* 17D	pasjɔ̃	Leidenschaft, Liebe; *hier:* Hobby

pâte f. 21B	pɑt	Teig
patrie f. 14A	patʀi	Heimat
patrimoine m. 18B	patʀimwan	Kulturgut, Kulturbesitz, Erbe
patron m. 23B	patʀõ	*hier:* Schablone, (Schnitt)Muster
paysagiste 19A	peizaʒist	Landschafts-
peaux f.pl. 19B	po	Häute, Felle; *hier:* Membranophone (bespannte Schlaginstrumente)
pêche f. 15G	pɛʃ	Fischfang
pêcheur m. 15G	pɛʃœʀ	Fischer
penché m. (-e) f. 16B	pɑ̃ʃe	geneigt, schräg
percussion f. 19B	pɛʀkysjõ	Percussion, Schlaginstrument
percussionniste m./f. 19B	pɛʀkysjɔnist	Percussionist(in)
périodique m. 22B	peʀjɔdik	Zeitschrift
permanence f. 16C	pɛʀmanɑ̃s	Bereitschaftsdienst
perquisition (au domicile) f. 26D	pɛʀkizisjõ odɔmisil	Hausdurchsuchung
persister 16B	pɛʀsiste	bestehen, beharren auf
personnes âgées f.pl. 14C	pɛʀsɔnzaʒe	ältere Leute
persuader 26E	pɛʀsɥade	überzeugen
perte f. 15D	pɛʀt	Verlust
pesage m. 21B	pəzaʒ	Abwiegen
pesé m. (-e) f. 24E	pəze	ausgewogen
pétrin m. 21B	petʀɛ̃	Backtrog
pétrolier m. (-ère) f. 17A	petʀɔlje	Erdöl-, Tanker-
pictural m. (-e) f. 17E	piktyʀal	Bild-, Mal-
pierre f. 20A	pjɛʀ	Stein
pignon m. 20B	piɲõ	Giebel
piste cyclable f. 25F	pist siklabl	Radweg
pittoresque 16A	pitɔʀɛsk	malerisch, romantisch
placard m. 25E	plakaʀ	Schrank
placoplâtre m. 20B	plakɔplatʀ	Rigipsplatte
plafond m. 17B	plafõ	Decke
plaignant m. (-e) f. 16C	plɛɲɑ̃, ɑ̃t	Kläger(in)
se plaindre de qch. 20C	səplɛ̃dʀ	sich beklagen
plaisanterie mise à part 26E	plɛzɑ̃tʀi mizapaʀ	Spaß beiseite
plaisir m. 18F	plɛziʀ	Spaß, Vergnügen
planche à dessin f. 20D	plɑ̃ʃadesɛ̃	Zeichenbrett
plancher m. 20B	plɑ̃ʃe	(Holz)Fußboden
se plier à 19A	səplije	sich beugen
plier bagage 14D	plije bagaʒ	einpacken, sich davon machen, sein Bündel schnüren
plinthe f. 20B	plɛ̃t	(Fuß)Leiste
se plonger 22C	səplõʒe	sich stürzen in *hier:* Rohrpost
pneumatique m. 18A	pnømatik	
poche f. 18E	pɔʃ	(Hosen)Tasche
pointage m. 21B	pwɛ̃taʒ	*(Brot)* Ruhezeit
pointe f. 20C	pwɛ̃t	Stift, Nagel
poirier m. 17D	pwaʀje	Birn(en)baum

polluer 22F	pɔl(l)ɥe	verschmutzen
pollution f. 23F	pɔl(l)ysjõ	Verschmutzung
pollution atmosphérique f. 23F	pɔl(l)ysjõ atmɔsfeʀik	Luftverschmutzung
polyvalent m. (-e) f. 18D	pɔlivalɑ̃, ɑ̃t	vielseitig, Mehrzweck-
pommier m. 17D	pɔmje	Apfelbaum
pompes de marche f.pl. (fam.) 20E	põpdəmaʀʃ	Latschen
pont suspendu m. 17E	põsyspɑ̃dy	Hängebrücke
pont tournant m. 16F	põtuʀnɑ̃	Drehbrücke
population f. 16A	pɔpylasjõ	Bevölkerung
port m. 14A	pɔʀ	Hafen
portail m. 20A	pɔʀtaj	Portal
portefeuille m. 24B	pɔʀtəfœj	hier: Geschäftsbereich
portière f. 16B	pɔʀtjɛʀ	Wagentür
portuaire 17B	pɔʀtɥɛʀ	Hafen-
se positionner 18B	səpɔzisjɔne	eine Stellung beziehen, eine Haltung einnehmen
posséder 18A	pɔsede	besitzen
poste-charnière f. 23B	pɔstʃaʀnjɛʀ	Anlaufstelle
pot de yaourt 17A	podjauʀ(t)	Joghurtbecher
poteau m. (pl. -eaux) 15C	pɔto	Pfahl, Stange
pour l'essentiel 15G	puʀlesɑ̃sjɛl	in der Hauptsache, im wesentlichen
pourcentage m. 17C	puʀsɑ̃taʒ	Prozentsatz
pousser 17D	puse	wachsen, sprießen
poutre f. 20A	putʀ	Balken, Träger
pouvoir m. 24B	puvwaʀ	Macht
pouvoir d'achat m. 21B	puvwaʀdaʃa	Kaufkraft
pré-scolaire 21D	pʀeskɔlɛʀ	vorschulisch
précédent m. (-e) f. 14C	pʀesedɑ̃, ɑ̃t	vorhergehend
précéder 16D	pʀesede	voran-, vorausgehen
précis m. (-e) f. 15B	pʀesi, iz	genau
préciser 14D	pʀesize	genau angeben
précurseur m. 26A	pʀekyʀsœʀ	Wegbereiter
prédication f. 26A	pʀedikasjõ	Predigt
prendre ses dispositions 15E	pʀɑ̃dʀ sedispɔzisjõ	sich darauf einstellen, sich vorsehen
prendre un bol d'air 20E	pʀɑ̃dʀ œ̃bɔldɛʀ	Luft schnappen
préoccupation f. 15E	pʀeɔkypasjõ	Beschäftigung
préoccupé m. (-e) f. 18D	pʀeɔkype	besorgt, beschäftigt (gedanklich)
prépondérant m. (-e) f. 17A	pʀepõdeʀɑ̃, ɑ̃t	herausragend, entscheidend, gewichtig
prérogative f. 16C	pʀeʀɔgativ	Vorzug, Sonderrecht
présent m. 16B	pʀezɑ̃	hier: das vorliegende Dokument
présomption f. 26C	pʀezõpsjõ	Vermutung, Annahme
presqu'île f. 15G	pʀɛskil	Halbinsel
prêt m. 22B	pʀɛ	Ausleihe
prétendre 26D	pʀetɑ̃dʀ	behaupten, vorgeben
prétention f. 15C	pʀetɑ̃sjõ	Anmaßung

prévisions météo *f.pl.* 14D	pʀevizjɔ̃meteo	Wettervorhersage
prévoir 19E	pʀevwaʀ	vorhersehen
primeurs *f.pl.* 22A	pʀimœʀ	Frühobst, Frühgemüse
principaux dirigeants *m.pl.* 14C	pʀɛ̃sipodiʀiʒɑ̃	die leitenden Angestellten, die Führungsmannschaft
prise *f.* 16F	pʀiz	Besitzergreifung, Einnahme
prise de la Bastille *f.* 23D	pʀizdəlɑbɑstij	Sturm auf die Bastille
prisonnier *m.* 24F	pʀizɔnje	Gefangener
procéder à 25C	pʀɔsede	vorgehen, vornehmen
procédure *f.* 16C	pʀɔsedyʀ	Rechtsverfahren, Prozeßführung
procès-verbal *m.* 16B	pʀɔsɛvɛʀbal	Protokoll
proche 16C	pʀɔʃ	nahe
proclamer 25A	pʀɔklame	verkünden, ausrufen
se procurer qch. 14B	səpʀɔkyʀe	sich etwas besorgen, verschaffen
procureur de la République. *m.* 16C	pʀɔkyʀœʀd(ə)laʀepyblik	Staatsanwalt
prodigalité *f.* 19A	pʀɔdigalite	Verschwendungssucht
profond *m.* (-e) *f.* 15B	pʀɔfɔ̃, ɔ̃d	tief
progrès *m.* 15E	pʀɔgʀɛ	Fortschritt
projection *f.* 22C	pʀɔʒɛksjɔ̃	Vorführung
prolonger 18A	pʀɔlɔ̃ʒe	verlängern
promoteur *m.* 25A	pʀɔmɔtœʀ	Urheber, Initiator
promulguer 26A	pʀɔmylge	*(Gesetz)* verkünden
propice à 21D	pʀɔpis	günstig, vorteilhaft
proprement dit(e) 17B	pʀɔpʀəmɑ̃di	eigentlich
propriété *f.* 18C	pʀɔpʀijete	Besitz
prospérer 17A	pʀɔspeʀe	gedeihen, aufblühen,
protagoniste *m.* 16B	pʀɔtagɔnist	Hauptdarsteller
protecteur *m.* 24A	pʀɔtɛktœʀ	Beschützer, Schutzpatron
protection *f.* 17C	pʀɔtɛksjɔ̃	Schutz
prouver 15D	pʀuve	beweisen
provisions *f.pl.* 14E	pʀɔvizjɔ̃	Vorrat
proximité *f.* 18F	pʀɔksimite	Nähe, Nachbarschaft
prudence *f.* 25B	pʀydɑ̃s	Vorsicht
publicité *f.* 14C	pyblisite	Werbung
puissant *m.* (-e) *f.* puissamment *adv.* 21A	pɥisɑ̃, ɑ̃t; pɥisamɑ̃	mächtig, kräftig, stark, gewaltig

Q

qualifier 15C	kalifje	bezeichnen, betiteln, benennen
quant à 15B	kɑ̃ta	was … betrifft, was … angeht
quasiment 15E	kazimɑ̃	gewissermaßen
quitter 15C	kite	verlassen
quotidien *m.* (-ne) *f.* 15E	kɔtidjɛ̃, ɛn	täglich
quotidien régional *m.* 14B	kɔtidjɛ̃ʀeʒjɔnal	regionale Tageszeitung

R

se rabattre 16B	səʀabat ʀ	zuklappen, zuschlagen *(Tür)*
se rabattre sur 18D	səʀabat ʀ	sich auf etwas beschränken; *hier:* wechseln *(Fachrichtung)*
rabot *m.* 20D	ʀabo	Hobel
raccourcir 20E	ʀakuʀsiʀ	(ver)kürzen
racheter 18C	ʀaʃte	aufkaufen
racine *f.* 24E	ʀasin	Wurzel
rafler à l'arrachée 14D	ʀafle alaʀaʃe	wegnehmen, wegreißen
rainure *f.* 20D	ʀɛnyʀ	Rille, Furche
se rapporter á	səʀapɔʀte	sich auf etw. beziehen
raisin *m.* 21C	ʀɛzɛ̃	Rosine; Weintraube
raisonnement *m.* 18B; 23D	ʀɛzɔnmɑ̃	Urteilskraft, Beweisführung, Schlußfolgerung; Denkweise
rajouter 21B	ʀaʒute	hinzufügen, hinzugeben
ramasser 20E	ʀamase	(ein)sammeln, auflesen
ramener 16B	ʀamne	zurückbringen
ranger 22B	ʀɑ̃ʒe	einreihen, einordnen
rapidité *f.* 15B	ʀapidite	Schnelligkeit
rapport *m.* 14C	ʀapɔʀ	Beziehung, Zusammenhang
rapporter 15D; 18C	ʀapɔʀte	sich rentieren, einbringen; mitbringen, zurückbringen
rassembler 14D	ʀasɑ̃ble	versammeln
rater 19C	ʀate	verfehlen, durchfallen, scheitern
rattraper 20E	ʀat ʀape	nachholen
ravitaillement *m.* 17B	ʀavitajmɑ̃	Versorgung, Verpflegung, Zufuhr von Lebensmitteln
rayon *m.* 22B	ʀɛjɔ̃	Regal
réaménagement *m.* 22A	ʀeamenaʒmɑ̃	Renovierung, Sanierung
rebond *m.* 19B	ʀəbɔ̃	elektron. Gerät zur Erzeugung von Raumsimulation (z. B. Echo, Hall)
reboucher 20B	ʀəbuʃe	verkitten
recette *f.* 21B	ʀ(ə)sɛt	Rezept
réclamation *f.* 23C	ʀeklamasjɔ̃	Beanstandung
reconnaître 15F; 18F	ʀəkɔnɛt ʀ	anerkennen; erkennen, zugeben
reconstituer 24E	ʀəkõstitɥe	*hier:* darstellen
reconversion *f.* 23F	ʀəkõvɛʀsjɔ̃	Umwandlung, Umgestaltung
rectifier 23B	ʀɛktifje	berichtigen, korrigieren
recul *m.* 18C; 23F	ʀ(ə)kyl	Zurückweichen, Verlegung nach rückwärts; Rückgang
reculer 20C	ʀ(ə)kyle	zurückgehen
récupération *f.* 16D	ʀekypeʀasjɔ̃	Rückgewinnung, *hier:* Freizeitausgleich
rédacteur en chef *m.* 14B	ʀedaktœʀɑ̃ʃɛf	Chefredakteur
redevance *f.* 14C	ʀ(ə)dəvɑ̃s	(Fernseh)Gebühr
réduire 23F	ʀedɥiʀ	vermindern
refléter 24A	ʀəflete	widerspiegeln, andeuten

Alphabetisches Gesamt-Wörterverzeichnis   273

réflexion f. 18D	ʀeflɛksjõ	Überlegung, Nachdenken
refuge m. 18C	ʀəfyʒ	Zuflucht(sort)
régime (m.) fiscal souple 25B	ʀeʒimfiskal supl	flexibles Steuersystem
règlements d'urbanisme m.pl.18D	ʀɛgləmã dyʀbanism	Auflagen im Städtebau
règne m. 16A	ʀɛɲ	Herrschaft, Regentschaft
rehausser 20B	ʀəose	*hier:* aufstocken
reine f. 16A	ʀɛn	Königin
rejet d'eau m. 20B	ʀəʒɛdo	Fensterblech
rejeter 24D	ʀəʒte	zurückweisen
rejoindre 18D	ʀəʒwɛ̃dʀ	sich anschließen
relaxation f. 21F	ʀəlaksasjõ	Entspannung
relever de 24B	ʀəlve	*hier:* ausgehen von
relier 16F	ʀəlje	verbinden
reliure f. 18C	ʀəljyʀ	Binden
reloger 18A	ʀəlɔʒe	umziehen, anderswo unterbringen
remanier 20B	ʀəmanje	umändern, umgestalten, umarbeiten
remarquable 20A	ʀəmaʀkabl	bemerkenswert
remarquer 14E	ʀəmaʀke	bemerken, beobachten, feststellen
remonter 19B	ʀəmõte	hinaufgehen
remonter à 14B	ʀəmõte	zurückgehen auf
remplacement m. 14F	ʀãplasmã	Vertretung, Aushilfe
remplacer qn. 14B	ʀãplase	jdn. ersetzen
remplir 15B	ʀãpliʀ	erledigen, ausfüllen
se rendre à 14B	səʀãdʀ	sich begeben, sich einfinden, hingehen
se rendre compte de qch. 14C	səʀãdʀəkõt	etwas bemerken, sich über etw. klar werden
renouveler 22E	ʀənuvle	erneuern
rentabilité f. 15D	ʀãtabilite	Wirtschaftlichkeit
répartir 24B	ʀepaʀtiʀ	verteilen
repérage m. 14B	ʀəpeʀaʒ	Motivsuche
repère m. 14D	ʀəpɛʀ	Markierung, Kennzeichen
repos m. 15C	ʀəpo	Ruhe(pause)
reposer sur 25A	ʀəpoze	beruhen auf
reprendre 19B; 20C	ʀəpʀãdʀ	wieder aufführen, wieder spielen; wieder aufnehmen
représenter 17B	ʀəpʀezãte	darstellen, bedeuten
reprocher à 26D	ʀəpʀɔʃe	vorwerfen
réputation f. 24D	ʀepytasjõ	Ruf
requête f. 26B	ʀəkɛt	Antrag
requis m. (-e) f. 15C	ʀəki, iz	erforderlich, erwünscht
responsabilité f. 15C	ʀɛspõsabilite	Verantwortung
ressembler à 18A	ʀəsãble	ähnlich sein, gleichen
ressentir 14C	ʀəsãtiʀ	empfinden, spüren
ressortissant m. (-e) f. 24B	ʀəsɔʀtisã, ãt	Staatsangehörige(r)

restitution *f.* 26D	rəstitysjõ	Rückgabe
restreindre 20E	rɛstʀɛ̃dʀ	beschränken, einschränken
resurrection *f.* 22A	rəzyʀɛksjõ	Auferstehung
retirer 16B	rətiʀe	zurückziehen
retomber 14D	rətõbe	*hier:* sich legen, nachlassen
retours *m.pl.* 20C	rətuʀ	*hier:* Rückmeldung
retrait *m.* 14B	rətʀɛ	Rücktritt, Rückzug
retransmission télévisée *f.* 26C	rətʀɑ̃smisjõ televize	Fernsehübertragung
réunir 24A	ʀeyniʀ	vereinigen
réussir à 16D	ʀeysiʀ	gelingen
rêve *m.* 15C	ʀɛv	Traum
rêver 18D	ʀɛve	träumen
rigueur *f.* 25D	ʀigœʀ	Strenge
rocheux *m.* (-se) *f.* 26F	ʀɔʃø, øz	felsig
rogner 18C	ʀɔɲe	abschneiden, kürzen
roi *m.* 16A	ʀwa	König
roman noir *m.* 22C	ʀɔmɑ̃nwaʀ	Schauer-, Gruselroman
roman scientifique d'anticipation *m.* 14A	ʀɔmɑ̃sjɑ̃tifik dɑ̃tisipasjõ	Zukunftsroman, utopischer Roman
ronde *f.* 19D	ʀõd	ganze Note
roulement *m.* 14C	ʀulmɑ̃	Wechsel
ruisseau *m.* 22A	ʀɥiso	Bach

S

SA *f.* (société anonyme) 26B	ɛsa	AG (Aktiengesellschaft)
salaire *m.* 14F	salɛʀ	Gehalt
salin *m.* (-e) *f.* 22F	salɛ̃, salin	salzhaltig
salle à manger d'été *f.* 18C	salamɑ̃ʒedete	*hier:* Wintergarten
salle de montage *f.* 14B	saldəmõtaʒ	Schneideraum
salle de séjour *f.* 17D	saldəseʒuʀ	Wohnzimmer
salle de régie *f.* 14D	saldəreʒi	Regieraum
salle des marchés *f.* 25B	saldəmaʀʃe	Börse(nsaal)
salutaire 16D	salytɛʀ	begrüßenswert
sans cesse 19C	sɑ̃sɛs	unaufhörlich
sans limites 19A	sɑ̃limit	grenzenlos
sans vergogne 16B	sɑ̃vɛʀgɔɲ	schamlos, unverschämt
SARL (société à responsabilité limitée, *f.*) 20B	ɛsaɛʀɛl	GmbH
saut *m.* 20C	so	Sprung
sauter sur l'occasion 15C	sote syʀlɔkazjõ	die Gelegenheit ergreifen
sauvegarde *f.* 20A	sovgaʀd	Rettung, Wahrung, Schutz
sceller 24F	sele	besiegeln
scie *f.* 20D	si	Säge
scientifique 17C	sjɑ̃tifik	wissenschaftlich
scier 20D	sje	sägen
scripte *m./f.* 14D	skʀipt	Produktionssekretär(in)
sculpteur *m.* 17A	skylptœʀ	Bildhauer

Alphabetisches Gesamt-Wörterverzeichnis 275

sèche *m.* 17A	sɛʃ	Tintenfisch
secteur tertiaire *m.* 23A	sɛktœʀ tɛʀsjɛʀ	Dienstleistungssektor
séduire 16A	sedɥiʀ	verführen
seigneur *m.* 26A	sɛɲœʀ	(Lehens-, Guts-)Herr
sélection *f.* 19C	selɛksjõ	Auswahl(verfahren), Auslese
une semaine sur deux 14B	yn s(ə)mɛn syʀ dø	jede zweite Woche
sens *m.* 16D	sãs	Sinn
sentiment *m.* 24D	sãtimã	Gefühl
se sentir à l'aise 19B	səsãtiʀalɛz	sich wohl fühlen
séparer 18B	sepaʀe	trennen
séquestre pénal *m.* 26D	sekɛstʀpenal	*(Schweiz)* Beschlagnahme
sérieux *m.* (-se) *f.* 18D	seʀjø, øz	ernst(haft)
service public *m.* 14C	sɛʀvis pyblik	öffentlicher Dienst
sidérurgie *f.* 25A	sideʀyʀʒi	Eisenhüttenindustrie
signature *f.* 16B	siɲatyʀ	Unterschrift
signifier 16B	siɲifje	bedeuten
similaire à 24D	similɛʀ	ähnlich
simulation de couleur *f.* 18C	simylasjõ dəkulœʀ	Farbversuch, -muster
sinon 14E	sinõ	wenn nicht, andernfalls
sire *m.* 19B	siʀ	Herrscher
SNCF (Société Nationale des Chemins de fer Français) 15C	ɛsɛnseɛf	*frz. Staatliche Eisenbahngesellschaft*
sobre 16A	sɔbʀ	nüchtern
société de bureautique *f.* 26B	sɔsjete dəbyʀotik	Firma für Bürotechnik, Bürokommunikation
soins *m.pl.* 21F	swɛ̃	Behandlung
sol *m.* 16A	sɔl	Boden
sole *f.* 17A	sɔl	Seezunge
solliciter 17C	sɔlisite	bitten, ersuchen
solliciter un emploi 17C	sɔlisite œn ãplwa	sich um eine Stelle bewerben
somme bilantaire *f.* 25B	sɔm bilãtɛʀ	Bilanzsumme
sophistiqué *m.* (-e) *f.* 26B	sɔfistike	ausgeklügelt, hochentwickelt
sort *m.* 16F	sɔʀ	Schicksal, Los
soudeur *m.* 17C	sudœʀ	Schweißer
souffrir de 24D	sufʀiʀ	leiden an
souple 16D	supl	dehnbar, biegsam
source de revenu *f.* 26F	suʀs dəʀəv(ə)ny	Einkommensquelle
sous-entendu 16B	suzãtãdy	nicht ausdrücklich, unter Vorbehalt
soutenir 19B	sutniʀ	unterstützen
soutien *m.* 22E	sutjɛ̃	Unterstützung
spectaculaire 18A	spɛktakylɛʀ	auffällig, eindrucksvoll
splendeur *f.* 19A	splãdœʀ	Glanz, Prunk, Pracht
strie *f.* 21B	stʀi	Streifen, Rille
style art déco *m.* 14F	stil aʀdeko	Jugendstil
subdiviser 24B	sybdivize	auf-, unterteilen
subir 17A	sybiʀ	erleiden

succursale f. 25B	sykyrsal	Filiale, Zweigstelle
suite f. 16E	sɥit	Folge
superposer 23B	sypɛrpoze	aufeinanderlegen, übereinanderlegen
supplémentaire 16D	syplemɑ̃tɛr	zusätzlich, ergänzend
support m. 20B; 23D	sypɔr	Stütze; Unterlage
supporter 14F	sypɔrte	ertragen
supposer 22C	sypoze	vermuten, annehmen, voraussetzen
sûreté 16B	syrte	Sicherheit
surgir 26C	syrʒir	auftauchen, zum Vorschein kommen
surplomber 16F	syrplɔ̃be	überragen, vorspringen
sursauter 26D	syrsote	hochfahren, aufspringen
surveiller 23B	syrvɛje	überwachen
survivre à 19A	syrvivr	überleben
sursis, avec 26D	syrsi	mit Bewährung
suspense m. (fam.) 14D	syspɛns	Spannung
syndicat m. 17C	sɛ̃dika	Gewerkschaft
syndiqué m. (-e) f. 17C	sɛ̃dike	gewerkschaftlich organisiert

T

table de remuage f. 20F	tabl dərəmɥaʒ	Rüttelpult
tailleur de pierre m. 24A	tajœr dəpjɛr	Steinmetz
talon m. 25E	talɔ̃	Absatz
tambour de basque m. 19B	tɑ̃bur dəbask	Tambourin
taper 20B	tape	klopfen, stampfen, laut sein
tapis m. 14G	tapi	Teppich
tarder à 20B	tarde	verzögern, versäumen
technicien m. (-ne) f. son 14D	tɛknisjɛ̃sɔ̃, tɛknisjɛnsɔ̃	Toningenieur(in)
technicien m. (-ne) f. vidéo 14D	tɛknisjɛ̃ video, tɛknisjɛn video	Bildingenieur(in)
teinturier m. 22A	tɛ̃tyrje	Färber
télé nippone f. 14D	tele nipɔn	das japanische Fernsehen
téléspectateur m. (-trice) f. 14C	telespɛktatœr, tris	Fernsehzuschauer(in)
tempéré m. (-e) f. 21D	tɑ̃pere	gemäßigt
tenace 26C	tənas	zäh
tenailles f.pl. 20D	tənaj	Zange
tenir à la disposition de 22B	tənir aladispozisjɔ̃	zur Verfügung stellen
tentation f. 26C	tɑ̃tasjɔ̃	Versuch, Neigung
tenter 14F	tɑ̃te	versuchen
térébenthine f. 21F	tɛrebɑ̃tin	Terpentin (Harz verschiedener Kiefernarten)
terre f. 17E	tɛr	Erde
terres australes f.pl. 17B	tɛrzɔ(o)stral	Südpolarländer
terre d'élection f. 17E	tɛr delɛ(e)ksjɔ̃	Wahlheimat
terroir m. 20F	tɛrwar	(Erd)boden

Alphabetisches Gesamt-Wörterverzeichnis

TGV (train à grande vitesse) 15B	teʒeve, tʀɛ̃ agʀɑ̃dvitɛs	Hochgeschwindigkeitszug (vergleichbar mit ICE)
tilleul m. 15A	tijœl	Lindenblüte(nbaum)
timbale f. 19B	tɛ̃bal	Pauke
tirer 16B	tiʀe	ziehen
tiroir m. 20D	tiʀwaʀ	Schublade
tisserand m. 22A	tisʀɑ̃	Weber
tissu de mensonges m. 16B	tisy dəmɑ̃sõʒ	Gewebe von Lügen
titulariser 14F	titylaʀize	fest anstellen
tombeau m. 16A	tõbo	Grab(mal)
toujours est-il que 16B	tuʒuʀzɛtilkə	wie dem auch sei(n mag)
tourelle f. 25A	tuʀɛl	Türmchen
tourteau m. (pl. -eaux) 15A	tuʀto	Taschenkrebs
tracé m. 18C	tʀase	Umriß, Plan
traceur de coque m. 17C	tʀasœʀ	veralteter Begriff für: Vorzeichner
trafic m. 15D	tʀafik	(Reise)Verkehr
traité m. 19A	tʀɛte	Vertrag
trajet m. 15B	tʀaʒɛ	Fahrt, Wegstrecke
transformation f. 18A	tʀɑ̃sfɔʀmasjõ	Veränderung, Umgestaltung
transformer 18C	tʀɑ̃sfɔʀme	umwandeln
transmettre qch. à qn. 15E	tʀɑ̃smɛtʀ	jdm. etw. vermitteln, weitergeben
transposition f. 18B	tʀɑ̃spɔzisjõ	Veränderung, Umwandlung
tremper 17B	tʀɑ̃pe	eintauchen; hier: Erfahrungen sammeln
triangle 23F	tʀiɑ̃gl	Dreieck
tricotage m. 20A	tʀikɔtaʒ	Strickerei
tricoter 17D	tʀikɔte	stricken
trilingue 25A	tʀilɛ̃g	dreisprachig
triplés, triplées 18F	tʀiple	Drillinge
trôner 18A	tʀone	thronen, herrschen
T.V.A. (taxe sur la valeur ajoutée) f. 20D	tevea, taks syʀlavalœʀaʒute	Mehrwertsteuer

U

unification f. 25A	ynifikasjõ	Vereinigung, Einigung
Union Européenne f. 17A	ynjɔ ørɔpeɛn	Europäische Union
unique 15A	ynik	einzigartig, einmalig
uniquement 14C	ynikmɑ̃	lediglich, einzig und allein
unité f. 24C	ynite	Einheit
urbain m. (-e) f. 16B	yʀbɛ̃, ɛn	städtisch, Stadt-
urbaniser 22F	yʀbanize	verstädtern
urbaniste m./f. 17A	yʀbanist	Städteplaner/in
usager m. (-ère) f. 22B	yzaʒe, ʒɛʀ	Benutzer(in)
utilisateur m. (-trice) f. 15B	ytilizatœʀ, tʀis	Benutzer(in)

V

vaisselle *f.* 23E	vɛsɛl	Geschirr
valable 20C	valabl	gültig, geeignet
valeur *f.* 19D	valœʀ	(Noten)Wert
vallée *f.* 20F	vale	Tal
vannier *m.* 22A	vanje	Korbmacher, -flechter
varié *m.* (-e) *f.* 18D	vaʀje	verschiedenartig, unterschiedlich
vaste 21A	vast	weit, ausgedehnt
vecteur *m.* 18D	vɛktœʀ	Vektor, *hier:* Multiplikator
véhicule *m.* 16B	veikyl	Fahrzeug
véhiculer 18B	veikyle	befördern, weitergeben
vendeur *m.* (-euse) *f.* 21B	vãdœʀ, øz	Verkäufer(in)
vente *(f.)* par correspondance 23F	vãt paʀkɔʀɛspõdãs	Versandverkauf, Versandhausgeschäft
ventilation *f.* 17B	vãtilasjõ	Be-, Entlüftung
ventre *m.* 18A	vãtʀ	Bauch
vérifier 22B	veʀifje	untersuchen, kontrollieren, überprüfen
verser une pièce à un dossier 16B	vɛʀse ynpjɛs aœdɔsje	einen Fall zu den Akten legen
vestiges *m.pl.* 16F	vɛstiʒ	Rest, Überreste
victime *f.* 26A	viktim	Opfer
viennoiseries *f.pl.* 21C	vjɛnwazʀi	Wiener Backwaren
vigne *f.* 20F	viɲ	Weinstock, Rebe
village viticole *m.* 25F	vilaʒvitikɔl	Weindorf
violation *f.* 26B	vjɔlasjõ	Verletzung, Übertretung
violence *f.* 16C	vjɔlãs	Gewalttat, Gewalttätigkeit
violent *m.* (-e) *f.*	vjɔlã, ãt	heftig
violemment *adv.* 16B	vjɔlamã	
viser à qch. 20F	vize	auf etw. abzielen, nach etw. streben
visionner 22C	vizjɔne	*(Film)* ansehen
vitre *f.* 16B	vitʀ	Fensterscheibe
vivant *m.* (-e) *f.* 16B	vivã	lebhaft, lebendig
vœu *m.* 23D	vø	Wunsch
voies respiratoires *f.pl.* 17C	vwa ʀɛspiʀatwaʀ	Atemwege
voir le jour 14A	vwaʀ lə ʒuʀ	das Licht der Welt erblicken, geboren werden
volet *m.* 25C	vɔlɛ	*hier:* Aspekt
volonté *f.* 19A	vɔlõte	Wille

Z

zinc *m.* 20B	zɛ̃g	Zink, Verzinkung
zingueur *m.* 20B	zɛ̃gœʀ	Verzinker, Bauschlosser

Bon Courage
Eine Sprachkursreise durch Frankreich

Bon Courage, der insgesamt 39teilige Französischkurs, lädt Sie zu einer Sprachkursreise ein. Neben den Grundlagen der Grammatik werden wichtige Satzstrukturen und französische Umgangssprache vermittelt. Aber nicht nur das: Im Verlauf der Sprachkursreise erfahren Sie viel Wissenswertes über Kultur und Mentalität unserer französischen Nachbarn.

Das schriftliche Lehrmaterial umfaßt je drei Begleit- und Arbeitsbücher. Die entsprechenden Audiocassetten dazu ermöglichen eine Verbesserung des Hörverständnisses und der Sprechfertigkeit. Die Videocassetten mit den Originalfernsehsendungen veranschaulichen und vertiefen den Inhalt.

Fordern Sie bei Interesse bitte nähere Informationen an!

TR-Verlagsunion
80059 München
Tel. 0 89 / 22 54 31